LE

LIVRE DES DROIZ

ET

DES COMMANDEMENS

D'OFFICE DE JUSTICE

II

PARIS. — IMPRIMERIE GÉNÉRALE DE CH. LAHURE

Rue de Fleurus, 9

LE

LIVRE DES DROIZ

ET

DES COMMANDEMENS

D'OFFICE DE JUSTICE

PUBLIÉ D'APRÈS LE MANUSCRIT INÉDIT DE LA BIBLIOTHEQUE
DE L'ARSENAL

PAR

C. J. BEAUTEMPS-BEAUPRÉ

Docteur en Droit
Procureur impérial à Chartres
Membre de la Société des Antiquaires de Normandie
et de la Société de l'Histoire de France

TOME SECOND

PARIS

A. DURAND, ÉDITEUR

RUE DES GRÈS, N° 7

1865

LE

LIVRE DES DROIZ
ET DES COMMANDEMENS
D'OFFICE DE JUSTICE.

3o2. De l'arcevesque et de son povoir.

Arcevesque ne puet pas soy entremectre des causes
à ses subgiez, si ce n'est par voye d'appellacion, ou si
povoir ne li estoit donné de son souverain.

3o3. De la chose commise.

Si ainsi est que la chose soit commise à aucun re-
ligieux, abbé ou prieur, || ¹ et en la commission soit
exprès le propre nom de cellui à qui la cause est commise et il meurt, son successeur ne pourroit congnoistre de celle cause.

Se le Pape ou l'Empereur commect aucune cause,
et avant que la citacion ne autre chose ait esté faicte

1. F° XXI, r°.

de celle commission le Pape ou l'Empereur meurt, la comission tourne à néant et ne vault rien.

Si le siége à qui la cause est commise est doubtable à cellui à qui la commission est donnée, ou s'il est nez de sa terre ou de son païz, ou s'il est en sa dieste ou en sa poecte, la partie se puet bien refuser; et aussi si la partie n'ousoit aller en icellui païs où le juge seroit pour cause de la mort, ou pour la crainte de son adversaire.

Si aucune cause est commise, et en la commission ait aucune doubte, le juge à qui est la commission envoïée ne doit pas congnoistre de celle doubte, maiz cellui qui l'a commise.

Si aucun est semons par vertu d'aucune commission où ait plusieurs juges, et li uns des juges ne saiche riens de la semonce, celle semonce ne vault riens; se ainsi est que cellui juge qui est absent ne voye les lectres ou message qu'il ne puisse venir, et que l'autre juge face autant comme s'il estoit présent, et adonc vaudra.

Si l'en appelle d'un juge d'une article ou d'une autre cause, l'appelleur le puet bien refuser cellui juge come suspect en ses autres causes.

Si le juge estoit compaignon ou frère à l'une des parties, l'autre des parties le puet bien refuser. Aussi si le juge a samblable cause ou samblable demande comme l'en fait devant lui.

Si l'advocat à l'une des parties est clerc au juge, l'autre partie puet bien refuser le juge.

Si aucun juge jugoit aucune chose hors de sa juridicion, le jugement ne se qui sera jugié ne vaudra riens

304. Excipitur contra sentenciam interlocutoriam vel diffinitivam.

Se il est juge délégat ou commissaire et il cong-
noisse ou sentence oultre ce qui est commis, la sentence n'est pas estable, ne ne vault rien.

Si sentence est donnée contre aucun homme par
aucun qui ne soit pas son juge, celle sentence ne vault
rien, ne ne porte point de préjudice à partie.

Si sentence est donnée et l'en appelle, la sentence
de excomminge qui après sera donnée ne vault.

Si l'en fait procès en aucunes causes commises par
faulces lectres, le procès qui sera fait par celles lectres ne la sentence ne vault riens.

305. De excécuteurs.

Excécuteurs qui mectent sentence ou jugié à exécucion ne se devent point entremectre de la sentence
ou du jugié, mais en tant comme il leur sera mandé.

Si aucun sergent à qui exécucion d'un jugié est
commandée à faire, et sache que le jugement est faulx
et contre raison, il ne doit pas pour tant laissier le jugement mectre à exécucion ; mais le doit acomplir
si come il li est mandé.

Si aucun met aucune chose en gaige pour debte,
icelle païée il doit demander ses gaiges si cellui qui
les a ne les li veult rendre.

|| ¹ 306. De prester deniers à aucun qui soit en povoir de son père.

Si aucun prestoit deniers à aucun qui soit ou pover

1. F° XXI, v°.

de son père et il le sache bien, et il li demande les deniers, cellui qui est en poecte·de son père a excepcion
encontre l'autre qu'il ne li en paiera rien s'il ne veult;
et est appellée ceste excepcion en droit *excepcio Ma-
cedoniani*, de Macédonien. Mais [si] cellui qui presta les
deniers ne savoit pas qu'il fust en la poecte d'aucun, et il eust juste cause d'ignorance pour ce qu'il
veoit vendre et achater vulgaument aussi comme personne qui n'est de riens subjecte à autre, et en tel
cas celle excepcion cesse.

3o7. De obligacion que feme fait.

Nulle obligacion que femme face par autre ne vault
rien sauve en vi cas ailleurs contenuz. Mais si femme
paie deniers par autre, pour ce elle ne pourra pas demander ses deniers à cellui à qui elle les aura païez.

3o8. De femme obligée principalment.

Femme se puet bien obligier principallement pour
soy; et si aucune femme est obligée principallement à
aucun pour soy, elle se puet bien obligier à 1 autre
pour cellui pour qui elle est obligée.

Si aucune femme vent de ses héritages pour paier
la debte à son seigneur de sa voulenté, elle ne puet
recouvrer par nul aide ne par nul bénéfice de droit.

Si aucun homme oblige les choses à sa femme sans
l'assentement d'elle, telle obligacion ne vault riens
par droit.

3o9. Des actions de bonne foy.

Les actions de bonne foy sont telles et cestes : c'est

assavoir, de vencion, de loyer, de condicion, de né-
gocier en autruy chose ou prouffit de cellui à qui elle
est, de compaignie, de tutelle, de prest fait d'aucune
chose, de chose baillée en gaige, de faire division entre frerescheurs, de faire division entre estranges,
de prescriptes parolles, ou de contrait non nommé.

Explicit de judicibus.

310. De serement assiné.

Cellui à qui serement a esté ajugié à certains moz
et jour assigné à le faire, doit garder les moz et ceulx
déclairer au serement faire par la coustume.

311. De diffinitive sentence.

Se diffinitive sentence ou jugement sont donnez
ii foiz sur une mesme chose, la derrenière sentence
ou jugement est nul par droit.

312. De plainte faicte en la court le Roy.

Si aucun se plaint en la court le Roy de son héritaige ou de son fié, ou de saisine, et les parties soient
mises en response sans avoir autre justice ne autre
court, et ilz soient justiciables à aucun baron ou à aucun vavassour, et li sire vienge et requierge sa court,
et ce soit de héritaige qui doit estre tenu de li, pour
ce ne perdra pas le sire l'obbéissance de sa court, ne
quant la justice le Roy sera certaine qu'il en ‖ [1] doit
avoir la court : et li rendra l'en la court à cellui point

1. F° XXII, r°.

que l'en truisse la partie deffendente en la court le Roy, et selon les erremens du plait, et le mainra par droiz selon les erremens de la terre et selon les erremens des-sus diz. Et se les gens le Roy treuvent nulle partie en la court au baron, ou en la court d'autruy qui eust sa justice en sa terre qu'il auroit ou lieu, si ce estoit de chose dont le Roy deust avoir congnoissance du plait, les erremens et procès faiz en la court au baron sur ce ne seroient pas tenuz en la court du Roy; ains fe-roient nouvelles deffences, et les mainroit l'en par droit selon l'usage de la court du Roy; car il n'est mie advenant que le fait justicier tienge en la court au souverain; et aussi est il tenu selon l'usage de la baronnie et en la court laye.

Et si ce est de meuble ou de eschoete ou de fait de corps, et ilz se soient mis en responce et en niance en la court du Roy, le sire n'aura mie la court de sa court, aincoiz demourroient, etc....

3ı3. De obligacion général.

L'en puet en plusieurs manières une obligacion gé-néral quant il y a plusieurs poins soubz celle obliga-cion blasmer : car cellui qui oblige ainsi généralle-ment pourroit distinter et ramener chacune chose à par soy nonobstant celle obligacion général. Et autant vault obliger chose qui rien ne vault comme non obli-gier, etc....

3ı4. De séneschal.

Si aucun baillif ou séneschal establist et fait son lieutenant généralment, et avienge que cependent le-

dit baillif ou séneschal commecte aucune cause à cellui lieutenant par espécial, il ne se puet entremectre
de celle cause comme lieutenant; car par la commission il est rappellé de lieutenant en celle cause. Et si
en celle cause il fait aucun procès comme lieutenant,
il devroit tourner à néant.

315 De la matière et de l'office de procureurs.

D'office de procureurs. Procureur est appellé cellui qui procure et fait autrui besoigne de commandement de son seigneur : et oultre le comandement de
son seigneur, il ne puet rien faire en dommage de son
seigneur : ne le jugement ne la sentence ne vaudroit
riens.

316. Ci sont enseignemens de droit.

Droit dit en la matière des procureurs, et dit que
procureur est appellé cellui qui procure en autrui besongne du comandement de son seigneur : et puet
estre establi générallement ou espécialment, au jour
et au temps. Et si ne puet estre procureur en capitau
à aléguer les causes de la cause ; mais il puet estre
establi à aléguer les causes de la licence.

317. De rappeller son procureur.

Sires puet rappeller son procureur et establir autres
toutes foiz qu'il li plaist, || [1] avant toutes voiz qu'il ait
fait contestacion, ou qu'il soit juré de vérité en la

1. F° XXII, v°.

cause; car après ce il ne puet rappeller, si n'est en certaine cause.

Si ainsi estoit que après ce que le procureur aura juré de vérité et fait contestacion en la cause, li sire vient et fait procès en la cause, lequel procès ne désire pas la présance du seigneur, par ceste présance seroit rappellé le procureur.

De faire et establir procureur en communauté ou de chappitre, souffrir[1] que les ii parties des présens le facent.

De procureur qui demande jour de soy enquerre du fait de procureur qui avoit mené la cause avant, il n'en doit point avoir; car il doit venir tout entroduit du fait de la cause fait par le procureur qui a esté avant.

318. Ce sont notables de droit contenuz ès décrétalles.

Cellui qui est hors du païs et a pour lui procureur certain à traicter de ses besongnes, et il est atermé pour aucune cause, le procureur aura le terme avenant s'il le requiert, assavoir à son seigneur se il prendra le plait ou s'il quictera le plait.

319. De mandement de procureur estre rappellé.

Quant le mandement du procureur est rappellé après la contestacion du plait, si ce a esté fait affin que le juge et li adversaire ne li facent le jugement, que il aura après ce actendu comme procureur doit estre ferme.

1. *Sic*, ms. Il faut sans doute *souffist*.

320. Contre procureur.

Si aucun est excommenié ou estoit quant il receut la procuracion, il ne puet estre procureur en nulle cause, et ne doit point estre creu.

Si aucun est procureur à 1 abbé, et il n'ait lectres du chappitre que le chappitre a ferme et estable ce qu'il fera, il ne doit pas estre receu; ne aussi l'abbé ne seroit pas receu sans lectre de son chappitre.

Tout procureur qui veult estre receu doit avoir lectres qui certiffient à son adversaire qu'il est procureur, et ès quelles soit contenu le nom du procureur, et le nom du seigneur, et de son adversaire, et en quelle cause, et ès quelles les seigneurs promectent sur l'obligacion de tous leurs biens soy avoir ferme et estable toutes les choses qui seront faictes par cellui procureur.

Si aucun est accusé de cas de crime, il ne doit pas estre receu à procureur l'acusacion pendant.

321. Contre procuracion.

Si aucun veult relever son procureur de donner caucion, il doit envoïer procuracion seellée de son seel au juge ou à la partie ou qui il aura à faire, en laquelle il soit contenu que il ait fait cellui son procureur contre tel. Et pourroit l'en opposer contre celle que l'en fait toute jour que sont seellées de son seel que de cellui qui fait ou establist le procureur. Mais néantmoins elle vault quant elle est seellée du seel au juge ordinaire.

L'en puet dire contre la procuracion quant l'en fait

procureur avant le serement de calumpne; car nul ne
puet faire procurateur[1] devant qu'il ait juré en la
cause; et c'est voir quant le seigneur fait la contestacion en sa personne en la cause.

Si aucun procurateur veult prouver soy estre procureur par la vertu d'aucune procuracion, l'en puet
opposer encontre; car aussi comme à faire plénière
‖ [2]preuve il convient deux garens, et si par un seul garent la preuve n'est pas souffisant, aussi par une seulle
procuracion il ne se puet prouver estre procureur. Et
c'est vérité quant la contestacion est faicte ou le seigneur; adonc doit jurer le seigneur aussi, quant il dit
en sa procuracion qu'il donne povoir à son procureur
de jurer de calumpne ou de la vérité, le procureur ne
doit pas pour ce estre receu à jurer; car les principaux personnes doivent jurer de vérité, le procureur
n'est pas si bien certain du fait comme le seigneur est,
pour quoy quant à celle cause la procuracion ne vault
mie. Aussi quant il promet sur obligacion de tous ses
biens paier le jugé pour son procureur se mestier est,
l'en puet dire encontre que le procureur ne doit pas
estre receu par vertu de celle obligacion général, et
elle n'est pas souffisable; car cellui qui oblige en telle
manière générallement pourroit distinter et ramener
chacune chose par soy non contretant celle obligacion
général, et ainsi telle obligacion n'est pas souffisant :
et autretant vault obligier chose qui rien ne vault
comme non obliger. S'il ne fait en la procuracion telle

---

1. Ce mot est surchargé : on peut lire aussi bien *procur teur*
que *procureur*.

2. F° XXIII, 1°.

obligacion, la procuracion ne vault; et quant il fait
obligacion qui n'est pas souffisant, autant vault comme
s'il n'en fait point pour la procuracion qui ne vault
pas.

Explicit de procuratoribus.

322. Incipit de latronibus.

De la matière des cas appartenans et regardans aux
cas criminelz et à bataille : de appeller homme de
meurtre ou de traïson par accusement ou de cas criminel, cellui qui cherra en portera la paine que
coustume de païz requiert.

De appeller home de larroncin, l'en doit nomer le
larrecin, et prouver qu'il l'ait veu en saisine du larrecin, puis le larrecin fait se il le nye par quoy il ne
fust prins au présent meffait, ou s'il congnoist; car
congnoissance faicte en jugement vault chose jugée :
et si l'autre fault à prouver, il demourra à punir à la
justice.

323. De mauvaise renommée.

De mauvaise renommée et d'office de justice, coment
l'en doit punir malfaicteurs quant pour cry ou par
renomée est malvolu, c'est assavoir il puet prendre
cellui et enquérir de ses faiz là où il aura demouré :
et si l'en treuve qu'il soit coulpable, par ce ne le doit
l'en pas condempner à mort quant il n'est pris ou
présent meffait, ou en congnoissance, ou quant il n'a
prins l'enqueste : mais il le pueent bien forbanir selon
qu'il sera trouvé coulpable. Mais plusieurs sages dient
le contraire quant au forban.

324. De chose suye come emblée.

De chose qui a esté emblée et sceue, et cellui la
pert qui l'a achatée et le chatel qu'il y a mis, se il ne
l'a achatée en foire ou en marchié et qu'il fust marchant coustumier d'achater telle chose, ou s'il n'a ga-
rieur. Et s'il ne scet de qui il ||¹ l'achata, il doit dire
qu'il l'achata de loyal homme si comme il croit et le
jurer; et ainsi pourra estre hors de soupeccon.

325. De respondre qui est appellé de cas de crime.

Home qui est appellé de meurtre, ou de traison, ou
de cas de crime sans délay, il doit respondre présentement sans estre deffaillant; car si journée passoit sans
respondre, la deffaute pourroit porter grant domage
comme d'estre ataint du fait. Et doit faire premièrement retenue de ses raisons et de tourner à l'obéissance de son seigneur, s'il a autre seigneur qui ait telle
manière de justice en sa terre. Et doit bien se garder
de faire faulse advoerie; car il li pourroit porter
grant domage.

326. De appeller autre de cas de crime.

De appeller autre de meurtre, ou de traïson, ou de
cas de haulte justice, c'est assavoir il doit nomer la
traison; car traïson n'est pas de parolle, ains est de
fait.

Ceulx qui s'entre appellent de cas de crime ilz doi-

1 F° XXIII, v°.

vent estre délivrés par la coustume de Poitou en plége
mectant, si le deffendeur le requiert et la justice s'i
consente. Et mcismement du deffendeur, tout le con-
.tredie l'appelleur.

3ꝛ7. De home prins suy chaudement.

De larron qui est suy en chaude suyte et les gens
le Roy l'ont prins, coment l'en le doit avoir, c'est
assavoir en faisant preuve de la chaude suite. Ceste
coustume est en Poitou.

3ꝛ8. De home navré gari et puis mort.

Cellui qui a esté batu ou naffré, et en vient à gari-
son, et puis vit après an et jour, cil n'a maiz point de
bataille vers ceulx qui le batirent; ains sont quittes de
sa mort.

3ꝛg. De compromis de cas de crime.

Ceulx qui font compromis de dénunciement de cas
de crime entre les parties sans assentement de justice,
ilz le pueent bien faire en tant comme touche les parties; mais à la justice remaint son droit sauve.

33o. De tourner au jour en cas de crime.

Cellui qui est appellé en cas de crime il doit tourner
sa deffence faicte pour proposer ses raisons; car en
tel cas convient espécial adjournement.

33r. De deffaut de cas de crime.

Cellui qui est accusé de cas de crime il ne se doit pas deffaillir ; car péril y a tel que se il ne se puet excuser du deffault, il est ataint du cas.

332. De estre appellé de cas de crime.

Cellui qui est appellé de cas de crime en autrui chastellenie et s'en deffaut, l'autre seigneur n'aura pas la court. Et si aucun meffait en la court au baron et la justice le prange, il convient qu'il se deffende en celle court par quoy il soit prins en présent. Mais cellui qui y seroit appellé en autre chastellénie doit premier requerre tourner à l'obéissance, etc.... en protestacion, etc....

333. De ceulx qui sont prins la cause déclerée.

Ceulx qui sont prins ou arrestez en la cause déclairée par aucun meffait ou par souspecon d'aucun meffait, et il brisent leur || [1] prison ou trespassent bonnes, et ilz sont prins au dehors de leurs bonnes, ilz sont actains du meffait par quoy estoient prins, et seront puniz selon le meffait. Et s'ilz n'avoient esté prins au dehors et fussent trouvez en leurs bonnes, ilz ne seroient pas tenuz à respondre : et si puet bien bataille estre jugée sur les bonnes brisées, c'est assavoir quant aucun appelle autre de cas de crime et ilz sont en leurs bonnes, et li uns trespasse ses bonnes et l'autre l'ap-

1. F° XXIV, r°.

pelle qu'il a ses bonnes brisées et cellui s'en deffent :
mais il convient qu'il dye en son appel qu'il vit l'autre
au dehors de ses bonnes, et qu'il fist son povoir qu'il
y fust veu et seu ou prins par cry ou par autre manière. Et sera le gaige sur la cause principal.

334. De justice non prendre aucun.

Justice ne doit pas prendre aucunes gens sans plain-
tif ou sans présent meffait, ou par souspecon. Et si
puet l'en bien prendre le meurtrier quant il a homme
tué ; car le sang se plaint.

335. De femme qui appelle home de forsage.

Quant femme appelle homme de forsage, la mariée
ne doit pas estre oye, si elle ne monstre dessireure ou
desrumpeure de sa char, ou sanc ou plaie, ou gens
qui veissent la force. Et convient qu'elle monstre au
premier qu'elle trouverra, et viengne à justice.

Et la meschine si elle ne monstre grant domage de
son corps en oultre, si comme dessus est dit.

Et si aucun est prouvé de la force il sera pendu, ou
perdra le menbre que la femme divisera. Et s'il est
de plus hault lignage que la femme, il la prendra, ou
la mariera selon l'avenant de la femme.

336. De fons de terre.

Cellui qui est appellé de fons de terre et il en est
en autre desrene, il n'en doit pas respondre jusques il
soit hors de la première.

337. Cellui qui est prins par souspecon.

Ce cellui qui est prins par souspecon de cas de
meurtre ou par mauvaise renommée, s'il n'y a qui
l'enchauce fors que justice, l'en doit procéder à la délivrance, c'est assavoir par les jours les nuiz que coustume de païs donne, par les vii, par les xv et par
les xl : et puis délivrer ou plége à venir à droit dedens l'an et le jour qui riens lui voudra demander; et
au chief de l'an, délivrer o plége, s'il n'y a qui l'ap-
peauge; et s'il ne puet plége trouver, en jurant qu'il
ne se forpeïsera pas ne ses biens. Et si doit venir à
toutes les assises dedens ledit temps et obéir, si comme
l'en use en Poitou.

Bataille elle ne puet estre en appeau qui ne passe
plus de v s. Et si l'appeau est de x s. ou de plus, le
derrenier y seit si comme il souloit estre.

338. De non pladoïer pour autre qui est appellé.

Cellui qui est en prison et appelle de cas de lay[1] il
n'a voiz de pladoïer pour autre jusque à tant qu'il
s'en soit purgez.

33g. De homme parjure, et de touste faicte.

Home parjure il ne puet demander ne deffiener
par sa voiz; mais il puet bien faire demander par un
autre.

Home qui appelle || [2] autre de touste faicte en che-

1. *Sic*, ms. Il faut sans doute lire *cas de deslay*.
2. Fº XXIV, vº.

min ou ailleurs la deffence y est, et pourroit l'en tenir que en cest terme ou en semblable pourroit bien cheoir gaige de bataille.

340. De amendement après bataille jugée.

Cellui à qui court est rendue de bataille jugée si elle est de champions il la tendra cellui jour mesme : et si elle est par les corps des querelleurs, il leur mettra jour avenant.

341. De court rendue de bataille.

Bataille puis qu'elle est jugée l'en en puet tousjours demander amendement; et [si] l'amendement y est trouvé de la bataille point n'y a ; et si recort est prins des moz cellui qui de recort chiet de la querelle. Mais si la bataille est de tel cas dont le vaincu deust prendre mort, en cestui cas cesse de demander l'amendement.

342. De larron forbanni par prévost.

Si un prévost a i larron forbani, et puis il viengne ou païs et le prévost le prenge, et il l'en laisse autreffoiz aler, il en doit porter telle pénitance comme feist le larron

343. De bataille jugée sans plus faire.

Bataille quant elle est jugée sans plus faire quelle amende il y a, x s. Et si li champions jurent, lx s. d'ilecques en avant : mais ce n'est pas la coustume de Poitou.

De querelle qui ne passe v s. il n'y a point de bataille, maiz serement.

Si aucun se vouloit deffendre par tenue, et l'autre
vueille forclurre par interrupcion convenable et l'autre partie la vueille deffendre, si puet avoir desrene
s'il y a tant de la querelle. Et à ce que l'en tient que
la coustume l'en s'en puet opposer contre l'exécucion
du jugé ou lectre, mais de iii causes principaux, l'en
puet tenir que l'en y a iii principaux, mais ne s'en
suit pas pour tant qu'il n'en puisse bien naistre ou
sourdre d'autres : et à semblable puet l'en dire sur
gaige de bataille, etc....

344. De interrupcion comme tenue.

Appeau de cas de crime et de deffence se plus n'i a
fait l'en se puet délaissier ; le demandeur gaigera l'a-
mende à la justice et à partie, et fera les dommages à
la partie : et se la justice le doubte que il se délesse
par don ou par promesse, si en puet avoir son serement.

Si appel de cas de crime est fait, et sauve les raisons
au deffendeur la deffence soit faicte, et depuis soit dit
par droit que li appel ne se puet soustenir, si gagera
li appellant l'amende, et devra amender les dommages
à la partie et faire amende de deslay ; car telle cause
est plus périlleuse au deffendeur que à l'apelleur.

Et cellui qui est appellé de cas de crime, posé que
gaige n'y appartient point, si s'en doit il deffendre en
la sauvacion dessus dicte : et puis après la journée
ensuivant proposera ses raisons par quoy gaige n'y
appartient.

Et est la cause par quoy est plus périlleuse cause au deffendeur que à l'apeleur, car s'il est vaincu selon le cas il prendra mort, car il est actaint du cas, etc...; et le apeleur ne l'est pas mais qu'il chet de son appel, et fera amende à justice de c s. 1 d. Et autres tiennent rendre arbitrairement les domages et coulz à partie, etc....

345. De homme qui occist autre en meslée.

Home qui occist autre en meslée il ne sera pas pendu, par quoy il || [1] puisse monstrer playe que le mort lui ait fait par avant. Mais si aucun du lignage l'appelloit qu'il ait occis sans ce que le mort l'eust féru, et deist que le mort lui en eust donné advouerie et cellui s'en deffendoit, si puet l'en jugier la bataille des deux; et le vaincu sera pendu. Et se pourra changier cellui qui aura LX ans ou jurant qu'il fust vérité.

346. De asseurement demander.

Home qui demande asseurement d'autre, il doit faire asseurer soy et ses biens de l'autre et de ses biens : et se il après celui[2] faisoit domage et il peust estre trouvé, il seroit pendu. Ceste justice est au baron; mais cellui qui le requiert doit dire qu'il a doubte de l'autre, et doit jurer la doubte, et l'autre doit jurer qu'il l'afie de loïal asseurement. Et tient l'en que nul qui n'a haulte justice ne puet donner aféage en sa court.

1. F° XXV, r°.
2. Cellui, ms.

347. De larrons estre penduz, etc....

Des cas des larroncins et meffaiz dont doivent estre penduz les hommes, et les femmes arces, c'est assavoir d'embler à son seigneur quant il est de son pain et de son vin, et si le seigneur a vaierie en sa terre il le puet prendre : et de embler chevaulx ou jumens, et les draps en poulie, et les cuirs en noe : et qui art maison de nuiz cellui pert les yeulx, soit homme ou femme : et qui emble en monstier : et qui emble soc de charrue : et qui fait faulse monnoye : et en aucuns pais sont penduz, et premièrement boulliz ceulx qui font faulse monnoye : et qui emble robes, deniers, et autres menues choses pert l'oreille du premier meffait, et du segond l'autre, et du tiers le pié, et du quart pendu, et la femme arce ; et ce est en Anjou : et en Poitou du premier larrecin l'oreille, et du segond pendu, par quoy il monte xviii d. Et autans fera l'en des consenteurs et des consenteresses.

Item, De tous les cas dont l'en dit que home pert l'oreille, seroit l'en pendu s'il y avoit briseiz.

Et si tient l'en en Poitou tous les cas à haulte justice par lesquielz l'en doit prendre mort et mutilacion de menbre.

Et cellui qui emble beuf ou vache pert le pié.

Femmes qui sont murtrières ou elles consentent, elles sont à ardoir.

348. De récepteurs de meurtriers.

Ceulx qui recevent les murtriers ou les choses des murtriers, par quoy ilz saichent qu'ilz soient telz, ilz

doivent estre penduz. Mais si le récepteur est lignagier discilacion[1] devroit estre faicte.

De meurtrier ou larron qui dit qu'il a compaignon,
ou que autre soit son compaignon, cellui n'est pour ce
prouvé ne atains ; mais justice le puet bien prendre
et doit savoir si elle li pourra riens faire congnoistre ;
et se il fait aucune congnoissance, selon icelle li face
l'en droit.

349. De femme qui tue son enfant.

Femme qui tue son enfiant par meschief, du premier elle ne doit pas estre arse , mais rendre à sainte
église : mais elle seroit arce du segond, car ce seroit
acoustumance.

350. De ceulx qui ont emprins a aller tuer 1 homme.

De ceulx qui ont emprins à aler tuer un homme,
et ilz sont prins ou chemin soit de nuit ou de jour,
tout congnoissent il ce par quoy ilz n'aient plus riens
meffait, jà par tant ne perdront ne vie ne menbre.

||[2] 351. De refuser autre à asseurer.

Cellui qui demande asseurement devant justice, et
cellui dit qu'il s'en conseillera, et justice lui deffende
qu'il ne s'en aille, s'il s'en aloit sans l'autre asseurer, et
depuis l'en le tuast, ou arsist l'en ses maisons, ou li
feist l'en autre dommage, et l'en ne sceust qui l'eust

1. On peut lire aussi *distilacion*.
2. F° XXV, v°.

fait, il en seroit pendu par rigour, par quoy le refuz
fust seuz si comme dessus est dit.

352. De appeau de gentilhomme.

Si aucun gentilzhoms chevalier ou deust estre
chevalier appelle un villain coustumier d'aucun cas
criminel dont le corps deust périller, il se combatra
à pié. Mais si le villain appelloit un gentilhomme de
samblable cas, il se combatra à cheval.

353. De briser prison.

Cellui qui est en prison pour tel cas dont il devroit
prendre mort, et la justice li eust fait assavoir que
pour tel cas il estoit prins, et il s'en alast de la prison
et puis fust prins, il en seroit aussi bien prouvé
comme s'il avoit fait le fait, et en seroit pendu, tout
ne l'eust il pas fait.

354. De désespérance.

Si home ou femme se pent, ou se née, ou occist
à son escient, il doit estre pendu et trayné ; les meubles sont au seigneur qui a toute justice en sa terre.
Et si aucun homme gist malade vii jours et vii nuiz,
et ne se vueille faire confès, et meure desconfès,
tous les meubles sont au seigneur qui a toute justice.
Mais si homme ou femme meure desconfès de mort
subite, justice ne seigneurie n'y a riens.

355. De soy deffendre, etc ...

Cellui qui est appellé de meurtre ou d'autre cas criminel se doit deffendre en la chastellenie où il sera appellé, et li autres seigneurs n'en n'auront point de court. Et si aucun meffait en la court au baron, et il soit prins en présent meffait si que applége, il convient qu'il se deffende en celle court.

356. De deux frères combatre.

Deux frères ne combatent pas ensemble, ce n'est de meurtre ou de traïson : car si sur autres choses entre eulx s'appellent dont il deust estre bataille, ilz pourroient mectre autres servans pour eulx.

357. De soy changier qui appelle.

Home qui a passé eage de LX ans et I jour, ou est mauhaigné tout ne eust il pas passé son eage dessus dit, en appellant ou en deffendant se peut changier, par quoy le cas soit tel que cellui qui sera vaincu deust prendre mort.

358. De seurté demander.

Il est usage que si aucun vient en la court le Roy, et requiert à avoir seurté de soy, et de ses biens, et de ses hommes, il la doit avoir de cellui de qui il le requiert au cas où asseurement appartient, en jurant aux sains en la manière que coustume donne. Et ceste seurté qu'il aura requise pour soy et pour ses hommes,

sont entenduz ses homes de corps entenduz estre
en l'asseurement; car ilz sont siens comme ses autres
biens. Mais il ne seroit pas ainsi des hommes civilz;
ains convendroit que se il vouloit avoir asseurement
que ilz venissent || [1] présentement pour le requerre en
la manière que coustume requiert; car raison ne veult
pas que seurté soit donnée qui ne la requiert présentement come il' soit soe personne; car moult de
périlz pourroient avenir à cellui qui asseureroit personnes que il ne verroit ne congnoistroit.

359. De accusacion non recommancier.

Accusacion ne puet pas recommancier des crimes
desquelz li accusé a esté absolz.

360. De estre arrière mis en la exécucion.

Ceulx qui habitens en leurs ennemis soient mis arrières de leur exécucion, car en grant amitié sourt
estre nourrie grant hayne[2].

361. De occire larron sans péril.

L'en treuve ès anciennes lois que l'en puet occire

1. Fᵒ XXVI, rᵒ.
2. Ce paragraphe fort peu intelligible me paroît devoir être entendu en ce sens, que quand une personne demeure au milieu
d'autres qui autrefois ses amis sont devenus ses ennemis, il s'é-
lève une fin de non-recevoir contre les mesures d'exécution ri-
goureuse que ceux-ci pourroient exercer contre elle; car elles
pourroient être le résultat d'une haine d'autant plus violente
qu'elle auroit succédé à une plus grande amitié.

sans peine le larron qui emble de nuiz en quelcunque
manière que ce soit. Et si cellui qui emble de jours
se deffend ou armes il y a plus lierres nouturaux.

362. De estre tenu come homicide.

Si aucun par sa folle pensée fait aucune chose à
1 homme ou à une femme, ou li donne à boire aucune chose que li homs ne puisse engendrer ou la
femme concepvoir, ou la lignée naistre, il soit tenu
comme omicide.

Il est escript qui puet délivrer home de mort et ne
le délivre il l'occist.

363. De clerc qui offre à soy combatre.

Si aucun clerc offre de son gré à aucun bataille
champel, ou il receve se elle li est offerte, convient
qu'il soit ou s'il vaint ou s'il est vaincu il doit estre
déposé de droit : mais il convient que le meffait soit
grief et inréguliers. Il puet eschapper à la sentence [de]
depesement, si son évesque disposoit ou lui, par quoy
d'icelle bataille ne soit ensuy omicide ne amenuisement de menbres.

364. D'enffant qui tue un autre.

Quant 1 enffant de x ans se jouoit ou autres enffans, si en férit un d'une siete si que il en morut, par
quoy l'abbé de saint Remi en demande à avoir c s.
selon la coustume du païs, nous te mandons se y es
certiffiez que l'enfent qui férit l'autre fust dedens
xiiii ans quant il fist le meffait, tu contraingnes le de-

vant dit abbé de non demander lesdiz c s. par nulle
coustume, ne ne li en demande nulle peine corporelle.

365. De non suire de crime après simple semonce.

Si aucun fait autre semondre simplement à li respondre, il ne puet puis suivre cellui d'accion criminelle qui fust née par avant ledit adjournement.

366. De accusacion.

Si aucun est suiz criminellement de meismes fait
d'une personne par dénunciacion et d'autre par accusacion, l'accusacion pendant doit cesser la dénunciacion.

367. Ce sont les notables de droit contenuz ès décrétalles.

Nul serf ne doit estre receu aux saintes ordres s'il
n'a premièrement conquise sa franchise envers son
seigneur; et s'il advient que aucuns par fraude ou
par aucune cautelle y soit receu, il doit || [1] estre dé-
posé, et ledit son seigneur avoir. Le filz d'home sers
et de franche femme siest[2] la condicion de la mère.

368. De non porter tesmoignage qui est accusé de crime.

Nul ne doit estre receu à porter tesmoignage contre

---

1. F° XXVI, v°.

2. Le mot est dans le ms. séparé en deux , *si est*, et le copiste
l'a même répété deux fois : mais je pense que c'est plutôt la
3ᵉ personne ind. prés. du verbe *suivre;* autrement la phrase n'auroit aucun sens.

aucun tant comme il soit acusé de crime, ci cil plesant doivent estre bouteʐ arrière d'acuser autre; car il est infames de recevoir ordres se il ne monstroit premiè-rement qu'il n'en soit pas coulpable.

Si aucun fait murtre ou omicide ou aucun autre meffait par quoy il doye perdre corps et avoir et héri-taige en aucune justice, et si li sire a toute justice en sa terre, haulte et basse, et le murtrier ait héritaige en aucune justice ou en aucune chastellenie, li sires aura les meubles et les héritaiges qui sont soubz lui, tout ne soit il couchans et levans de sa justice par raison du murtre et de l'homicide : et généralment tous les seigneurs qui auront haulte justice en leurs terres, les choses qu'ilz trouverront en leur justice et en leur seigneurie seront leurs; car murtrier ou homicide n'ont point de différance selon l'usage de la court. Et est en la voulenté des seigneurs de tenir comme leur propre domaine et de faire leur propre ravage, c'est assavoir les vignes estreppeꝉ, et leurs maisons abatre, et leurs arbres trancher, et leurs prez arer selon l'usage de divers païs. Et doit l'en faire telle justice de meur-trier et de omicide, et de robeurs de gens en chemin, et de robeurs d'églises, et de ardeurs de maisons, et de fausseurs de monnoyes, et de plusieurs autres cas.

369. De la matère et des cas le Roy, et de la justice le Roy.

Si aucune justice tient ɪ homme du Roy ou qui au Roy s'avoue par présant meffait, et il ne le nye pré-sant la gent le Roy, il en auront la saisine avant tout evre, et après le puet ravoir quant il tient prins par présent meffait à justicier, c'est assavoir prouver le

présent devant les gens le Roy souffisaumeut : et
s'il ne le preuve si demourra à justicier en la court
qu'il aura advouée.

370. De ceulx qui ont à marcher au Roy.

De ceulx qui ont à marcher au Roy quelconque
chose que ce soit, le Roy doit tenir en sa main pour
le débat s'il y est, et puis esgardera droit à soy et à
autre.

371. De ceulx qui sont atermez en la court le Roy.

Ceulx qui sont atermez en la court le Roy il doivent
obéir quelconques personnes qu'ilz soient pour alléguer leur previlége, et pour savoir quelle demande l'en
leur fera, et s'ilz sont tenuz à respondre : et doivent
requerre à tourner à leur seigneur avant contestacion
de cause : et se ilz ont seigneur à qui ilz s'avouent, et
le seigneur doit l'obéissance requerre et avoir, s'il li
est congneu qu'ilz soient de sa justice et que il y ait
telle manière de justice comme la querelle requiert, et
que il viengne en temps de le requerre. Et si débat y
a de la justice, les gens le Roy en doivent enquerre et
puis faire droit au Roy et à l'autre.

372. De justice qui tient home le Roy.

D'aucune justice qui tient aucun homme le Roy, les
gens le Roy le doivent mander : « tel home qui au
Roy s'avoue que vous tenez prins à tort || [1] rendez

1. F° XXVII, r°.

le nous ou envoiez ; » et s'il ne le rent ilz l'en doivent pourforcer par prinse de ses homes et de ses biens ; car qui vée recréance aux gens le Roy il le rent quitte et fait amende. Et la saisine eue devers le Roy, se li sire y a raison il la doit prouver devant les gens le Roy ; et s'il la preuve ilz la doivent rendre ; car le Roy ne pladoye ou nulz dessaisiz.

373. D'home qui doit et ne puet paier.

Home qui doit et ne puet païer ne tout ne partie, il doit faire la loy du païs et jurra aux saintes evvangilles qu'il n'a de quoy païer, ne tout ne partie ; et que au plus tost qu'il vendra à plusgrant fortune qu'il paiera.

Le Roy puet prendre corps et biens pour sa debte congneue et prouvée, et héritaige aussument.

374. De mandement le Roy.

De commandement le Roy comme il ne te face tort, ni à nully, ne qu'il ne face contre droit ; et pour ce mande il la coustume du païs et garde ; car quant l'en ne use de droit escript, l'en doit avoir recours à la coustume du païs ; car coustume passe droit.

375. De asseurement fait en la court le Roy.

De asseurement fait en la court le Roy nul n'en puet avoir court, ains en sera la congnoissance en la court le Roy, si débat sourt entre les parties.

376. De bastars.

De bastars et aubans mors sans hoir et sans lignée,

li sires soubz qui ilz mourront sera son hoir s'il
meurt ou corps de son chastel; car il ne puet faire
autre seigneur que le Roy en s'obéissance ou ressort.
Et si aucun s'avoue au Roy et autre le demande
comme son serf, il doit païer ses exploiz ou ceulx de
cellui dont il a la cause. Et si deffend l'en en cause
de servage et de franchise vers son seigneur par tenue
de xx ans.

377. De féauté de bastart.

Féauté de bastart et des exploiz faire sus il ne peut
estre faiz ou préjudice du prince; et se il se advoue
filz de franche femme et de franc home le Roy, il
demourra devers le Roy.

378. De servage.

Cellui qui est suiz de servage qui n'est pas en eage
il aura délivrance de ses biens si que il soit en eage.

379. Des homes le Roy.

Les homes le Roy ne sont pas tenuz de respondre
ne obéir aux semonces aux barons ne aux vavasseurs,
s'ilz ne sont couchans et levans aux corps de leurs
chasteaux, ou s'ilz ne tiennent d'eulx : car ilz n'ont en
l'home le Roy nulle justice.

380. Des homes aux barons.

Le Roy ne doit pas vengier sur les homes à ses barons pour les debtes ou meffaiz aux barons, si les hommes ne avoient fait le meffait, fors tant seulement aux

reddevances qui sont deues au baron : et aussi ne pourroit le baron sur les homes à ses vavasseurs, ne maiz en la manière dessus dicte.

381, De non obéir aux commandemens les gens le Roy.

Si aucun justicier tient prisonnier en sa prison, et les gens le Roy li comandent de par le Roy « rendre ou bailler nous cest prisonnier que vous tenez, » il n'est tenu de le faire ; car nul n'est tenu de soy dessaisir. Mais il doit || ¹ ouvrir ses prisons, et s'ilz le prenent il puet et doit venir aux gens le Roy requerre son droit. Et aussi peut l'en faire de moult d'autres choses.

382. Des baniz le Roy.

Il est coustume que la justice de baniz le Roy n'appartient à nul justicier, ne mais au Roy ou à ses gens.

383. De non faire bourse comune.

Il est deffendu et establi de par le Roy que nul ne face bourse commune pour autrui grever ou pladoïer, et mesmement contre sa justice ou contre son souverain. Et si aucuns font encontre, il doivent estre pourforcez à eulx délessier et de faire amende.

384. De previléges donnez par le prince.

Si commance des autres enseignemens de droit. Droit dit que previlége est appellé loy privéc que

1. Fº XXVII, vº.

quant le prince le donne il le donne de sa voulenté. Et
si est donné aucuneffoiz contre droit et contre coustume; car s'il donnoit ce que droit et coustume donne,
ce ne seroit pas previlége.

385. De plainte de tort et force.

Quant aucun se plaint en jugement d'aucune personne qui est venu en son droit ou en son fié ou en sa
seigneurie à tort à force et en armes, et en lieu où il
n'avoe riens à tenir de li ne en fié ne en domaine, et en
lieu où il n'a ne prise ne vengement ne seigneurie ne
justice, laquelle seignourie il advoue à tenir du Roy
ensembléement ou ses autres fiez, et dont il est en la
foy et homage du Roy, et en est son home lige, et en
porte ou fait porter ses meubles, et les doit nommer, et
requiert que les biens soient saisiz entièrement et ses
dommages amendez jusques à l'estimacion de c l., et
doit nomer en sa plainte le jour de la chevauchée; et
s'il est trouvé estre venu à tort en lieu qui est advoé
du Roy, il amendera à partie et ressaisira le lieu, et
fera amende au Roy de lx l., s'il est ber, ou chevalier
ou gentilzhoms; car le Roy deffent les armes et les
chevauchées selon les establissemens.

386. Des juridicions aux nobles.

De la matière et des cas aux gentilz personnes appartenans, et comment ilz doivent explecter de leurs
choses et juridicions. Et premièrement dedens quel
temps et comment l'en doit requerre son seigneur
d'entrer en foy, c'est assavoir dedens xl jours, car les

xl jours passez li sires prendroit le fié à son demaine
jusques à tant qu'il ait home. Et qui veult entrer en
la foy il doit dire de quoy et par quoy et par quelle
raison, ou par achat ou par eschoete ou pour autre
chose; et si par achat il doit entrer présent cellui qui
est en la foy. Et doit dire cellui qui entre en la
foy : « Sire je deviens vostre homme, et doit joindre
ses mains, et vous promez féaulté et léauté de cest
jour en avant envers tous qui pourroient vivre et mou-
rir, et à celle redevance que le fié porte. » Et li sires
le doit recevoir et baisier, sauve son droit et l'autruy,
et le droit || [1] de son rachat que cellui li doit garir
avant que le recoive à la foy si rachat y appartient.

387. De assener à son fié.

Qui assenne à son fié par faulte de rachat ou de
hommage ou de service ou pour autres causes, comment délivrance en doit estre faicte; c'est assavoir en
plége mectant si cellui est en deffendent de la cause,
assigner jour, et mener par droit selon la coustume du
pais; et s'il est désadvoé de cellui à tenir par devant
justice, si aura cellui la saisine à qui il sera advoé ; et
si l'autre puet prouver devant le souverain que cellui
ait faulce advoerie faicte, si perdra cellui son demaine
et s'en vendra par enqueste, ce c'est en l'obbéissance
du Roy.

388. De seigneur qui tient son fié.

Seigneur qui tient son fié par faulte d'home en sa
main, lequel fié est obligié à plusieurs créditeurs, et

1. F° XXVIII, r°.

l'an passé il leur devra respondre de leurs obligacions,
ou lessier courre le demaine.

389. De chevalier procurateur.

Chevalier il puet estre procureur en la cause son
seigneur, non obstant qu'il soit opposé contre lui que
ce ne soit pas office de chevalier. Et ce fut jugié en
l'assise de Poitiers en la cause du conte de la Marche.

390. De faire homage à son seigneur.

Du temps que l'en doit faire hommage à son seigneur, c'est assavoir dedens xL jours : et si non li sires
fera les fruiz siens jusques à tant qu'il ait home.

391. De rentes deuees.

Ceulx qui doivent leurs rentes ilz les doivent rendre à la maison de cellui à qui elles sont deues, par
quoy elle soit en la chastellenie où cellui qui la doit
demeure. Et si la rente n'est païée, li sires se peut vengier pour son devoir, et prendra en la chose les biens
ou les charrues, ou les fessours si c'est vigne. Et qui
cesse par III ou par IIII ans de païer sa rente il le pert
le domaine: mais il convient congnoissance de cause.

392. De perdre son fié et son meuble.

Qui pert son fié et son meuble envers son seigneur,
l'entencion est quel meuble il pert ; c'est assavoir cellui meuble qui devers cellui fié vient ; car autre fié

ne puet il perdre par devers li que cellui qu'il tient de lui, etc....

393. De don fait à femme.

Gentilhomme puet donner de son héritaige à sa femme à porte de monstier le tiers ; et cellui tiers ne lui puet pas assigner tout sur la terre de son père.

Gentilhome puet aumosner de son héritaige le tiers sans contans.

394. De jour mis hors du fié.

De seigneur qui met terme à son loingtain menoir à son homme censier ou à son homme de foy, l'home censier puet décliner à son profiage, et l'home de foy doit respondre.

Sires ne prent pas pléges de son rachat ne de son relevage s'il ne veult.

395. De herbergemens.

Cellui qui a plusieurs herbergemens soubz plusieurs seigneurs, et se mue d'un lieu en autre, il doit mectre estagier en cellui dont il se remue pour faire les devoirs aux seigneurs.

396. De baronnie quant il n'y a que filles.

Baronnie quant elles chiet toute à filles, l'ainsnée aura les deux pars ‖ [1] et fera aux autres le tiers des rentes sans appeticier la baronnie.

1. F° XXVIII, v°

397. De fille mariée du père.

Chevalier quant il marie sa fille, elle ne puet plus demander en la terre son père fors ce que il li donrra en mariage, si ce n'est par faulte de hoir.

398. De vavassoerie eschoete à filles.

De vavassouerie quant elle eschiet à trois seurs autant prent l'une comme l'autre ; mais tant l'aisnée aura un herbergement et un chiste, *id est* la value de c s. en avantage. C'est coustume locau.

399. De eschoete de puisnez.

De frère gentilhome quant il meurt sans hoir de sa char l'héritaige vient à l'ainsné[1] ou à ses enfans en Anjou. Mais en Poitou la coustume est autre.

400. De enfant qui a esté en bail.

Enfant qui a esté en bail il ne puet demander nul meuble à cellui qui l'a eu soubz bail, si le meuble n'a esté certain au bail. Et qui prent bail si le doit rendre quipte. Mais aucuns font force là où la mère a le bail qu'elle a tant tenu que les fruiz puissent valoir les deb-

---

1. Ce mot, que j'avais d'abord mal lu dans le manuscrit, et dont j'avais fait *la justice*, m'a fait commettre une erreur dans l'Introduction (t. I, p. 108), quand j'ai dit que la justice hérite du frère puiné de gentilhomme qui meurt sans héritier. Au fond c'est souvent vrai ; mais c'est entièrement inexact de la manière dont 'ai présenté cette décision.

tes ou non : et y puet l'en moult traire de raisons sur l'amour que la mère a vers son enfant, par quoy elle n'est pas tenue, ne maiz en tant comme elle en aura levé le bail durant. Et si bien autre que la mère eust eu le bail et le ronpist avant que l'enfant venist en eage par mort ou aucun autre cas d'aventure, si doit l'en regarder en semblable manière comme dit est de la mère.

401. De partir en la terre sa mère.

Valet ne puet demander partie en la terre sa mère tant comme la mère le tiengne.

De terre qui est achatée de père à filz et de frère à frère il n'y a point de rachat; et autres personnes le doivent.

402. De faire aide.

Gentilhome quant il tient fié à foy, quant il fait l'aide à son seigneur, ses homes coustumiers la li font, c'est assavoir doubler leur cens; et nul double ne passe vi d., si comme l'en dit. Et si li sires fait aide à son seigneur avant qu'il semonge ses tenans qui li doivent faire s'aide qu'ilz viengnent faire l'aide à son seigneur, ilz ne li en feront point s'ilz ne vueullent, et tel service tel aide, si comme l'en dit : mais il n'est mie entendu de ceulx qui doublent leurs cens. Et si sont les doubles plus grans en Poitou que dessus n'est dit.

403. De bourgois qui tient en foy.

Bourgois qui tient en fié et il meurt, li sires doit recevoir son hoir en celle mesme foy, sauve ses droiz : et cestui hoir doit requerre son seigneur dedens vii jours.

4o4. De douaire apeticié.

Se le douaire à aucune dame est apeticié par aucun fait de son seigneur, li hoir est tenu à amender à la dame.

4o5. De eage à gentilhome, etc...

Gentilhome ne puet tenir terre jusques à xxi an, ne ne se doit combatre ; et aussi ne combatroit pas un rosturier seigneur.

Qui a ban il ne le puet tenir que xl jours.

4o6. De rachat pour bail.

D'enfant qui a demouré en bail à aucun de son lignage à autre que sa mère quant mère n'y a, si cellui qui ot le bail se meurt, et ot fait le rachat, et le || [1] bail venist à son filz, si fera cellui le rachat non contretant le rachapt que son père aura fait.

4o7. De fié en herbergement.

De fié en herbergement quant il eschiet à frères, li ainsné aura le herbergement et un quartier de terre entour, et servira au seigneur, et les frères li serviront ; et le remaignant sera frereschau.

4o8. De non respondre sans estre en la foy.

De seigneur qui pladoye devant soy cellui qui doit

1. F° XXIX, r°.

estre en sa foy et n'y est pas, il ne doit pas respondre
jusques à tant que li sires l'ait receu à sa foy.

409. De non vengier sur parageurs.

Sire ne se puet vengier sur le parageur à son homme
lige ou de foy pour les meffaiz à cellui, tant comme il
y ait des choses de sa ligée ou de sa foy.

410. De devoir foy et homage.

Gentilhome ne doit foy ne homage à son seigneur
jusques à xxi an.

Gentilhome ne doit pas respondre, se ce n'est à la
grant assise devant le séneschal ou le baillif.

411. De douaire l'année du rachat.

De seigneur qui prent son rachat l'année de la terre
son home qui tient de li gentilment quant il est
mort, li sire ne fera point de délivrance de celle année
à la feme du mort. Mais les hoirs du mort à l'année ensuivant seront tenuz rendre le douaire à ladicte feme
de la terre et des fruiz[1] de l'année dessus dicte. Mais
ès autres choses où point n'a de rachapt, aura la feme
son douaire tantost comme son seigneur sera mort.

412. De don a ses enfans puisnez.

Gentilhome ne puet donner de son héritaige à ses
enfans puisnez que la tierce partie, ne autre partie ne

1. Ms. : Deffruiz.

leur en avient : mais il puet donner ses acquestz au
quel que li plaira. Mais s'il les donnoit à autres de ses
enfans que à l'ainsné, celles qui auront esté faictes ou
fié du père, l'ainsné en rendra les deniers à cellui à qui
le don est fait ce que la chose cousta en achat. Et si
le père meurt sans faire partie à ses enfans, et il n'eust
point de feme, tous les meubles seront à l'ainsné, et
paiera toutes les debtes, et fera l'aumosne. Et si les enfans vouloient partir leur héritaige, si aura l'ainsné
les ıı pars, et le herbergement en avantage, et les
puisnez la tierce partie ; et leur garra l'ainsné en parage. Et si en la partie aux puiznez avoit fiez entiers,
l'ainsné des puisnez fera la foy et garra aux autres en
parage. Et se l'ainsné faisoit la tierce partie trop petite
si la pourroient refuser les puisnez, et partir les autres
ıı pars en ıı moitiez, et d'icelles deux moitiez l'ainsné
prendra l'une et l'autre que les puisnez auront refusée,
et l'autre demourra aux puisnez ; et ainsi a l'ainsné les
ıı pars : c'est coustume en Anjou.

Mais la coustume de Poitou est autre, que l'ainsné ne
prent que le quint de la terre en avantage et le herbergement principal. Et aucuns tennent que le père
puet bien donner ses meubles || [1] et ses acquestz au-
quel qu'il veult de ses enfans, ou à sa femme s'il l'a.

413. De mariage donné a la fille.

Gentilhome quant il donne à sa fille plus grant
mariage que advenant ou maindre, elle ne puet plus
retourner en freresche.

1. F° XXIX, v°.

Si gentil [home] a sa seur et li donne petit mariage cellui qui la prent ne puet demander autre : mais quant son seigneur sera mort, elle pourra bien demander avenant partaige.

414. De partage de filles.

Gentilhome quant il meurt et n'a que filles, autant prent l'une comme l'autre, sauve l'énéage à l'ainsnée que elle aura le herbergement principal et les appartenances comme garenne, boys, eaue, fuye, jugnans, appartenans, et autres choses appartenantes audit herbergement, et le quint des rentes et choses tenues gentilment en avantage, et garra aux autres en parage : ceste coustume est tenue en Poitou, soient filz ou filles.

Et s'il y a demaines tenuz à rupture ilz viennent par esgal porcion. Et aucuns tiennent que par la coustume de Poitou n'a que le herbergement principal en avantage, et certains arpens de terre et appartenances.

415. De brait d'enfant.

Gentilhome quant il prent pucelle à femme il tient sa vie ce qu'il lui fut donné en mariage à porte de monstier, jasoit ce que n'y ait hoirs, par quoy il en ait eu qui ait crié brait. Ceste coustume en Anjou, et en la ville de Poitiers aussi.

416. De gentilfemme quant elle se fait despuceller.

Gentilfemme quant elle a enfant avant qu'elle soit

mariée, ou quant elle se fait dépuceller elle perl son héritaige quant elle en est prouvée.

417. De gentilfemme qui est hoir.

Gentilfemme quant elle est hoir de terre et elle a hoirs et son seigneur est mort, si elle veult prendre douaire en la terre son seigneur, son filz ainsné prendra le tiers en la soe. C'est coustume en Anjou : mais en Poitou n'est point ceste coustume.

418. De douaire à gentilfemme.

Gentilfeme ne prent que le tiers par douaire en la terre son seigneur et habitacion en ses herbergemens par la coustume, et la moitié des meubles en paiant la moitié des debtes, ou le tiers à son choys soust et quite, et la moitié des acquestz. Et en oultre son seigneur lui puet bien donner ses meubles et acquestz s'il veulst : mais des conquestz qu'il auroit fait en son fié, si aucuns en y avoit, celles auroit son filz ainsné, et en paiera les deniers à la feme que la chose auroit cousté.

Gentilfemme ne met riens en l'aumosne son seigneur si elle ne veult.

419. Du herbergement.

Gentilfeme doit avoir le herbergement son sei-gneur après la mort son seigneur jusques à tant que cellui qui a le retour li ait fait herbergement ave-nant en son douaire : et elle doit tenir en bonne estance, et les ‖ [1] vignes et les arbres fruitaus. Si elle ne le fait, elle pourroit perdre son douaire.

420. De bail d'enfant.

Gentilfeme a le bail de ses enfans, ou se tienge veuve ou se marie : c'est assavoir des masles jusques à xxi an, et des filles jusques à xv, s'il n'y a hoir masle. Et doit tenir les choses en bon estat et sans mal mectre; car si elle ne le fait, elle perdroit le bail, et vendroit à cellui à qui le retour de la terre doit venir. Boys, estans qui autreffoiz auroient esté venduz du père aux enfans pourroient ilz bien vendre. Mais ceste coustume n'est pas en Poitou que la mère ait le bail pour ce que elle est venue aux secondes noces s'il ne li fut donné du père; car en Poitou le père puet donner le bail de ses enfans là où il li plaist. Et boys n'est mie entendu qu'il puisse estre venduz s'il n'ont x ans passez si comme plusieurs sages dient.

421. De pladoïer son douaire.

Gentilfeme de son douaire, et gentilhome de son mariage qui li auroit esté donné à porte de monstier, pueent pladoïer en la court de l'église ou en autre, c'est à leur voulenté.

422. De marier ou faire chevalier son filz.

Gentilhome quant il marie son filz ou quant il est chevalier le père li fait le tiers de sa terre, sauve ce

1. F° XXX, r°.

qui li fut donné en mariage ; mais si la mère avoit esté hoir de terre, le filz auroit toute la terre de la mère.

423. De soy estre marié qui a eol ou eolle.

Gentilhome quant il se marie et il a ayoul ou ayolle, et père et mère, s'il se meurt sans hoir avant que sa femme, la femme aura son douaire en l'eschoete d'eulx et en toutes autres qui seroient avenues avant que son seigneur l'eust prise. Et ès autres eschoetes qui depuis seroient avenues elle n'auroit riens.

Entre frères gentilzhommes après la mort de leur père toutes les eschoetes viennent à l'ainsné, sauve de père et de mère, de ayoul et ayoulle, et d'autre lignage que l'en appelle eschoetes droites avenues.

424. De rachat, etc.

Gentilhomme ne fait rachat de riens qui li eschée devers soy jusques à tant qu'il ait passé cousin germain.

Gentilhome ne fait rachat des choses qu'il prent en sa feme quant il fait foy aux seigneurs : et s'il tient en parage il ne fera point de rachat.

425. De gentilfeme.

Gentilfeme quant prent villain coustumier, leurs enfans ès choses devers la mère prendront autant les uns comme les autres, sauve ès choses où il convendroit faire foy, laquelle foy fera l'ainsné, et garra les autres ; et aura le herbergement et une chese en avan-

tage s'il y sont; et sinon il aura en avantage selon la
grandeur du fié. Et ainsi se départiront les choses
jusques à tant que l'en descende de la droite foy : et
depuis en avant se départira gentilment.

426. De baronnie départir.

Baronnie ne se départ pas entre frères si le père
ne leur en fait partie; || ¹ mais l'ainsné fera avenant
bienfait aux puisnez et doit marier les filles. ·

Li bers a toute justice en sa terre, et n'y puet mectre li Roys coustumes sans l'assentement des barons :
et les barons ne les y puent mectre sans l'assentement des vavasseurs.

Vavasseur ne puet faire forban; et s'il le fait il pert
sa justice.

427. De justices a voiers.

Les gentilzhomes qui ont la vaerie en leurs terres
pendent des larroncins qui y sont faiz : mais en aucunes chastellenies les mènent jugier à leur seigneur
et puis les retournent, et en font leur justice. Et si
ont plus, qu'il tiennent leurs batailles par devant eulx
de quelconque cause que ce soit, fors de grans cas
qui sont nommez ailleurs cy dessoubz. Et si ont leurs
mesures, et les prenent au corps du chastel, et puis
les baillent à leurs homes. Et s'ilz tiennent faulces
mesures sur leurs hommes, le gaige en est leur, c'est
assavoir LX s. Et se li ber la trouvoit avant, le gaige en
seroit sien; c'est assavoir les meubles du gentil-

1. F° XXX, v°.

homme se il en est prouvé que il ait baillé la mesure
faulse; mais il s'en passera ou son serement qu'il ne la
bailla mie faulse se il veult faire; et o tant paiera l'autre LX s. sur qui elle sera trouvée. Et en Poitou
en cest cas ne sera l'amende du gentilhome que de
LX s.

428. De relachier larron.

Vavasseur ne puet relachier larron sans l'assentement de son chief seigneur, et s'il l'avoit fait il perdroit sa justice. Mais s'il vouloit jurer qu'il ne l'eust re-
lachié, et que il en eust fait la meilleur garde qu'il
peust et qu'il estoit eschappé, il s'en passera en tant,
voire du premier. Mais du segond il ne seroit pas ainsi
comme dient plusieurs sages : ains en devroit l'en enquerre et regarder se li sires auroit fait adouber la
prison ou enforcier, ou si ce est de la première prison
ou d'autre. Et si la diligence du vavasseur y est trouvée si s'en passera comme dessus est dit ; et si non, si
li fera l'en droit selon l'enqueste.

429. De rendre court à vavasseur.

Les vavasseurs doivent avoir leur court de leurs
hommes, de quelconque meffait que ilz soient appellez
en la court au baron, par quoy ilz la requièrent : si ce
n'est de haulte justice et des cas previlégiez, ou de meffait de marché, ou de chemin péageau, ou de deffautes,
ou de erremens jugiez, ou des choses congneues ; si
l'home en est enchaucé convendra qu'il en responde
et qu'il amende des deffaultes s'il en est prouvé. Et ce
fait l'en rendra la court au vavasseur ; car li bers ne

se doivent mie recorder en la court de leur vavasseur des erremens faiz en leur court.

43o. De rendre les II s. VI d. ou non.

De malfaitteur qui fait meurtre ou larroncin en la
terre à aucun baron, et depuis s'en vait en autre
chastellenie, et il est prins, cellui en quel chastellenie
le meffait fut fait le doit avoir en païent ii s. vi d.
à l'autre baron. Et si le meffait avoit esté fait en la
terre au vavasseur, le vavasseur le doit avoir en païant
à son seigneur les ii s. vi d. par quoy il ait la vaerie en
‖ ¹ sa terre. Et en Poitou ne sera pas rendu, si cellui en
quel terre il aura fait le meffait ne le suit en chaude
suyte ou autre pour lui, et ne paie l'en rien des
ii s. vi d. dessus diz.

431. De semondre ses parageurs pour l'aide.

De vavasseurs quant ilz sont semons à faire l'aide
à leur seigneur ilz doivent semondre leurs parageurs,
et s'ilz ne le faisoient et feissent l'aide sans eulx appeller, ilz n'y seroient pas tenuz. Et quant ilz sont semons,
se bien n'y viennent si fera l'autre l'aide et ilz y seront tenuz. Et nul qui tient en parage ne fait aide à
son seigneur, s'il ne le fait au chief seigneur. Si aucun
aparageur qui tienge de lui en parage il ne leur puet
mettre jour hors du parage par devant soy; car ilz tiennent aussi gentilment comme li : et néantmoins sont
ilz tenuz à respondre devant li du devoir du fié et de

1. F° XXXI, r°.

compter le lignage, quant il dira qu'ilz ne doivent plus estre en leur parage, tant est le lignage esloingnié. Et si li fera l'en un roncin de service pour ce que le fié est yssu de parage; mais il ne sera rendu jusques au segond hommage. '

432. De non estre juge et partie.

Le vavasseur ne doit pas respondre devant son seigneur s'il li demande héritaige qu'il tiengne de li; car li sires ne doit pas estre juge et partie : ains sera le plait en la court du souverain et ce que s'en suivra.

433. De monstrer son fié.

Seigneur quant il semont son home qu'il li monstre son fié qu'il tient de li en foy, il li doit mectre terme de xv jours, et cellui li doit monstrer : et s'il s'en doubte il aura temps de s'en adviser de xl jours s'il le requiert; et au chief des xl jours il rendra son enqueste; et de ce qu'il monstrera et de ce qu'il aura monstré sera jugié que plus n'en tient de son seigneur, ne maiz ce qu'il li a monstré; et se li sire trouvoit aucune chose que l'homme ne li eust pas monstré, celle chose seroit perdue à cellui et gaingnée au seigneur. Et seroit tout le fié perdu si l'home n'osoit jurer qu'il ne sceust celle chose quant il rendit son enqueste.

434. De droiz de gentilhome.

Gentilhomme fait iii droiz, c'est assavoir son fié, son meuble, et gaige de loy lequel est de v s. Et aucunes foiz amende de lx s. quant il appelle autre de

folie delaye. Et s'il |trenche en forest dont le droit
soit de lx s., ou s'il brise chemin, ou en autre manière
dont amende fust de lx s.

435. De perdre son fié.

Coment gentilhome qui est home de foy pert son
fié; c'est assavoir s'il met mains en son seigneur malicieusement premièrement; et s'il vait sur lui en
guerre ou en chevauchée o ceulx qui riens ne li tendront : et si homme lige oye appeller son seigneur
de traïson et il ne le offre à deffendre il pert son fié :
et encores en 'autre manière pert l'home de foy son
fié, s'il se couche ou la fille ou la femme son seigneur,
par quoy elle soit pucelle; ou se li sires li avoit baillié
une pucelle en garde et il la despucellast; et s'il
l'avoit fait à force il en seroit pendu. Ce sont les prin-
cipaulx causes : || ¹ mais autres en puent bien sour-
dre que l'en pourroit dire estre accessoires d'icelles.

436. De aler contre le Roy.

Quant le bar semont son home lige qu'il vienge o
lui qu'il veult guerrier o le Roy, car le Roy li a desnéé
le jugement de sa court si comme il dit, premièrement li homs le doit aler savoir au Roy s'il est ainsi
come son seigneur li a dit : et se le Roy respont
que ainsi soit, si s'en tourra li homs et yra ou son seigneur contre le Roy; car s'il ne le faisoit il perdroit
son fié : et son sires li fera ses despens. Et si le Roy

1. F° XXXI, v°.

respont qu'il est prest de faire droit à son seigneur,
l'home le doit dire à son seigneur, et ne sera pas tenu
à aler contre le Roy o son seigneur, et n'en perdra
riens par droit.

437. De meubles perdre.

Gentilhome pert ses meubles s'il les ostoit à son
seigneur ou à son aloe : et s'il met mains par mal en
l'aloe son seigneur : et s'il desment son seigneur. Et
se il a mises faulses mesures en sa terre, et se il chace
en sa garenne, ou il pesche en ses estans, pour chacune des choses dessus dictes il pert ses meubles.

438. De non plus tenir de son seigneur.

De seigneur quant il est deffaillant à son home de
faire droit, et quant il se couche ou sa feme ou o sa
fille par quoy elle fust pucelle, ou se li homs li avoit
baillié une pucelle de ses parentes en garde et il la
despucellast par quoy il soit prouvé, li homs ne tendra plus riens de lui; ains tendra du chief seigneur
dont son seigneur tenoit.

439. De faire sa garde.

Gentilzhomes qui doivent garde comment ilz doivent faire quant ilz sont semons de leur seigneur sur
foy et sa feme qui la doit; et qui la doit sans feme,
soy et son message y doivent gésir toutes les nuiz; et
s'il ne le faisoit si comme dessus est dit, il perdroit
ses meubles. Et cellui qui doit lige estage il doit gésir

lui et sa feme s'il l'a, et s'il ne l'a, lui et son sergent, et sa mesgnée la plus grant partie; et s'il s'en
vait du liege estage, il pert ses meubles s'il n'ose jurer
qu'il ne s'en est pas allé pour dégaster l'estage, mais
pour faire ses affaires souffisans.

440. De avoir ses meubles perduz.

Gentilhome quant il a ses meubles perduz il doit
jurer à son seigneur de dire voir, et li doit demourer
son pallefroy et un roncin à un escuïer s'il l'a, ou les
ii selles et son somier s'il est si riche qu'il les ait : et
deux paire de robes, et une à chacun jour, et une
ceinture, et i annel, et i fermail, et le lit à sa feme et
robes comme dessus est dit, et ceinture, et aumos-
nière, et fermail, et annel, et ses guimples. Et s'il est
home qui porte armes, si li demourra en oultre son
cheval et toutes ses armeures. Et si li sires doubtoit
qu'il n'eust mie bien dit voir de ses meubles, il en
puet avoir le serement et non plus par droit.

441. De non paier coustume.

|| [1] Gentilhome ne rent vente ne péage de rien qu'il
achate ne vende; mais de celles choses qu'il achate
pour vendre il en rent. Et s'il avoit achaté bestes et
il les eust tenues an et jour en sa garde, et depuis les
vendist, il n'en rendroit riens.

1. Fº XXXII, rº.

442. De garder son serement.

Les gentilzhomes vavasseurs garissent leurs sergens ɪ an des ventes et péages de leurs bestes et de leurs choses croissant en la chastellenie, et de ost et de chevauchée, par quoy il soit leur prévost et qu'ilz recevent leurs rentes et leurs coustumes.

443. De prévost à vavasseurs.

Les prevostz aux vavasseurs doivent leurs homes coustumiers qui doivent ost et chevauchée le Roy amener au baron ou à son commandement aux coustz du chastel, et puis s'en retourner : et les prévostz aux barons les doivent conduire au mandement du Roy au chastel dont ilz seront de ressort, et puis s'en retourner. Et si aucun des hommes dessus diz demouroit qu'il ne fust pas venu, il paieroit ᴌx s. d'amende au baron. Mais feme coustumière ne doit ost ne chevauchée, ne le mousnier, ne le fornier, ne ceulx qui gardent les fours ne les moulins.

Item, Les prévostz aux vavasseurs doivent mener les hommes coustumiers de la chastellenie aux coulz du chastel ceulx qui doivent au baron chevauchée. Et li baron ne le doit mener si loing qu'il ne s'en puisse retourner au soir. Et ceulx qui demourront d'aler en la chevauchée doivent ᴌx s. d'amende.

444. De rachat de femme vefve.

Femme vefve ne fait point de rachat jusques elle soit mariée ; et elle mariée son seigneur le fera au

seigneur du fié, c'est assavoir l'année de sa terre. Et
pourroit bien vendre pour païer le rachat boys s'ilz
y estoient, par quoy la feme et son premier seigneur
les eussent autres foiz venduz, et à cellui fuer, et non
pas plus grant marché : mais des boys est à regarder
s'ilz ont passé x ans ou non.

445. De vefve dame.

Dame quant elle demeure vefve et a fille, li sires à
qui le père de la fille estoit homme lige puet deffendre à la dame que elle ne marie sa fille sans son
congié, et en puet demander pléges : et la dame
les li en doit donner. Et si depuis elle la marie sans
congié de son seigneur elle perdroit ses meubles,
excepté les choses qui à dame doivent demourer
puis qu'elle a ses meubles perduz ; et l'en pourroit li
sires pourforcier par les pléges et par la foy aincois
qu'elle se départe de la foy ; et se la dame trouvoit
qui li demandast la fille, elle doit dire au seigneur et
au lignage de la fille par devers le père ; et se li sires
et le lignage avoient trouvé || [1] qui la fille demandast,
lors li sires, la dame, et le lignage dessus dit doivent
marier la fille ou le plus prouffitable de ceulx ou
d'autres ; car nul ne devroit faire le domage d'elle.

446. De dame qui a hoir masle.

Dame n'est que bail de son héritaige puis que elle
a hoir masle, et si ne puet donner ne engaigier riens

1. F° XXXII, v°.

par quoy ce fust en amenuisement de l'hoir, si ce
n'est à son anniverssaire.

Gentilhome puet donner de son héritaige le tiers et
non plus par droit, tout ait il hoirs ou non; ne aussi
ne puent les rousturiers.

447. De estre semons a faire homage.

De seigneur quant aucun li doit faire homage et il
n'y est pas venu, li sire le doit faire semondre qu'il
vienge faire son homage : et s'il deffault il le fera semondre le second jour sur deffaut, et puis le tiers
jour, et puis le quart jour o jugement, et encores le
quint jour en jugement le fié tenu en main de court :
et s'il se deffaut si sera souffisaument recordé; si
sera encores semons, et li mettra l'en terme d'an et
de jour o jugement. Et s'il ne vient à cellui jour, si
puet li sires regarder le jour passé qu'il a perdu le
fié. Et s'il venoit avant que li sires eust fait tous ceulx
exploiz sur lui, il ne perdroit pas son fié; mais il auroit perdu tout ce que li sires en auroit levé, et feroit
droit des deffaulx. Mais en Poitou le font autrement
les seigneurs du fié, et ainsi est usé; car li sire prendra en sa main par défaulte d'home xl jours passez
après que li sires n'a point d'home audit fié : et fera
li sires les fruiz siens dudit fié jusques à tant qu'il ait
homme.

448. De estre jugiez par ses perz.

Si un ber est appellé d'aucune chose qui appartienge à son héritaige en la court le Roy, et le ber
dye : « Je vueil estre jugié de ceste chose si par mes

perz non, » l'en doit des barons à tous le moins semondre troys, et puis la justice doit faire droit ou
ceulx ou autres barons.

449. De actente de estre chevalier.

Quant l'en demande à baron ou autre gentilhomme
chose de son héritaige et il ne soit mie chevalier, et
il dye qu'il ne veult mie respondre, car il demande
l'actente de estre chevalier, il aura l'atente d'an et de
jour par droit avant qu'il en responde.

450. De gentilhomme soubz eage.

Gentilhome n'a pas eage de tenir terre jusques à
xxi an, ne ne se doit combatre, ne ne doit avoir response de héritage, si doncques l'en ne l'avait de l'assise. Aussi si aucun a enfans en bail, il ne puet riens
demander de leurs droitures si le père ne morut
ensaisiné, ou en plait pendant, ou que ce soit eschoete
aucune [1] puis la mort du père; et aussi par contraire
qui demanderoit au bail par raison des enfans, il ne
seroit pas tenu à respondre des choses dont le père
seroit mort vestu et saisi paisiblement. Si le bail avoit
rendu la terre aux enfans, et fussent receuz à la foy des
seigneurs avant qu'ilz fussent en l'eage dessus dicte,
ne seroient pas tenuz à respondre de || [2] leur héri-
taige, et si ne devroient pas les enfans recevoir les
homages de leurs terres si bien le bail la leur a laissée,

1. Sic ms. Il faut probablement lire : avenue.
2. Fᵒ XXXIII, rᵒ.

jusques à tant qu'ilz soient en la foy des seigneurs.
S'il advenoit que le bail ne voulist rendre aux enfans, pource qu'il dit que les enfans ne sont pas en
eage, les enfans le doivent prouver et seront receuz à
leur preuve, et prouveront par ceulx que mielx pourront et devront savoir de leur eage.

451. De compter son lignage.

Cellui qui tient en parage doit compter son lignage
à son chief parageur quant il l'en requiert, quant il
ne veult plus qu'il tiengne de lui en parage; lors doit
cellui compter la cousté et le lignage de degré en
degré. Et se ilz sont trouvez de si près de lignage que
mariage ne se puisse faire encore entre eulx[1] si demoura
ou parage : et si non si li fera homage, et asserra 1 cheval de service. Et pourra avoir le chief parageur le
serement de son parageur que il li a loyaulment compté
le lignage d'entre eulx : et s'il jure qu'il li ait loïaulment compté le lignage, si demourra ou parage; et
si non si fera l'homage si comme dessus est dit.

452. De lignage non compté pour bail.

Cellui qui tient enffans en bail lesquelz enffens
tenent d'autre en parage, et cellui de qui tenent les
enffens requière que le bail des enfans lui face foy et
homage, pour la raison que les enfans sont si esloin-
gnez de son lignage qu'ilz ne doivent plus tenir en
parage, ou que le bail compte ou lui du lignage, li bail

1. Entreulx, ms.

n'y est pas tenu; ains tendra en cellui point que li
héritier tenoit au temps qu'il morut tant comme le
bail durera.

453. De usurier aprouvé.

Se il y a un usurier aprouvé en la terre au baron
dedens sa chastellenie, les meubles sont au baron.

454. De fortune.

Nul n'a fortune d'or s'il n'est Roy : mais les for-
tunes d'argent sont aux barons et à ceulx qui ont
grans justices en leurs terres ; et les trouvailles qui
sont trouvées sur terre sont aux vavasseurs s'il n'y a
qui les advoue. Mais si cellui qui aura la chose perdue
venoit avant, il l'auroit ou son serement par quoy il
fust de bonne renommée. Et si son home de foy l'a-
voit trouvée et ne la rendist à son seigneur par quoy
il la li eust demandée il perdroit ses meubles : mais
s'il osoit jurer qu'il ne sceust à qui il la deust rendre
il seroit quipte et rendroit la trouvaille au vavasseur
quant il a advoerie en sa terre.

455. De prendre sur son homme.

Coment gentilhomme puet prendre sur son home
une pièce de terre ou deux qui tendroient de lui,
c'est assavoir pour soy herbergier, ou pour faire son
estanc ou son moulin en li faisant eschange.

456. De maison taillable.

Gentilhomme s'il a maison taillable ou chastel ou

quelconque manière qui l'ait par quoy il la tienge en
sa main, il ne rendra point de taillée; mais s'il l'afre-
moit à un autre coustumier, il ne l'en pourroit pas
garir.

457. De terre tenue à terrage.

Terres qui sont tenues à terrage sans autre devoir,
li sires les puet prendre à son gaignage s'il veulst :
.mais non pas pour bailler à autre, si n'est pour la
chose || [1] planter en vigne, ou pour herberger, et cel-
lui à qui est la chose ne le voulist faire.

458. De terre tenue à cens.

Ceulx qui tiennent terres à cens, si li sires ne cuide qu'ils rendent assez cens il puet bien les terres
mesurer; et s'il en treuve plus dont ilz ne rendissent
pas les cens, celle terre li demourra si elle ne [2] se tient
o la soe; et si non elle ne li demourra pas : mais il
leur puet bien croistre les cens selon la mesure des
autres terres, et leur remaindra, et feront amende de
la première année, et paieront les arréraiges des années passées.

459. De certain service deu au seigneur.

Cellui qui doit à son seigneur certain service, gans
ou esperons, ou autres choses à rendre à certain jour,
et ilz ne l'ont pas rendu de certaines années, et li

1. F° XXXIII, v°.
2. La négative qui est dans le ms. doit être supprimée.

sire li demande son service du temps passé, et qu'il
amende, cellui rendra le service du temps passé, et
amendera i gaige de loy. Mais li sire le puet faire
en autre manière ; car il pourroit prendre en son fié,
et ce qu'il auroit prins vendre par faulte de service.
Et si son homme venoit requerre la délivrance des
choses, et li sires n'eust pas encores vendu celles
choses, li sires les li feroit rendre, et rendra le service, et fera amende si comme dessus est dit : mais
si li sire avoit vendu la chose avant que l'home l'eust
requis, il ne li en feroit point de délivrance ; ains
auroit la chose vendue perdue.

460. De moulin et de four à village.

Gentilhome qui a avoerie en sa terre et il a son
moulin, tous ses hommes estagiers doivent mouldre
à son moulin, par quoy il soit dedens la liuue : et de
ceulx qui en deffaudront puis qu'ilz en auront esté
semons, si li sires les puet trouver lui ou autre par
nom de li aportant farine d'autre moulin, il la puet
prendre et sera au seigneur ; et l'home n'en fera jà
autre amende. Et si aucun se plaint au seigneur du
mousnier qu'il die qu'il li ait fait domage en sa mouste,
li sire li doit faire amender son dommage au mousnier o son serement de xii d. en sus : et ne sera tenu
li home de mouldre au molin s'il ne veult, jusques à
tant que li sire li ait fait amender son domage, si comme
dessus est dit. Et en oultre en Poitou prenent le pain
tout cuit sur ceulx qui font la faute de la mouste du
moulin, si comme dessus est dit.

Nul vavasseur ne puet avoir four à village à qui il

puisse faire cuire ses homes et baniers s'il [n'a] bourc[1]
ou partie en bourc et sa vaierie. Et s'il a four ilz doivent cuire. Et s'ilz cuissent ailleurs, il pourroit prendre le pain, et seroit sien, et li home n'en feroit autre
amende. Et se li fornier faisoit domage à autre de son
pain cuire, li sire seroit tenu à faire amender à sa
preuve : et si ne cuira jà au four s'il ne veult, jusques
à tant que son domage li soit amendé.

|| [2] 461. De moulin à baron.

Quant baron a son moulin dedens la liuue, tous les
homes coustumiers à ses vavasseurs qui seront dedens la liuue y doivent mouldre par quoy li vavas-
seres n'aient point de moulin : mais s'ilz ont moulin,
ou s'ilz font, tout n'en eussent il point eu, si y moul-
dront leurs hommes à leur moulin, et non pas à cellui au baron tout y eussent tout temps molu, par
quoy le moulin au vavasseur fust dedens la liuue et
la chastellenie. Et si les monnans ont domage en leur
blé, si doit l'en faire amende si comme dessus est dit.

Plusieurs tiennent que les homes coustumiers aux
gentilzhommes ou bourgois qui tiennent fié en foy,
jà n'eussent haulte ou basse voerie y seroient aussi
tenuz : et plusieurs le contraire.

462. De fiez enclavez.

De barons qui ont fiez enclavez en autrui chastellenie et il n'y ont point de justice, il n'i ont mais tant

1. S'il brouc, ms.
2. F° XXXIV, r°.

seulement congnoissance de fiez : ains sera toute la
justice au baron en qui la chastellenie est le fié. Et si
advient aucuneffoiz que un vavasseur tiendra des fiez
enclavez; et en fera bien d'un fié ıı obéissances, c'est
assavoir à l'un des barons du fons, et à l'autre baron
en quel chastellenie sera le fié de la justice.

463. De acquestz faiz en ses fiez et rerefiez.

Si aucun baron ou autre sire acquiert en ses fiez
et rerefiez aucunes choses, il doit bailler avenant eschange à cellui de qui la chose acquise est tenue, au
grant et au vaillant du devoir et de l'obéissance qui
lui puet appartenir par raison des choses acquises, et
en celle manière que cellui ou ceulx de qui cellui qui a
l'eschoete tenoit la chose acquise, si d'aucun la tenoit
ou mouvoit en fié ou en rerrefié, aïant en celle baillée
[en] eschange autant de seigneurie et d'obéissance et
aussi grant comme il avoit en la chose acquise. Et ceste
chose appartient à demander et requerre à chacun
des seigneurs en tant comme il leur appartient.

464. De don de mariage fait par ses amis.

Si aucun gentilhome, soit père, ou mère, ou frère,
mariot leur seur ou leur fille, ou autre qui ait povoir
de le faire, et ilz dient à porte de monstier à cellui
qui la prent : « beau sire, nous vous donnons ceste
damoiselle et tant du nostre en mariage à vous et à
voz hoirs qui de vous deux ystront, » et s'il se meurt
et il ait hoirs, et elle se marie à autre qui aie depuis
hoirs, et depuis elle se meurt; en l'héritaige dessus dit,

par quoy il fust donné comme dessus est dit, les enfans du dernier seigneur n'y auront riens. Et s'il n'a-
voit esté ainsi, les choses seroient partables entre les
premiers et les derreniers enfans. Et s'il y avoit hoir
masle du premier, il auroit les ɪɪ pars, et garra aux
autres en parage, et fera la foy. Et si du premier n'y
avoit que filles, et du dernier ‖ [1] eust hoir masle, il
aura les deux pars et garra aux autres si comme dessus
est dit en Anjou.

465. De donner son home de foy.

Sire puet donner son home de foy à son frère ou à
sa seur en partie. Mais il ne le pourroit pas donner à
un autre estrange, s'il ne le donnoit en toute l'obbéissance qu'il y avoit sans riens retenir : car s'il le faisoit autrement, ce seroit ou domage de l'home pour
ce qui li convendroit faire d'une obéissance deux, à
cellui à qui il seroit donné une, et une autre au seigneur qu'il l'auroit donné qui y auroit son rerefié.
Mais se li sire le donnoit en telle manière que cellui à
qui il le donrroit le tenist de cellui de qui il le tenoit
sans riens retenir, ainsi le pourroit bien faire.

Et quant aucun tient en homage aucun féage, et
cellui de qui il est tenu le tient d'autre seigneur,
cestui dernier seigneur a son rerefié dessus.

466. De bail et de garde d'enfans.

Si un gentilhome et sa femme se meurent et ilz

1. F° XXXIV, v°.

eussent enffans, ceulx à qui le retour de la terre devroit venir auroient le bail de la terre : mais ilz n'auroient pas la garde desdiz enffans ; ains les auroient les amis [1] du lignage devers le père et un autre devers la mère ; car si les autres dessus nommez avoient la garde, il y pourroient avoir souspecon ; et si auroient ceulx qui auroient la garde des enfans de leur terre avoir à pourveoir les enfans selon les terres.

467. De prendre en sa main chose aumosnée.

Si aucun donnoit en aumosne à aucune religion aucune chose, et li sire en qui sera le fié s'il veult ne le souffrera pas tenir, ains le pourra prendre en sa main : et s'il requièrent à avoir la chose, il leur puet commander qu'il mectent la chose hors de leur main dedans l'an et le jour ; et passé l'an et le jour si le sire le trouvoit en leur main, il pourroit prendre la chose en sa main à son demaine sans riens respondre mais à eulx.

468. De chief parageur qui dégaste.

Si aucun tient d'autre en parage, et cellui de qui il tient vent et dégaste sa partie, l'autre li puet bien demander et faire convenir par devant leur seigneur qu'il retienge tant de la chose qu'il puisse faire le service. Et si l'autre dit qu'il le li convient vendre par son besoing ou par sa voulenté, jà pour tant ne laissera à vendre par son parageur ; mais l'en li regardera par droit qu'il baillera tant de sa rente à cellui

---

1. Avis *ou* ains, ms.

qu'il doit garder de domage et qu'il puisse faire le
service à cellui à qui l'en fera la foy, et obéir dedens
services des aydes et des autres choses aux seigneurs.

469. De eaue courant.

Si gentilhome a en sa terre eaue courant, il ne la
puet deffendre que l'en n'y pesche sans l'assentement
du baron ou de ses vavasseurs.

470. De villain chevalier.

Si aucun est chevalier qui ne soit pas gentilhomme
de par père, tout le soit il devers la mère, il ne le
puet estre par droit ; ‖ [1] ains le puet prendre le Roy ou
le baron en qui chastellenie yl seroit, et li pourroit
faire trancher les esperons sur un fumier, et seroient
les meubles siens; car feme ne franchist pas home,
mais le gentilhome franchist la feme, tout soit elle
fille de villain, et pourroient leurs enfans estre chevaliers.

471. De rendre ronssin.

Cellui doit roncin de service à son seigneur, si son
seigneur le li requiert, il le doit amener dedans
xiiii jours enfrenné et ensellé, ou poytrau et ou estri-
vières, ferré de iiii [2] piez, et tel qui puisse aler xii lieues,
et le landemain retourner, portant sur soy un escuïer, etc....

1. F° XXXV, r°.
2. Ms. iii.

472. De ventes de terres et¹ eschangées.

De terres eschangées par quoy elles soient d'un fié
et d'une seigneurie il n'y a nulles ventes : mais s'ilz
estoient de deux fiez, tout fussent elles tenues d'un
seigneur, il y auroit ventes ; car aucunes foiz² advient
que un gentilhome tendra n [fiez], et chacun d'un seigneur ; et aussi sont de deux fiez les choses, et ne sont
tenues que d'un seigneur.

473. De tenir en baronnie.

Généralment nul ne tient en baronnie s'il ne part
en baronnie par partie ou par freresche ou par autre
cause, ou s'il n'a le don du Roy sans riens retenir
que le ressort. Et cellui qui tient d'autre moyen seigneur que du Roy, et que l'appel de sa court soit fait
en la court du Roy sans moyen, ne puet pas dire qu'il
tiengne en baronnie.

474. De avoir délivrance des choses estans en main de court.

De avoir son chastel délivré quant il est en main de
court, et la partie à qui requeste ce est faicte ne dit
pas que le chastel soit sien, c'est assavoir en deffendant la cause par quoy l'autre le fait mectre en main
de court , et en mettant pléges si mises n'y sont, et
puis en oultre faire droit.

1. La conjonction *et* doit être supprimée.
2. Aucuneffoiz, ms.

475. De requerre le sien.

De seigneur quant il a prins ou saisi les choses de
son homme, coment li home les doit requerre délivrance, c'est assavoir la cause deffendant, et offrir
pléges : et si le sire le refuse, il li en doit requerre
droit. Et se li sire le refuse, l'home se puet appléger
au souverain justicier sur refus de pléges et sur vée
de droit : voire sur vée de droit, s'il est home lige ou
de foy en Poitou.

476. De débat de procès, et quant preuves sont.

De procès de journée présente où jugié n'a point
couru doit estre prouvé par preuve simple des présans
et astans en jugement, sans relacion de juge ne de re-
gistres ou papiers; et de tel débat l'en doit presente-
ment, o la relacion des présans par serement sans
dilacion prendre; et aucuns dient que par simple
relacion sans jurer. Et de journée passée, quant à
l'assise ensege[1] l'en en est en débat du procès, et jugié
n'est pas couru dessus, aussi par simple preuve comme
dit est en le rebort[2] ou la relacion du registre et papiers et clerc : et aucuns tiennent que en cest cas de
journée passée, l'en doit oïr les tesmoins par serement
et faire article et examiner; et puet l'en avoir la première et la seconde dilacion et avoir ses tesmoings, et

1. Suivante.
2. *Sic* ms., faut-il lire *report* ou *recort*? La première de ces
deux hypothèses me paroît préférable, car ce mot semble em-
ployé comme synonyme de relation.

non plus. || [1] Et qui mieulx prouvera obtendra. Et là où jugié auroit coru dessus, par preuve de ressort de court juré en faisant son article come dessus est. Et le jugie[2] doit recorder et dire les moz de son jugié sans serement, et le papier voir du procès, et de tesmoings et jurez. Si le juge et les tesmoings estoient variables[3], plusieurs tenent que ne vault pas, combien que de équité à la plus sene partie doit l'en incliner.

Item, Autre preuve ordinaire qui se fait entre parties après contestacion de cause en la cause principal qui se fait par tesmoins ou par lectres : et quant serement est donné d'une partie à autre en la cause et la partie esclarsist le débat, si vault aussi preuve ordinaire.

Item, Autre preuve que la coustume appelle preuve inquisitive, c'est-à-dire quant l'en fait informacion ou aucune enqueste d'aucun cas ou meffaiz d'office, et tesmoins sont traiz : mais cellui qui de ce est suspet ne se en est mis en procès de sa voulenté ou il n'est prins en présant meffait ou soubzmis à l'enqueste du païs de sa voulenté, telle enqueste ne le prent pas quant à condempner, mais seulement à la capcion et détencion de li pour actendre droit sur ce.

477. Forme d'homage.

A tous ceulx etc.... tel, salut. Saichent tous que je ledit tel N. confesse moy advoer à tenir teulx, et advoe pour cause de terre que j'ay en tel lieu et des

---

1. F° XXXV, v°.
2. *Sic*, ms. Il faut lire : *juge*.
3. Mariables, ms.

appartenances, de tel pour raison de terre qu'il a en tel lieu, à homage lige, selon la coustume du païs, les choses qui s'ensuivent à x s. d'achatement : premièrement, ay et tiens et advoe à tenir dudit tel par la manière que dit est mon herbergement de tel lieu, etc., et telz autres choses. Toutes et chacunes les choses dessus dictes, je ledit tel, advoe tenir dudit tel soubz l'homage et devoir dessus diz. Supplie audit tel que si en cestui adveu et féage ay aucune chose obmis que je doye advoer dudit tel et mectre en cestui féage, que li plaise de moy certiffier ou faire certiffier, car je suis tout prest de l'advoer et de le mectre meismement, comme cellui qui a juste cause d'ignorance qui succédist en lieu d'autrui. En tesmoing de laquelle chose j'ay donné ces lectres, etc.... Donné tel jour, etc.

478. De blez venduz en herbe.

Si aucun vent certaine some de blé estant en herbe, et les promet rendre à la me-aoust ou à autre terme, et avant que les blez soient seez *id est sata* selon droit, turbe, gelée, nieble *id est* nieule, ou lesdiz blez par lesdiz accidans devant diz ou autres qui advenent souvent se départissent en tout ou en partie ou ne peussent venir à fructifiement, non par tant de telz accidans devant diz qui voulentiers advenent souvent, ledit debteur n'est point excusé qu'il ne soit tenu païer. Mais d'aucunes || [1] accidens qui ne adviennent pas souvent, qui surviennent aucunes foiz par cas de malle fortune, comme tempeste, deluve de eaues, bateres,

---

1. F° XXXVI, r°.

sécheresse, en cest cas n'est pas ledit debteur tenu à païer entièrement, mais par telle comme il pourra bonnement celle année.

479. De donnacion entre vifs, et laisse faicte en testament.

Il est différance .entre donacion faicte entre vis d'une chose, et leisse faicte en testament d'aucune chose. Donnacion faicte ne puet estre rappellée sans certaine cause raisonnable, *quia istud verbum dare vel donare est rem accipientis facere secundum jus*, etc. Mais si un home donnoit à 1 autre une chose qui ne fust soe, pour ce ne pourroit pas icellui demander au donneur récompensacion de la chose ou à ses hoirs s'il ne l'avoit promis garentir. Mais si au temps de la donaison il avoit juste cause de croire que la chose fust soe, l'en y pourroit arguer plusieurs raisons.

Leisse faicte en testament d'aucune chose puet bien estre rappellée : mais si le donneur ou cellui qui feroit la leisse vendoient en leur vivant la chose de leur voulenté, les hoirs ne seroient de rien tenuz faire récompensacion; car veu seroit ladicte donacion avoir rappellée. Si par neccessité il la vendoit, ilz seroient tenuz.

480. De serement donné d'une partie a autre.

Si aucun donne le serement d'aucune chose à 1 autre, si cellui ne accepte incontinant en disant : « je le prens et l'offre à faire[1] ou le face, » il ne puet pas

---

1. Affaire, ms.

suivre l'autre de son serement donné s'ilz s'estoient
départiz du lieu par droit et raison. Et bien pourroit
l'en traire plusieurs raisons contraires.

481. De court où l'en pladoie par seelle.

Il est coustume en court laye que court en laquelle
l'en ne pladoie pas par actes seellé et escript, l'en
doit respondre du procès quant l'en est enchaucé s'il
est tel ou non, et le congnoistre ou nier.

482. De estre creuz par son serement.

Il est coustume que en un contrait de bonne foy, si
comme en ventes d'aucunes denrrées d'aucune personne à autre, sera creuz le demandeur jusques à
v ans. Et en plusieurs autres contraiz de bonne foy
contenuz ailleurs en cest livre, un homme de bonne
renommée sera creuz en un tesmoignage digne de
foy encore sans tesmoins, si comme plusieurs dient.

483. De avoir eu saisine d'aucune héritaige X ans ou plus.

Si aucun a eu saisine d'aucune chose x ans ou plus
et par bon tiltre, si comme cellui à qui la chose estoit
l'eust baillée au possideur par aucun juste tiltre de
vente, eschange, ou autre manière, et qu'il voulist
qu'il eust après sa mort, supposé encore que le bail-
leur en mourust vestu et saisi, en cest cas cellui qui
se dit estre hoir ne pourroit pas demander la saisine
et possession d'icelle chose, pour qu'il diroit que la
coustume saisist le vif, et pour ce que l'autre avoit

|| [1] la saisine au temps de la mort il doit avoir la possession de la chose : car en cestui cas celle coustume n'auroit pas lieu, puis que la partie l'auroit possidé par si long temps. Mais dedans an et jour pourroit avoir lieu.

484. De non vendre l'héritaige sa femme.

Home ne puet vendre héritaige de sa feme, supposé qu'elle s'i assente en manière que la feme ne le puisse demander après la mort de l'home : mais la femme le peut bien vendre, eu l'auctorité de son mary.

485. De héritaige que home baille à sa femme.

Si home vent de l'héritaige sa feme, et en récompensacion d'icellui héritaige l'home li baille de son héritaige, et les hoirs se vuellent aidier et dire que en deffraudant les hoirs il bailla à la femme cellui héritaige, mesmement que durant leur mariage l'home vendit de son héritaige aussi plus que l'héritaige sa femme ne monte, et que elle en fut nourrie et en ot ses neccessitez, non pour tant celle excepcion ne sera pas recevable; car l'home est tenu li trouver ses neccessitez.

486. Qui puet estre appellé pié poudreux.

Pyé pouldreux est appellé cellui qui passe ou vait son chemin, et de fait de marchandise de quoy l'en doit respondre de heure à heure ; c'est entendu de

1. F° XXXVI, v°.

fait de marchandise de la journée et non autrement
selon la coustume.

487. D'amende qui chiet après terme de conseil.

Quant aucune demande est faicte à aucun, et après
qu'il aura oy la demande, il demande terme de conseil, ou actente d'avocat, ou de compromis fait entre
parties, et après ce il confesse la demande, il y a
amende et eschoiete de despens à la partie.

488. De non avoir dilaction par sa coulpe.

Quant demande est faicte à aucun et dit qu'il ne
jura point vérité, il ne pourroit pas demander dilacion
comme terme de conseil par la coustume, si la partie
le contredit : la vraye oppinion est que si pourroit.

489. D'avoir renuncé à païer deniers qui se devroient païer.

Si aucun doit faire aucune chose avant entrée de
cause ou de plait, et il demande actende d'advocat ou
terme de conseil, et il soit receu en jugement, l'autre
partie ne puet pas après ce demander celle chose qu'il
li devoit faire avant entrée de plait, si comme deniers
païer par la coustume, si sauve li estoit[1].

490. De enseigner d'aucun commandement.

Si aucun se vante d'aucun comandement ou adjournement fait par commandement de la court, il en

---

1. Peut-être faut-il lire *sauvé ne li estoit*, c'est-à-dire s'il
n'avait fait des réserves.

doit enseigner par coustume seellée et escripte, si le juge ne le recorde.

491. De non faire demande à partie.

Si aucunes parties se mectent en compromis en aucuns arbitres sans plus revenir à court, et pour l'exoine de l'un d'iceulx arbitres ou par les deux la besongne ne puisse prendre fin, l'une partie ne puet pas l'autre appeller en jugement et reprendre le procès en l'estat qu'il estoit au temps du compromis ; car le procès et la cause sont soupiz et anullez. Mais par nouvelle instance l'en en pourroit bien faire demande. Et bien pourroit l'en arguer au contraire.

||¹ 492. De cellui qui s'en vait tout adjourné de la court.

Si plait pent entre parties et l'un se exoine, l'autre s'en vait tout adjourné, et convient qu'il obéisse à l'assise ensegant, ou il deffauldroit envers la court. Et le exonié ne obéira s'il ne veult si n'est pas nouvel adjournement. Mais si l'une partie veult procéder en la cause, si doit faire adjourner l'autre selon procès démené, et arremens, et sur deffaulx se il y sont, [et] procéder en la cause. Et ne puet l'en dire contre l'exoine si la partie le veult mectre en vray par serement, si n'estoit qu'il ne fust pas recevable.

Le droit de impertinence si est quant la demande est non responsable.

Tesmoings ne doivent pas estre receuz en absence sans la voulenté de la partie : mais se la partie veult,

1. Fº XXXVII, rº.

le juge puet bien faire jurer et recevoir en absence, sauve à dire si comme si la partie estoit présente.

493. De non respondre à la demande.

Si aucunes parties se mectent en l'ordonnance d'aucuns arbitres d'aucune chose, l'une partie n'en puet pas faire demande après ce à l'autre tant comme l'arbitrage durra, si n'estoit que ce fust la faulte de l'une partie ou des arbitres. Et si demande en estoit faicte si auroit l'autre bonne excepcion par cause de l'arbitrage. Mais si l'une des parties en faisoit demande à l'autre et elle n'en acceptast, et respousist à la demande en faisant procès dessus, ou en demandant les choses à veoir par garde, elle seroit forcluse de son excepcion.

494. De non proposer obgiez ne reprouches contre les tesmoings.

Quant tesmoings sont traiz il list à partie dire contre les tesmoings et à l'autre de les soustenir. Et quant l'enqueste est faicte, la partie en aura coppie s'il est veult et jour à dire encontre : et l'autre partie puet faire protestation de cexeminacion[1]. Et si chacun desdictes parties traient uns mesmes tesmoins, ilz ne doivent ne ne puent pas dire contre les personnes, mais bien contre les diz d'eulx ; car ce seroit ou préjudice de soy mesmes.

---

1. Peut-être faut-il lire *contre-examination : cross examination*, comme on dit en anglais.

495. De cas où l'en doit la monstrée refaire.

Quant aucun fait demande à autre de certains lieux, et à la monstrée faire il li monstre plus qu'il n'a empléé en sa demande, ou autres choses qui sont de l'héritage au deffendeur, ou qu'il veult deffendre par divers tiltres, en cestui cas la monstrée se desseverera et reffera par la coustume.

496. De faire demande sur la saisine et non mie sur la propriété.

Si aucun est empeschié en la saisine d'aucun héritaige, il doit faire sa demande sur l'empeschement de la saisiné et non mie sur le fons pour recouvrer saisine, et soufist d'avoir saisine en cest cas d'an et de jour par coustume, affin de recouvrer saisine. Et en cas de saisine ne doit l'en point alléguer son tiltre : mais si cellui à qui la chose seroit la demandoit par voye d'action, et l'autre se voulist deffendre par longue tenue, en cest cas convendroit qu'il allégast son tiltre, et mis en voir par serement, et que le tenement fust de x ans, et le prouvast.

497. Par quoy l'en doit cesser de procéder en la cause.

Si aucune demande est faicte à plusieurs conjuntement, et l'un se deffaille, la cause || ¹ cessera par ce que elle est conjunte.

1. F° XXXVII, v°.

498. De non joïr d'action rédébitoire.

Si aucun vendoit à un autre un roncin, et il eust
aucuns vices apparoissans, et l'autre l'acepte, il n'en
puet plus faire demande au vendeur : mais aucuns vices
lactenz qui ne puent apparoistre dehors, si comme
poussiz ou morveux, seroit tenuz. Et est appellé telle
action, action *redebitoria reditorie*. Et puet estre demandée jusques à vɪ mois. Aussi pourroit l'en dire de
la vente d'un vesseau qui seroit de mauvaise saveur,
et de plusieurs autres choses.

499. De faire aucune fenestre en sa chose.

L'en pourroit bien faire en son mur aucuns
crouz ou fenestrage, car en sa chose puet l'en faire
ce que l'en veult : mais remède y puet estre mis,
faire au contraire édifice en sa chose pour empes-
cher l'autre. Et aucuns dient que l'en ne pourroit pas
tel exploit faire en sa chose ; car ce seroit ou préjudice d'autruy.

500. Comment le père et le filz pueent secourre l'un l'autre.

Il list bien à père revencher le filz, et au filz le père,
levement quant il y voit aucun péril ; *et magis timet
in filiis quam in patrem*, etc.... Et aussi le mary de
la villenie faicte à sa femme puet bien donner action,
et la femme aussi, etc.... Mais la feme de la villennie dicte à l'home non. Et pourroit l'en dire que la

raison seroit ceste, *quia majus dignum atrait*[1] *minus dignum,* etc....

5o1. De non estre receu à débatre le tesmoignage d'aucun.

Si aucun vouloit débatre le tesmoignage d'aucun pour ce qu'il diroit qu'il est son frère et de sa famille ou son cousin, jà pour ce n'y seroit receu s'il n'estoient demourans ensemble à un feu et à un lieu au temps du tesmoingnage, et eussent esté par an et par jour, ou que leurs biens fussent comunaus; et ainsi pourroit estre receu. Ou si aucun, tout ne fust du lignage, fust du pain et du vin d'autre et de son logeiz au temps, etc.... Et ainsi pourroit son tesmoingnage estre débatu. Et si aucun veult débatre son tesmoingnage d'aucun, il doit premièrement dire contre les personnes d'eulx, et puis contre les tesmoins.

5o2. De non estre receu à muer sa demande.

Si aucun fait pour autre aucune demande en jugement après ce qu'il sera advoé, et la demande soit arrestée par jugement, et l'autre vueille jurer, il n'y seroit pas receu à faire autre demande, si n'estoit par nouvel adjournement. Et s'il vouloit faire nouvelle demande, il convendroit nouvel adjournement, et paieroit les despens de la journée.

5o3. De demander ses denrrées arrestées.

Si aucun faisoit arrester aucunes denrrées ou choses

---

1. *Sic,* ms. Il faut lire *adtrahit.*

meublaux à autre, ou empeschement aucun, l'autre à qui sont les denrrées doit faire adjourner l'empescheur pour oïr la requeste qu'il entant à faire sur ‖ [1] la délivrance de ses denrrées, ou dire cause encontre s'il y fait à recevoir : et en cest cas pour home qui est pié poudreux et errant, etc..., ne puet l'en délivrer d'ajournement ; ains en doit l'en respondre sans délay. Et cellui qui fait la requeste ne doit pas faire demande simplement, mais par voye de requeste, et ne doit pas dire en sa requeste qu'il soit dessaisiz, mais empeschié, etc...; car nul ne se doit vanter d'éstre dessaisiz.

5o4. De distribucion de conseil.

Distribucion doit estre faicte quant elle est requise entre parties, et nul ne prenge distribucion s'il n'a voit juste cause. Et ne se puet pas aucun excepter de la distribucion pour dire qu'il avoit esté au conseil de l'autre, puis qu'il chiet en distribucion. Mais le juge le puet bien faire jurer si partie le requiert qu'il ne révèlera point à la partie les mérites de la cause. Et si aucun chiet en distribucion qui fust pensionaire à II, le premier pensioner l'emportera, et par raison et coustume.

5o5. De lectres et instrumens.

Lectres et instrumens puent estre receuz en preuve avant la publicacion de tesmoins et la sentence donnée : mais [si] les publicacions des tesmoins estoient receues, et jour à faire droit selon les enquestes, l'en pourroit dire que non ; car la partie seroit forcluse de faire autre preuve.

1. F° XXXVIII, r°.

5o6. De parolles injurieuses dictes.

Si aucun avoit dit aucunes parrolles injurieuses à autre, et il s'en escondist en jugement en disant qu'il ne l'avoit point dit, ou qu'il les avoit diz comme courroucié et marry, jà pour ce ne seroit infames ; mais l'escondit ou le jugement qui seroit sur ce donné seroit honteux, etc....

5o7. Par quelle raison ventes ne sont en eschanges [1].

La raison des ventes pour quoy elles sont en eschanges faiz en fiez estranges si est pour ce que les seigneurs ont nouveaux censaliers, et quant tout est soubz un fié non.

Juge appellatif si est comme un séneschal ou chastellain : et juge nommé par propre nom est autre.

5o8. De non respondre devant juge qui est remuez.

Si aucunes parties avoient jour par devant aucun juge, comme s'ilz avoient jour devant un seeleur, prévost ou chastellain dont le propre nom fust nomé ou procès, et il se muast et un autre y fust nouvel, ilz ne respondroient pas devant cellui, si n'estoit par nouvel adjournement.

---

1. Ne sont eschangées, ms. J'ai adopté le texte donné par la table qui se trouve en tête du ms., et qui est d'accord avec le texte de ce paragraphe.

5og. De feme refuser home à expouser qu'elle auroit fiancé.

Si par avant [1] que aucun home ait commis à aucun
larrecin ou cas criminel, aucune feme le fiance, et depuis elle le veult refuser en disant qu'il est infames, etc..., elle n'y seroit pas receue, car elle se doit
|| [2] garder quel home a présent, etc.... Mais s'il com-
mancoit après les fiances aucun larroncin, elle le pourroit bien refuser, par quoy il en fust convencu par
jugement ; et autrement non.

5io. Coment compromis prins puet valoir et comment non.

Si aucun vouloit excepter contre aucune demande
pour dire qu'ilz estoient en compromis de arbitres,
l'excepcion ne seroit pas recevable, s'il ne disoit en
son excepcion qu'ilz se estoient mis en dit et ordonnance de cellui qui s'en charga d'icelle demande, et
promistrent et jurèrent à certaine peine, et le temps,
et depuis de la demande est niée et que il n'en ont
point ordonné, et que par li ne fault pas, et que encores dure le temps du compromis. Et ainsi seroit
receue l'excepcion, et en vue des raisons principaux
de ce que le compromis ne vaudroit pas sans peine
et serement, pour ce que les parties ne tendroient
pas le dit ou sentence et mectroient plait sur plait ; et
pour ce fut entroduit afin, etc....

1. *Sic* ms. Il faut lire *après*, sans cela le paragraphe est inintelligible.
2. F° XXXVIII, v°.

5ıı. De former sa demande.

L'en doit dire en la demande du retrait : tel a fait ou tel ı contrait de vente, ou contrait qui fet vente ou telle personne son lignagier, qu'il doit esclarcir par nom et par seurnom, de tel héritage qu'il offerra à monstrer, et que la vencion a esté faicte depuis an et jour, ou que que soit au temps de la vencion, et qu'il s'i est offert si l'offre est faicte, et doit conclurre affin que le tour de la chose lui soit adjugié comme plus prouchain de lignage, en paient le pris premier esclarci par l'achateur.

5ıı. De temps que action d'injures dure.

De demandes et libelles sur injures et sur batons diz et faiz depuis an et jour dès le temps de la demande ; car autrement la demande ou le libelle ne se pourroit pas soustenir si an et jour estoit passé, ains convendroit que l'en feist sa demande sur domages et non pas sur injures.... « [1] Puis an et jour en ca malicieusement et à tort et de nouvel, par mal respit en injure et en préjudice de moy, à la quelle injure je revocay mon courage, tel si me appella mauvaiz garson, larron, laquelle injure je ne voulsisse à moy estre dicte, ne de moy pour c l., et les amasses plus avoir perdues du mien ; ès quelles c l. je requier qu'il me soit condempné par raison de l'injure, et il le confesse ; ou s'il le nie, je en prouveray tant qu'il souffira ; nyer ne le puet il pas, etc.... »

1. Il manque évidemment quelques mots.

5r3. De former sa demande sur aucune debte.

Sire, je demande c l. de vente et baille de vin cleret, lesquielx il a euz et receuz, ou autre pour lui avant ferme et estable, et s'en tint pour bien contens, lesquielx c l. il me deust avoir païez à certain terme jà passé, pour quoy s'il me confesse qu'il soit ainsi, requier qu'il me soit condempné à les me païer, s'il le nie proùveré, etc.... nier, etc....

‖ [1] 5r4. De former sa demande contre cellui qui occupe le demaine d'autrui.

Je dy que tu tiens et exploicte certains lieux à tort et sans cause ; je offre à déclairer par monstrée se mestier est les lieux, lesquielx lieux me appartiennent par droit de seigneurie, et est mon droit et mon demaine, par quoy se tu le me confesses, je requier que tu soiez condempné à les me délesser o les fruiz et les levées que tu en as levé toy ou autre, etc.... qui bien puent valoir tant, etc.... et qu'il soit dit et déclairé que à tort les tiens. Si le nye prouveré, etc....

5r5. De former sa demaude sur fruiz prins et levez ou demaine d'aucun.

Je avoye la saisine et possession de user et explecter certains lieux que je offre à déclairer, et par monstrée se mestier est, bien et à droit jusques à la foyz et heure que tu m'en dessaisiz, toy ou autre par nom de toy avant ferme et estable, en cueillant ou en faisant

1. F[r] XXXIX, r°.

cueillir ou en séant èsdiz lieux jusques à la quantité
d'une charretée de gerbes de froment, où povoit bien
avoir ɪ sextier de froment ou environ, qui povoit valoir
à telle mesure tant ; par quoy se tu le me confesses,
requier que tu soyes condempné à moy restituer lesdiz
lieux et ladicte levée, et amender mes dommages jusques à c s., sauve la tauxacion du juge, et qu'il soit
dit que à tort l'as fait. Si tu le nies, prouveré, etc....

5ɪ6. De former sa demande sur empeschement d'aucun passage ou servitut.

Je ay droit et servituz, moy et ceulx dont j'ay cause,
de aller et de venir par certains lieux que je offre à
déclairer par monstrée se mestier est, èsquielx lieux
tu m'as mis empeschement, toy ou autre par nom de
toy avant ferme et estable, en clouant ou faisant clourre
iceulx lieux en mectant pierre ou espine : par quoy se
tu le me confesses, requier qu'il soit dit et déclairé
par ladicte court que à tort as fait lesdictes choses, et
que droit n'avoies du faire, et comme empeschement
me soit tourné à néant, et que mon domage me soit
amendé jusques à tant, etc.... Si tu le nies, prouveré, etc.... Sauve à plus faire, etc....

5ɪ7. De avoir actente de son advocat.

En toutes demandes puet l'en avoir actente d'avocat une foiz en la cause et non plus, de coustume de
païs ; et le demandeur et le deffendeur. Et la doit l'en
demander, et nommer son advocat. Et doit l'en dire :
« je demande l'actente de mon conseil tel, » et le doit
nommer, et dire que l'en lui a révélé les mérites de

la cause, et que par faulte d'argent il ne demeure pas
à venir, et le jurer.

518. Comment l'en puet avoir terme de conseil en action personnelle.

Nul ne puet avoir terme de conseil en action personnelle s'il n'a plus d'un an que la [querelle] est née :
et en action réal et mixte, la puet l'en avoir une foiz
en la cause, ou soit après monstrée ou avant. Et aussi
puet l'en avoir l'actente de son advocat une foiz en la
cause comme dessus est dit. Et s'il y avoit aucun qui
voulist jurer qu'il n'a en la court nul en || [1] qui il se
fiast de mener sa cause, l'en li donrra jour d'avoir
conseil une foiz en la cause par la coustume.

519. De avoir ses dilactions et à produire ses tesmoins.

Quant preuve est adjugée à aucune partie, il a la
seconde, la tierce, et la quarte dilacion. Et convient
qu'il jure à la quarte dilacion qu'il a fait sa diligence
d'avoir ses tesmoins : et s'il ne le vouloit jurer, il seroit tenu à desdomagier la partie de la journée; et no-
mera les garens qu'il voudra amener ; et se restraindra
à ceulx et les nommera ; et aura la partie jour si elle
le requiert, et dira contre les tesmoings, et coppie de
l'examinacion. Et puis à l'autre assise l'en doit dire
que l'en a jour à dire encontre, et que actendue et
veue la lecture de l'enqueste il preuve ou ne preuve
pas. Et doit l'en dire contre les tesmoings, etc....

Quant aucun est adjourné sur cas de crime et il

1. F° XXXIX, 1°.

deffault de jour en jugement, il est actaint du fait, et doit l'en procéder à la condempnacion par la coustume.

520. De former sa demande sur action ypothécaire.

Tel me doit x l. pour certaine cause que l'en doit déclairer à païer à certains termes jà passez, et à païer ladicte some obliga soy et ses biens, desquielz tu tiens et exploictes certains lieux que je offre à déclairer par monstrée se mestier est, et desquielx ledit obligié avoit la saisine et possession au temps de l'obligacion ; et pour quoy se tu le me confesses, requier que tu soies condempné à délessier lesdiz lieux et biens obligiez, si païer ne les me veulx[1] ladicte some. Se tu le me nies, je prouveré tant qu'il souffira, etc....

521. De temps de soy contrapplégier.

Si aucun se applége d'aucune chose, l'en vient à temps de soy contrapplégier jusques à x jours, et les x jours passez l'en ne pourroit : et convient le contrapplégeur adjourner. Et ne doit pas l'une des parties ne l'autre confesser partie applégeant et contrapplégeant jusques la court en soit certaine, et l'une partie et l'autre, etc....

522. Qui porte ventes, le cens d'un demaine ou le terrage.

Si aucun vent aucun héritaige à aucun qui est tenu en censive en certaine personne, et aucun autre ait sur cellui héritaige aucun terrage ou égrier dessus, les

---

1. *Sic* ms. Il faut sans doute lire . Si payer n'aimes mieux.

ventes en seroient à cellui qui a le terrage, et non mie
à cellui à qui la censive est deue ; car la coustume est
telle que le terrage enporte les ventes et non mie les
cens.

Quant aucune demande est faicte à aucun et il y
respond en faisant procès, il ne vient mais en lieu ne
en temps de dire encontre ladicte demande puis qu'il
y a respondu par la coustume. Voire contre la forme
et l'instance ; mais contre la matière l'en vient à temps
jusques à la sentence.

523. De aler avant en procès.

Quant parties ont fait procès en une demande à
respondre à la saisine ou au jour sur les contenuz du
procès, et l'une partie propose fait nouvel, il ne sera
pas receu ; ains yra l'en avant || [1] ou procès premier
par la coustume : si donc la partie n'y doit response.

524. De establir aucun son hoir en condicion.

Si aucun establist en son testament ou en son vivant aucune personne son hoir soubz condicion, si
comme s'il avoit hoir et il morust sans hoir de sa char,
ou soubz plusieurs autres condicions qui pourroient
avenir, ou il feist à cellui certaines lesses ou donnacions, et le cas ne fust advenu, c'est assavoir que en
son vivant il n'eust mie accepté ladicte donnacion, les
hoirs de cellui à qui ladicte donnacion fut faicte ne la
pourroient demander ; car elle ne fut mie faicte à lui

1. F° XL, r°.

ne à ses hoirs, et raison ne le veult pas; car par
aventure le donneur fist telle donnacion par faveur ou
amour qu'il avoit à icelle personne.

5a5. De jugié ou mémorial mectre a exécucion.

Quant aucun veult faire mectre aucun jugé ou me-
neor à exécucion, il convient qu'il soit leu à la partie,
assavoir mon si elle veult dire encontre ou opposer :
et s'il se veult opposer encontre, l'en doit garnir la main
jusques à la quantité requise et donner plége à poursuivre, etc.... Et jour lui doit estre donné à poursuivre
son opposicion : et s'il ne se oppose, exécucion doit
estre faicte.

5a6. De droit de biens communs entre frereschiers.

Si aucun se marie en 1 hostel, ou autres personnes
qui demeurent ensemble à un feu et à un lieu par an
et jour, c'est communauté, et autant prendront les
uns comme les autres ès meubles et acquestz qui seront
durant leur comunauté, et ès meubles qui estoient
par avant en l'hostel, s'il n'y avoit convenances autres
faictes entre eulx[1]. Et cellui qui vendroit en autrui
hostel et prist une feme de cellui hostel qui eust partage
de son droit oudit hostel, aussi bien prendroit home
comme sa femme partie, car les droiz dient que pour
l'industrie de l'home se doit faire et la coustume qui
la li donne : mais si cellui home avoit héritaige ou
meubles ou acquestz faiz, la communauté les fruiz de

---

1. Entreulx, ms.

son héritaige et ses meubles et les acquestz vendroient
en partage. Et jureroient par serement les mectre avant
qui s'en doubteroit. Et gésines de sa femme se descompteroient, si elle avoit jeu d'enffant durant la communauté ou d'autres frereschiers communs : mais si le
père ou la mère vivoit et il les eust faiz de ses biens
meubles qui estoient siens lui vivant, en cest cas ne se
descompteroit pas ; car les meubles estoient siens de
cellui hostel, etc.... : et veu estoit qu'il les eust faiz
racione paternitatis ; et y pourroit l'en traire moult de
raisons. Et ou cas que gésines se descompteroient,
les dons qui y furent faiz se rabatroient aussi, etc....

5a7. De garieur qui est trait.

Si aucun est trait à garieur d'aucune chose et il
prent le gariment, il ne puet pas deffendre la cause par
néance ; car || [1] il confesse la demande taisiblemeůt en
tant comme il prent le gariment ; mais puet bien user
de ses raisons et deffenses. Et s'il niot la cause dont il
a prins le gariment il décherroit de la demande, et seroit forclus de ses autres raisons et deffenses, s'il n'a-
voit fait protestacion au temps du gariment prins de
deffendre la cause par néance. Et quant aucun prent
gariment il doit faire protestacion de user de raisons
et deffences, ou cas que cellui qui huche ne prendroit
le gariment. Et plusieurs saiges dient qu'il la puet
deffendre par néance : et y puet l'en traire plusieurs
raisons : et ce est la vraye oppinion.

1. F° XL, v°.

528. De temps que l'en doit tenir son blé au molin son seigneur.

Les estagiers qui sont couchans et levans dessoubz le seigneur qui a son moulin dedens la liuue, doit mouldre leur neccessaire blé au moulin d'icellui seigneur : et doivent tenir leur blé trois jours et III nuiz devant qu'ilz l'aportent à autre moulin par la coustume, et requerre le mousnier du moulin qu'il le leur moule, ou autrement ilz amenderoient le domage et la mouture.

529. De choisie en distribucion.

La coustume si est que distribucion doit estre faicte quant elle est requise de un à un, et non mie de deux à deux : et fut jugié par P. De Forest en la cause des enfans feu G. Lecourt et P. Dubrueil.

530. De distribucion demander.

Quant aucun veult requerre distribucion de conseil, il la doit demander ou terme de conseil aussi avant qu'il responde en la cause, ou en faire protestacion ; ou autrement n'y seroit pas receu d'icelle journée.

531. De meubles par faute de hoir.

La coustume si est quant aucun meurt et il n'y a qui se face son hoir, les meubles sont au hault justicier, et immeubles sont aux seigneurs fonciers, à chacun ce qui est en son fié.

532. De cellui qui est ou povoir d'autrui.

Nul qui est *filius familias, id est* ou povoir de son père ne puet faire testament, ou soit par l'assentement du père ou non : mais de l'assentement du père il pourroit bien faire aucune lesse, et convendroit qu'il fust auctorisé en jugement. Et s'il faisoit testament il ne vaudroit rien.

533. De fait ou confession ou néance faicte.

Si aucun advocat proposoit pour aucun aucune demande, ou fait, ou raisons en jugement, et la partie adverse contre qui il propose par simplesse ou autrement faisant aucune confession ou néance, ou proposoit aucun autre fait contraire au fait proposé de la partie d'icellui advocat, de laquelle confession icellui advocat par sa partie voulist rapporter prouffit ou poursuivre en la néance ou preuve, en disant qu'il estoit forclus de proposer autre fait, si l'advocat de l'autre partie veult dire pour qu'il l'a dit et qu'il n'est mie de sa partie, et que ce qu'il a dit il a dit comme privée personne, et non mie pour la partie pour l'adveu qui n'a pas esté fait; si ainsi est, telle confession, fait proposé, ou néance avant l'adveu ne li || [1] tourne point à préjudice qu'il ne puisse user de ses autres raisons ou deffenses en jugement aussi comme par avant : mais .après l'adveu li tourneroit à préjudice qu'il en seroit forclus par la coustume et par rigour de plait. Et quant aucun advocat a dit pour aucune partie, l'au-

1. F° XLI, r°.

tre partie le doit faire advouer affin, etc.... Et aucuns
tiennent que puis qu'ilz ont couru souz jugement qu'il
vaut adveu.

534. De exoine qui n'est pas recevable.

Exoine n'est pas recevable si cellui qui la porte ne
jure, et son maistre le li a commandé, et s'il ne donne
plége qui establisse, et en soit jugié en jugement, et
que l'acte ou l'exoine le die.

535. De faire protestacion au temps du gariment prins.

Quant aucun prent aucun gariment, il doit faire protestacion en jugement de user de gariment et de ses
raisons et deffenses; et le gariment prins, il sera adjourné en jugement en cause de gariment prins.

536. De non demander despens.

Si aucunes parties pladoient, et actort soit fait entre
les parties sans faire sauvacion des despens, l'une ne
l'autre partie ne pourra demander despens : et aussi
jà ne pendist plait, et actort fust fait entre parties de
leurs plaintes: car veu est taisiblement, puis que mencion ne est faicte, qu'ilz soient quictes, et dit droit *fi-
nito quia terminato negocio*, etc....

537. De garieur qui chiet de son gariment.

Se deux parties pladoient ensemble et garieur soit
trait, et il prent le gariment, l'autre est hors du plait,
et paiera les despens se il chiet de la demande.

538. De saisine où li hoir doit estre receu.

Si aucun meurt vestu et saisi d'aucune chose, son
hoir doit estre receu à la saisine de tous les biens dont
il morut vestu et saisi par la coustume. Mais si aucun
y a droit, il y vendra par manière d'action.

53g. Comment l'en doit proposer son exoine.

Quant aucun se veult exonier par ce qu'il est adjourné péremptoirement et personnellement, l'exonieur doit dire que son maistre est adjourné à tel lieu
et à tel jour péremptoirement et personnellement d'office, ou à requeste de partie devant le juge de l'é-
vesqué, et que il y est pour obéir à l'ajournement affin
de eschiver la sentence où il pourroit encourre, et
qu'il ne l'a peu plus tost faire assavoir au juge ny à
partie, si soudainement a esté adjourné, et que son
maistre le li a donné en commandement : et doit mectre en voir par serement, et donner plége qui se establisse et soye jugié.

54o. Coment l'en ne se puet deslier d'aucun arbitrage.

Si deux parties pladoient ensemble, et il se dépar-
tent de la court, et ilz se mectent en arbitres sans plus
retourner à la court, et l'arbitre s'en charge, il ne s'en
puet deschargier ne renvoïer la cause à la court ; ne
l'une partie n'en puet l'autre mectre en cause se il veult
obéir devant l'arbitre : car l'acord qu'ilz ont fait entre eulx[1] les lie, et le renvoy que l'arbitre fera se il le

1. Entreulx, ms.

fait ne deffait point ledit accord. || ¹ Et si demande en estoit faicte à la partie prouvast l'arbitre il seroit absoubz de l'instance de la demande, et auroit ses despens.

541. Quelles personnes faut à faire monstrée.

Quant monstrée est faicte entre parties, il convient que les parties y soient en leurs personnes à la monstrée faire, ou leurs procureurs souffisaument fondez de procuracion et grace, ou elle ne vaudroit riens.

542. De non estre tenu à païer arréraiges de rentes.

Si aucun censier demande à aucun arréraiges de cens deuz du temps du successeur ² de l'autre, et il li nye le paiement de son successeur, il convient que l'autre le preuve: mais si cellui avoit païé à l'autre les cens en son temps une foiz, et l'autre l'eust prins sans faire protestacion des arréraiges, il ne li pourroit faire demande des arréraiges, et n'en pourroit avoir que le serement qu'il l'eust païé.

543. De rentes païer au lieu où ilz sont deuees ou aussi près.

Si aucune rente est laissée à aucun d'aucune personne, ou en son testament ou autrement de sa voulenté, si les hoirs d'icellui testateur commandent à cellui qui doit la rente qu'il la leur paie en leur pré-

1. F° XLI, v°.
2. Ce mot doit être entendu dans le sens de *relui à qui l'on succède*.

sance ou de leur procureur, les autres dès lors en avant sont tenuz la leur païer à cellui lieu où elle estoit rendue, ou à un autre lieu aussi près, etc....

544. De saisine où doit estre receu li hoir.

Si aucun est hoir d'aucun, et il face demande à aucun autre d'aucune chose dont il maintient que cellui dont il est hoir morut vestu et saisi, supposé que l'autre eust tiltre de vente ou autre quel que fust, par lequel[1] il se fust ensaisiné d'icelle chose, li hoir en aura la saisine si l'autre en son vivant ne s'en dévestit et le vestit et saisit, ou qu'il y demourast par nom de lui, lui desvesti : car par la coustume le mort saisist le vif. Mais si l'autre y avoit droit par voye d'action toutevoiz si longue possession n'en forclusoit les hoirs.

545. De estre receu par serement.

Un marchant ou home de mestier sera creu par son serement de ses denrrées acreues[2] à aucun jusques à v s. par la coustume, par quoy il soit de bonne renommée, et il y avoit autreffoiz acoustumé à acroire, c'est assavoir de quelxconques denrrées ou marchandises que ce soit : et plusieurs tenent qu'il en seroit creu jà n'i eust autreffoiz acreu comme dit est.

546. De perdre par sa faute le droit de son retrait.

Si aucun retrait est adjugié par jugement, ou de

1. Parle que, ms.
2. Vendues à crédit.

la voulenté de l'achateur, à aucun d'aucune chose,
s'il ne paie le pris dedens x jours après, il pert le
retrait. Et s'il faisoit après le retrait adjugié arrester
aucuns des fruiz[1] d'iceulx lieux, il ne pourroit, car
l'autre est tousjours sire de la chose jusques l'autre ait
païé le pris, et qu'il soit vestu de la chose; et en
soursit plait entre M. Chevaliers et N. Malvait.

547. Des amendes, et quelles les justices puent lever.

L'amende qui chiet de sa demande est de xv s. i d.,
et deffaut autant; et l'amende [de] saisine brisée, de
sanc et ||[2] de playe, de désobéissance, et de cas de
desloy si est de lx s. La vraye oppinion est que partie ne puet concluir à amende d'injure de desloy par
la coustume que à c s. et i faulx denier.

548. De coustume en faveur de gentilzfemmes.

Quant gentilhome meurt, sa feme après sa mort
aura habitacion convenable et le herbergement, et le
tiers de l'héritaige de l'home en douaire à sa vie par
douaire, et moitié des acquestz de son droit, et moitié
des meubles en païent la moitié des debtes ou le tiers
soust et quicte à son ellection par la coustume. Et
meuble se elle aporta ou argent se rendra, si doncq-
ques n'avoit esté converti en autres usages de la voulenté d'elle sans barat ou contrainte.

1. Deffruiz, ms.
2. F° XLII, r°.

549. De coustumes en faveur de femmes rupturières.

Rupturière n'aura point d'habitacion : mais son
seigneur li puet bien donner le tiers de son héritaige
à vie ou perpectuellement, ou elle à lui, et aura la
moitié des meubles et acquestz de son droit. Et se elle
aporta argent elle aura, et le tiers d'autant en douaire.
Et vault plus donnacion faicte de l'un à l'autre entre
vis, etc.... Et celle donnacion faicte égaument de
l'un à l'autre est appellée donnacion mutue selon
droit.

550. De décliner de juge et de sa juridicion.

Nul ne respondroit ailleurs que devant son juge
s'il ne veult d'action personnelle, si n'estoit par cause
de convenance ou contrait fait en lieu ; et d'action
réal respondroit, par quoy la chose soit en la juridicion d'icellui juge. Et de convenance ou contrait
fait ou lieu pourroit l'en dire que jà pour tant ne
seroit tenu de respondre, s'il n'estoit soubzmis à la
juridicion d'icellui juge, et que la partie meist en
fait, etc...

551. De juge qui doit faire à partie injunction.

Quant aucun est acoustumé de soy exonier, pour
qu'il ne puet en sa personne venir au tiers exoine,
l'en doit faire injunction que il vienge et apparesse
en la cause par soy ou par souffisant procureur; et
pourra s'il est deffendeur apparoistre par procureur
sans grace.

55ɔ. De qui renunce a l'obligacion.

Si aucun est obligié à autre et le créditeur prent autre en plége, l'obligacion qu'il avoit vers son debteur sera estainte, se l'un et l'autre ne se establissoient ensemble chacun pour le tout principaulx debteurs. Et est obligacion de plége obligacion accessoire.

553. De obéissance comment et quant elle doit estre rendue.

Obéissance doit estre rendue avant contestacion de cause et après non de coustume; et se aucune court demande obéissance d'action réelle, il ne l'aura pas si la monstrée n'est faicte par avant, et que la court soit certaine de la chose contencieuse soit tenue de la court requérant l'obéissance, etc....

554. De femme mariée avoir response sans auctorité.

La coustume si est que feme n'a pas response en court laye sans son seigneur, s'il ne li donne povoir, si n'est en fait || ¹ ou en parolles villaines, ou des choses qu'elle baillera de sa marchandise.

Nul ne pourroit faire demande à femme mariée d'action personnelle qui appartiengne à meuble, si n'estoit en fait ou en parolles villaines.

555. De obgiez, que vueulent dire.

Obgiez sont appellez les reprouches que l'en dit

1. Fᵒ XLII, vᵒ.

contre les tesmoings affin de anéanter le tesmoingnage; et puet répliquer encontre affin de soustenir
son tesmoingnage, et l'autre tripliquer, et plus non;
et puis droit en oultre.

556. De personne qui est ou pover d'autrui.

Nul qui est ou pover du père ne puet rien acquerre
si le père ne le mancipe. Et quant mancipacion se fait,
l'en doit dire et requerre le père qu'il soit mancipé,
si n'estoit en certains cas de droiz ailleurs déclairez :
mais les fruiz[1] seroient au père, et au filz remaint la
propriété.

557. De retrait et de perdre son retrait.

Nul ne puet demander retrait l'an et le jour passé
de la saisine du seigneur du fié, supposé qu'il deist
qu'il eust esté hors du païs encore pas et meneur;
car l'en doit laissier procureur pour soy : et bien pourroit l'en arguer plusieurs raisons au contraire, si l'absence estoit neccessaire ou voulentaire, et du meneur
aussi, si en icellui temps il estoit soubz la tutelle ou
bail d'aucun. Si aucun se offre à aucun et il y soit
receu de la voulenté de l'achateur ou en jugement,
et il ne paie le pris dedens x jours après ce qu'il y
sera receu, il pert le retrait. Or est assavoir se un autre
qui seroit du lignage au vendeur demande le retrait
après ce, s'il l'aura ou non si l'autre y avoit esté receu
en querellant, savent ou povant savoir l'autre qui re-

1. Leffruiz, ms.

quéroit, il ne l'auroit pas : mais si autrement faintement y avoit esté receu, il l'auroit.

558. De deux lignagers lequel doit avoir le retrait.

Si aucun se offre à un retrait premier, et un autre qui est plus prouchain après veult avoir toute la chose par retrait pour ce qu'il est plus prouchain, il ne l'aura pas, ains en aura l'autre la moitié en païent sa partie du pris, tout ne soit il pas si prouchain ; car raison et coustume le veult ; car sa diligence qu'il a faicte premièrement li vault, *vigilentibus et non dormientibus jura subveniunt*, etc... : et bien pourroit l'en arguer au contraire. La vraye oppinion est que le plus prouchain y sera receu entièrement, par quoy il viengne à temps convenable par la coustume.

559. Des hoirs du mort estre creuz par serement.

Aucun en son vivant achate aucun héritaige, et puis il meurt, et l'en enchauce son hoir de avoir la chose par retrait en disant qu'il n'en est pas vestu , le hoir sera creu par son serement que il croit que son père en morut vestu et saisi en son vivant : et o tant s'en passera par la coustume, et n'aura l'autre point de retrait, par quoy il ait eu possession convenable de la chose, c'est assavoir d'an et de jour, si comme plus à plain est décleré ailleurs ; et par samblable manière se deffendroit li hoir vers la justice.

Or est assavoir se il a retrait en vigne à quart ou autre gerbe, la vraye || [1] oppinion est que si a.

1. Fº XLIII, rº.

560. De perdre demaine tenu à terrage.

Quant aucun héritaige est tenu à certain terrage ou égrier d'un seigneur, et cellui qui le tient laisse chomer la chose x ans, li sire d'ilecques en avant la puet prendre et bailler à qui li plaira par la coustume, ou tenir en sa main comme son domaine. Et plusieurs tiennent qu'il en doit estre privé par jugement.

561 De lignagier non estre receu au retrait.

Supposé que le cornier ne soit mie du lignage au vendeur devers le branchage regarde à la chose vendue, si aura il le retrait par la coustume ou cas qu'il n'y aura autre plus prouchain de lignage dudit vendeur. Et aucuns dient le contraire.

562. De non avoir le retrait.

Si aucun vent en général le droit qu'il a en certaine succession ou en certains biens, sans faire nulle déclaracion ou spécificacion, en telle vente général n'a point de retrait : mais si en la vente avoit esté spécifiées aucunes choses, il y aurait retrait.

Si aucun vent certaine rente sur touz ses biens généralment, savoir se il y a retrait, plusieurs oppinions sont contraires; mais la plus saine oppinion est qu'il y a retrait, si la vente n'estoit faicte à aucun bourgois de bonne ville qui eussent previléges sur ce du prince, etc....

563. De forme d'instance.

La différance qui est entre forme, matière et instance : si est ceste forme, si est quant l'advocat de partie ne renge pas bien ou ne met en forme ou en ordonnance les moz de la demande de son fait ou de son article, ou de son excepcion, ou qui sont variables, ou discors, ou contraires en narracion ou conclusion. Matière, si est quant en la demande ou autre fait dessus décleré, n'a pas assez fait ou substance de parolles qui soient de la matière de la demande, par quoy ne se puisse soustenir ; *verbi gracia*, comme qui voudroit construir une chappelle ou autre édiffice, et n'eust assez matière de quoy la faire, come pierre, boys et autres matières neccessaires. Instance, si est quant aucune partie fait demande à autre, et au demandeur n'en n'appartient point à faire demande, si come il se deist estre hoir d'aucun, si come qui le requerroit par le bénéfice de la coustume estre receu à la saisine et possession des biens d'aucun, et ne se vantast estre hoir du mort, etc.... ; ou demandast plus que ne li en appartendroit ; ou d'icelle demande se fust fait compromis, ou en plusieurs autres ma nières. En telz cas l'en doit absouldre le deffendeur de l'instance de la demande, et le demandeur condempner ès despens ; et y vendra par nouvelle instance ; c'est la plus vraye déterminacion sur cest fait qui soit en cest livre.

564. Coment les fruiz d'aucun héritaige non deuz appartenent aux seigneurs.

Si aucun achate aucun héritaige d'autre, il n'est
pas vray seigneur de la chose jusques à tant qu'il en
soit vestu du seigneur, et que l'autre s'en soit desvestu
en la main du seigneur, et lors est vray seigneur de
la chose et en possession, et avant non, jusques à tant
que le || ¹ seigneur eust son devoir : et quant aucun
achate aucun héritaige il ne puet faire les fruiz siens
jusques à tant qu'il en soit vestu ; ains seroient au
seigneur du fié par la coustume en païent les facons
et labourages ; car la chose est acquise au seigneur.
Et est vacant pour la vencion dessus dicte jusques à
tant qu'il en soit vestu du seigneur. Et ce s'estant aux
actions royaulz. Et bien pourroit l'en arguer le contraire que les fruiz² pour tant ne seroient pas au seigneur, mais pourroit conclurre et demander sa de-
mende tant seulement.

565. D'achat de choses meublaux non valoir ne tenir.

Aux personnelles si aucun achate d'autre un cheval
ou aucune autre chose meubleau, l'achateur n'est pas
seigneur de la chose jusques il en ait la possession, et
pourroit bien estre vendue à autre, si le pris n'estoit
païé, ou il n'en eust la possession.

1. F° XLIII, v°.
2. Leffruiz, ms.

566. Pour quielx facons pert l'en vignes.

L'en pert vigne tenue à quart ou à quint pour cesser une année de la facon de la sarpe, et la puet
prendre le sire en sa main comme acquise en congnoissance de cause, et bailler à quel qu'il li plaira.
Mais pour cesser une année d'autre facon l'en ne la
pert pas; mais li sires puet mectre les fruiz en sa
main, et l'autre en aura délivrance en donnant plége
qu'il fera la vigne l'année après de facons neccessaires,
c'est assavoir premièrement bechier soubz rame dedens la Saint-Martin, et puis en suivant des autres
facons; et se il ne le faisoit, li sire la puet prendre et
bailler à un autre, par quoy il en soit convaincu en
jugement.

567. D'obeissance rendre après monstrée.

Si aucune monstrée est jugée en une court et puis
faicte par sergent, et au jour que l'en doit respondre
en celle court l'en rent l'obéissance à aucun justicier
présentes les parties, et le sergent recordant avoir faicte
deuement la monstrée puis que les parties ne contredient la monstrée, lors ilz ne seront pas oïz à la débatre en l'autre court la monstrée non estre bien
faicte; car ilz la tindrent pour bien faicte, etc.... Et
bien pourroit l'en arguer du contraire. La vraye oppinion est que si la monstrée est faicte en la court du
baron, elle ne se reffera point en la court du meneur
qui requerra l'obbéissance, supposé que les parties le
contredeissent : mais la monstrée faicte en la court

meneur quant le baron en a le retour, se refera par la coustume.

Quant monstrée est jugée, la partie qui fait la monstrée doit monstrer les lieux et confronter à l'environ, ou autrement la monstrée ne vault pas par la coustume.

Si aucun confesse adjournement, le sergent sera creu de la manière par la coustume.

568. D'adjournement fait à la femme d'aucun.

Si aucun est enchaucé d'adjournement fait à sa femme ou à autre || [1] personne qui puisse recevoir adjournement pour lui, il ne s'en passera pas par égart, par quoy la partie die que l'adjournement fust fait comme dit est; ains là où le sergent recorde ledit adjournement avoir fait comme dit est, le juge doit faire jurer cellui qui est seu de l'adjournement s'il lui fut oncques dit par ses gens, et faire droit en oultre, ou se mestier est oïr la relacion de la femme.

569. De non faire gariment de héritaige vendu.

Si aucun a vendu aucun héritaige à autre, et l'achateur est enchaucé de cellui héritaige, le vendeur est tenu à le li garentir jusques à x ans, se il n'avoit esté parlé le contraire ; et les x ans passez non ; car l'autre se pourroit deffendre vers le demandeur pour la longue tenue, et n'y faudroit point de gariment ; car quant aucun a possidé aucune chose x ans paisible-

1. I° XLIV, r°.

ment en tiltre, il a bonne excepcion vers cellui qui demande, et le demandeur n'en pourroit faire demande; car supposé qu'il y eust droit, il en seroit forclus par longue actente et par sa négligence : combien que l'en pourroit arguer que cellui ou ses hoirs qui seroient tenuz faire perpectiez gariment, et à ce obliger, etc....

570. De vente de héritaige faicte par son mary.

Home puet bien vendre l'héritaige sa femme en préjudice de soy, c'est à dire qu'il est tenu le garentir à l'achateur : mais la femme ne se puet par la coustume opposer à la vente, ne demander l'héritaige le mary vivant ; ains le tendra l'achateur ; et le mary mort lors le puet la femme demander.

571. Coment ventes se paient en héritaige vendu.

Si aucun vent aucun héritaige, s'il est parlé que l'achateur paie les ventes, il les doit bien païer ; et s'il n'est de riens parlé, les ventes se paieront par moitié de l'achateur et du vendeur. Et si retraïeur y vient, il paiera le juste pris de la vencion, et les ventes si elles sont païées aussi, et la lectre de l'achat, et les coustz neccessaires faiz par l'achateur : et ce est coustume.

572. De retrait et ventes sur héritaige.

Si aucunes parties font aucun eschange d'aucun héritaige, et l'un tourne à l'autre argent, si la somme qu'il li toura monte et vault plus que l'héritaige que li baille le contrait, set ventes, et y puet avoir retrait en cestui cas. Mais [si] l'héritaige qu'il baille en eschange monte et vault plus que ladicte somme, en cestui cas lignage n'y auroit point de retrait par la coustume qui est telle.

Si aucun home assist à sa femme sur son héritaige son mariage à elle donné en argent, ventes en ystront par la coustume. Et ainsi pourroit l'en dire de plusieurs autres choses.

573. De obéir à l'ajournement fait en la court sécullière, etc....

Si aucun dit qu'il est adjourné péremptoire et personnellement devant aucun juge d'église[1], et y soit alé pour obéir affin || [2] de eschiver sentence, et pour ce se veuille exonier devant aucun juge séculier, l'exoine ne sera pas recevable ; car le jour auquel il estoit adjourné devant cellui juge d'église est nul par droit, et puis que ce n'est jour férié et chomable : car juge d'église ne doit tenir plait ne termes à jour de festes chomables, ne sentence donner ; ne encores parties de leur assentement à tel jour ne pourroient faire procès en une cause, et s'il faisoient, il seroit de nulle valeur qui le débatroit. Ne tel jour juge d'église ne puet donner ne giter sentence sur aucun. Et pour les causes dessus dictes ne chausist jà que cellui fust alé là pour obéir devant cellui juge ; mais devroit obéir devant le juge séculier : car tout séculier puet bien tenir assise à jour de feste pour eschiver la paine et la

1. Il faut probablement ajouter : à jour férié et chômable.
2. F° XLIV, v°.

nuse du comun, etc.... Mais les droiz seroient plus
favorables en cest cas à gens ruraux ignorans les droiz
que à gens sages : car les ruraus ne puent pas savoir
si sentence tenist ou non, et pour ce se pourroient
excuser ; mais les saiges non par droit.

574. De qui est ou povoir d'autrui recevoir mancipacion par procureur.

Filius familias, *id est* ou povoir du père estant,
puet bien par procureur recevoir mancipacion selon
droit; voire mais que le procureur ait espécial mandement, et aussi contraire mariage.

575. De avoir dilacion en court mixte.

La coustume est que l'en puet bien avoir terme de
conseil en court mixte, comme en la court des justiciers des hospitalliers; ou gens d'église de toute
demande, supposé qu'il n'ait pas an et jour que la
demande est née, et apparoistre par procureur comme
en court d'église, etc....

576. De tournier.

Raison et coustume est que si aucun achate aucune
chose, et tournier s'i offre, et l'achateur refuse le retrait, et depuis il en est mis en cause par l'achateur, et
monstrée se face, ou encores l'achateur demande
aucune dilacion, et depuis il confesse l'achat, et le
retrait est adjugié, il y a amende et eschoete de despens par raison et coustume pour le refus dessus dit :
et bien pourroit l'en dire le contraire ; car il est leu

à l'achateur venir en jugement pour esclarsir le pris,
et autres raisons que l'en y pourroit mectre.

In castransi peculio paterfamilias reputatur.

577. De eschanges faiz de meuble a héritaige.

Quant aucun est tenu envers autre en certaine
somme d'argent ou en autre chose meublau, et le debteur laisse au créditeur aucuns héritaiges ou le droit
que il y pourroit avoir en icellui héritaige, en récompensacion de la debte que li devoit, s'il est ainsi il y
a retrait en tant comme touche ladicte somme, et
ventes en escherroient au seigneur par la coustume;
car le contrait se vente, et pour ce la coustume est en
ceulx cas entroduites pour les fraudes que l'en pourroit faire en teulz contraiz. Et si aucun eschange se
faisoit de ‖ [1] meuble à héritaige c'est vente, et y a retrait.

578. De demander entièrement toute l'escheote d'aucun là ou sont plusieurs.

Sy à plusieurs hoirs d'aucun appartient aucune
chose, et un d'iceulx face demande à aucun d'aucune
chose de la succession de cellui ou toutage, et le deffendeur propose qu'il n'est tenu de respondre à telle
demande que au demandeur n'appartient pas le toutage de la chose, et que mal demande, l'excepcion ne
sera pas recevable : ains respondra se le demandeur
emplée sa demande, que les autres ne se vouloient
point faire hoirs ou que il a le droit d'eulx. Mais s'il ne

1. F° XLV, r°.

le disoit, l'excepcion seroit recevable : et ne pourroit demander que sa partie par droit et raison.

579. Coment le juge doit juger aucun de sa confession.

Si aucun est accusé d'aucun cas criminel et il le confesse, il doit estre jugié de la confession, et dit par droit que il ne le puet nier. Et si le fait est tel qu'il doye prendre mort, si li doit l'en esgarder et dire par droit que par les faiz confessez il a desservi mort.

580. De quielx cas l'en punist les larrons.

Coustume est que si aucun a emblé et par nuit le vaillant de v s. il doit par rigour estre pendu. Et encore seroit pis s'il y avoit briseiz.

581. De demander et deffendre l'héritaige sa feme.

Nul ne puet demander l'héritaige de par sa feme si elle n'a mis affin[1] sur lui, et si partie adverse ne le consent; et si la feme d'aucun demande aucun héritaige à aucun, il convient qu'il soit adjourné à la querelle de la feme, et li donra son mary poveir en jugement, ou autrement le procès ne vaudroient riens. Et aussi le mari de la feme de la quelle l'en feroit celle demande ne pourroit deffendre la cause pour sa femme si elle ne mectoit affin[1] sur lui, et que la partie le consentist.

Mais home puet bien demander les fruiz[2] de l'héri-

1. *Sic* ms. *an potius* assin?
2. Leffruiz, ms.

taige sa femme sans elle ; car tous meubles de la femme sont siens : mais si procuracion et grace avoit, il pourroit bien fonder en jugement.

58ₐ. De deffendeur et demandeur soy fonder avant.

Si deux parties pladoient ensemble, et il soit débat de leurs fondemens, le demandeur le doit fonder premier avant le deffendeur par raison et coustume.

583. De tesmoins examiner.

Quant tesmoins sont traiz et il y a plusieurs articles, ilz doivent estre examinez singulièrement sur chacun article, et non mie généralement ; et l'examinacion faicte en général n'est pas recevable. Et s'ilz sont plusieurs tesmoins et ilz tesmoignent en une voiz sans nulle difficulté, ilz se rendent suspez, mesmement quant il y a plusieurs faiz à prouver.

584. D'adjournement sur action personnelle et sur réelle.

La coustume si est que adjournement fait sur action personnelle convient qu'il contienge vii jours, et sur action réelle xv jours ; ou autrement il ne se soustient pas qui le débatroit.

585. D'home qui est condampne à mort et puet appeller.

Si aucun estoit condempné à mort par ses meffaiz, il en puet bien appeller au souverain juge royal ou au baron qui sera entre deux , ou un autre de || [1] son lignage pour lui. Et convient que l'appellacion soit faicte assavoir au juge qui donna le jugement, et qu'il soit adjourné en la court du souverain pour venir deffendre leur jugié, si en rien leur appartient. Le juge puet aussi faire adjourner l'appellant en la court du souverain, pour poursuivre son appel si tel puet estre dit, ou le délaissier. Et puet la justice souveraine, depuis que l'appel sera sur ce fait à sa court, prendre l'appellant de la prison d'icellui et le tenir en sa prison jusques droit soit fait entre les parties; car pour l'appel qu'il a fait la court et la congnoissance en est desvolue en la court du souverain, et suspendue audit juge. Et pour ce ne doit pas demourer en la prison d'icellui juge; car il est suspet, etc.... Et si le jugement est mauvaiz, si perdra cellui sa justice si comme plusieurs dient; et aucuns dient le contraire. Et s'il estoit bon, si tendra, et prendra l'autre mort, etc....

586. De home qui prent la chose d'aucun par faveur.

Savoir mon si un home pour faveur ou amour qu'il cuidera avoir en un autre, prent son cheval ou autre chose en absence de lui, s'il commet fur; droit dit que non : mais l'en pourroit faire aucune dystincion s'il l'avoit prins en la présence d'aucunes [gens] d'icellui seigneur, car en cestui cas le juge y devroit plus suppléer, etc....

1. F° XLV, v°.

587. De retrait sur rente vendue généralment.

Savoir mon si aucun vent aucune rente généralment sur tous les biens d'aucuns, s'il y a retrait; aucuns dient que si a, et aucuns que non. Mais s'il n'y a point de retrait, c'est à entendre des ventes faictes ès bonnes villes dedens les portes par la coustume et previléges octroïez aux bourgoys.

588. De la différance entre retrait de la chose vendue à recousse et absolument.

Il est différance entre retrait d'aucunes choses héritaige vendu absolument, et retrait d'aucun héritaige vendu à rescousse. Héritaige ou rente venduz absolument puet estre retrait par cellui qui sera du lignage du vendeur jusques à un an après la vente faicte; et aucuns maintiennent que l'an doit estre compté après la saisine de la chose dès le temps qu'il en sera vestu du seigneur; et y puet l'en moult traire de raisons. Et en tel retrait convient que l'en face son offre dedens le temps dessus dit. Et souffist de faire l'offre de telle somme comme l'en veult, en protestacion d'acomplir le demourant après la récepcion.

Héritaige ou rente venduz à recousse puet estre retrait tousjours durant le temps de la recousse; mais en tel retrait convient que l'en face son offre entièrement du pris, ou autrement ne vaudroit riens. Et si aucun avoit fait aucune offre, et il reprenist l'argent de l'offre, il perdroit son retrait, si n'estoit de la voulenté de l'achateur, ou par la voulenté et licence de justice.

|| [1]589. De personnes comunes non porter tesmoingnage l'un contre l'autre.

Si plait pend entre aucuns, et la partie adverse traye à garent le filz ou la femme ou le frère d'icellui, ilz ne doient pas estre receuz s'ilz contredient ; car nul ne doit estre contrains à porter tesmoingnage contre soy mesmes ; car le tesmoingnage leur pourroit estre préjudiciable. Et droit et raison ne veult pas que l'en porte tesmoignage contre soy mesmes ; car haine seroit que le père portast tesmoignage contre le filz, ou le filz contre le père , ou l'un frère contre l'autre , par quoy ilz soient comuns en biens, ou l'home contre sa femme, ou la feme contre l'home.

590. De fille mariée povoir demander succession.

Si aucune fille est mariée de père et de mère, et ilz li facent promesse d'argent, supposé que la somme fust païée, si elle ne quicta succession de père et de mère et le promist et jurast, icelle après la mort de leur père et mère pourroit demander son partage en rapportant la somme qu'elle auroit eue en communauté : mais si elle avoit eu héritaige pour son mariage de père et de mère, et s'en fust tenue pour contente, elle ne pourroit pas demander partage ; et bien pourroit l'en arguer le contraire, si elle n'avoit juré et renuncé come dit est. Et si la promesse avoit esté faicte, et la fille n'eust renuncé par espécial aux successions colatéralz et traversalz, elle la pourroit demander

1. Fº XLVI, rº.

selon droit; mais par la coustume non, si comme plusieurs dient. Et ne court pas prescripcion contre la
feme du temps qu'elle aura esté meneur d'eage, ou
en pover de son mari, etc....

591. De labourer vigne à quart.

Si aucun home pour cesser de labourer vigne à
quart que le seigneur met en sa main, la promecte
faire de facons neccessaires dedens certain temps et il
ne le fait pas, le seigneur la puet prendre en sa main
sans appeller l'autre à droit, s'il vousist que ou cas
qu'il ne l'auroit labourée comme dit est qu'il la peust
prendre comme son demaine, et qu'il s'en dessaisis-
soit desjà ; mais se ainsi ne l'avoit promis non : ains
convendroit qu'il l'appellast en jugement. Et se la
vigne estoit de la femme d'icellui homme , aussi bien
perdroit la vigne, c'est assavoir les fruiz le cours de
sa vie : mais il seroit tenu d'en faire récompensacion
à la femme ou à ses hoirs, ou les hoirs d'icellui home.
Et la vraye oppinion est que l'home puet bien commectre les fruiz et non mie l'héritaige.

592. De faire sa demande sur baton et sur injure tout ensemble

Si aucun veult faire demande d'injure faicte et
dicte en un moment, il doit faire sa demande ensemble
et conclurre à une amende. Mais [si] le baton ou la
villannie estoient faiz à un temps, et puis l'autre après,
l'en pourroit faire deux demandes, et demander deux
amendes.

|| ' 593. De non povoir refuser le serement qui le donne.

Si aucun donne à un autre le serement d'aucune chose, ou il prent, il convient par droit qu'il le prenge ou qu'il le donne ; car à plus grant égauté ne le puet il mectre, etc.... Et dit droit *qui in alio gravatur in alio relevatur* : et en oultre dit *quod manifestum turpitudinis est nolo jurare, vel juramentum referre.*

594. De non respondre à personne estant ou pover d'autrui.

Filius familias, id est ou pover du père ne puet fonder jugement sans estre auctorisé. Et s'il faisoit adjourner aucun, cellui ne lui respondroit point sans estre auctorisé premièrement. Mais il ne pourra demander despens de la journée ; car raison ne veult pas qu'il en portast deux prouffiz, despens et non respondre, etc....

595. [De retrait².]

Si aucun achate ı héritaige, et il recoive autour aucun lignagier en jugement ou dehors, et aucun autre se offre au retrait après ce, et en traie en cause l'achateur après ce qu'il saura qu'il a receu l'autre, s'il est ainsi il ne lui en puet faire demande ; car pour la récepcion auroit l'achateur bonne excepcion. Mais si le retraieur maintenoit que au temps de l'offre il

1. F° XLVI, v°.
2. Dans le ms., ce paragraphe, qui n'a pas de rubrique, est transposé ; mais une indication marginale prouve qu'il doit se trouver à cette place.

eust et tenist la chose, ou par fraude la lessast tenir
et le voulist prouver, l'autre convendroit qu'il en
respondist. Mais le derrenier retraïeur, s'il estoit en
mesme degré ou plus prouchain, le pourroit demander
à l'autre, par quoy il y venist en temps convenable.

596. De païer argent.

Si aucun doit païer argent avant entrée de plait, et
il ne l'ait, et deffaille présent en jugement ou absent,
et soit adjourné après ce sur deffaut, l'en doit premièrement demander le prouffit du deffaut, et puis
l'argent, et pas entrée de plait le deffaut fait avant le
paiement; car celle journée représante l'autre.

597. De avoir provision le plait pendant.

Si aucun demande succession ou partage d'aucun,
il doit premièrement dire en sa demande et nomer
le lignage de degré en degré, et puis descendre à sa
demande par tel partage, etc.... Et doit dire qu'il
soit esclarci en jugement lui estre cohéritier et lignagier pour la partie qu'il demande qui ne li confessera, et ce esclarci que division lui soit faicte pour
sa partie. Et puet demander provision, si ce est de
succession paternelle ou maternelle, pour poursuivre
son droit, etc.... Et en doit faire protestacion, et de
raporter en communauté ses biens si aucuns en doit
apporter.

598. De décliner d'ajournement.

Estat ne donne ne ne toust; mais si après la de-

mande déclairée en jugement estat sequent sans décliner d'ajournement, ne ne vient pas en lieu ne en temps
de décliner adjournement, etc....

599. De qui se doit premier faire advoer.

Cellui qui veult faire advoer autre se doit premièrement faire advouer, affin qu'il soit personne qui
puisse requerre, etc....

|| ¹ 600. De justice non povoir accuser aucun sanz promecteur.

De crimine privato, id est n'est pas appert larroncin, justice n'en puet accuser sans promoteur ou partie : et est appelé crime privé le larrocin, etc....

601. De estre forclus des fruiz du domaine.

Un home a tenu un héritaige certain temps, et cellui à qui il est le li demande, et ilz composent de cellui héritage à certaine some d'argent sans faire mencion des fruiz perceuz du temps passé, savoir s'il les
pourroit demander, non : car veu est puis que mencion n'en est faicte qu'ilz soient quiptes; et aussi pourroit l'en dire de plusieurs autres.

602. De baillidies d'aucune confrérie demander les debtes.

Aucun qui se diroit estre baillidies de une confrérie jà pour tant ne devroit estre receu à demander
les debtes de la confrérie; car supposé qu'il ait le

1. Fᵒ XLVII, 1ᵒ.

gouvernement des biens de la confrérie, pour ce ne
s'ensuit mie qu'il ait espécial mandement à demander
les debtes, combien que l'en pourroit tenir que, puis
que les confrères le li avoient baillié, veu est, etc....

6o3. De tesmoins receuz en absence de partie.

Si aucun tesmoing est receu en absence et puis
examiné, l'en pourroit dire contre le tesmoignage
qu'il ne vaudroit pas se la partie ne le vit jurer, s'il
ne vousist qu'il fust receu en absence.

6o4. De cellui qui huche garieur et li deffaut.

Si aucun huche à garieur aucun de aucune chose,
et cellui après monstrée ou avant li deffaut de gariment, le hucheur gaigera une amende pour faulte du
gariment non prins.

6o5. De l'amende de cas de desloy.

Quant l'en fait demande d'une action d'injure de
cas de desloy, l'en doit conclurre à l'amende que
coustume de païs donne, c'est assavoir c s. et ɪ d., et
non autre amende.

6o6. Des dilacions dont amende s'ensuit.

Puis que compromis est fait entre parties ou terme
de conseil prins ou dilacion d'avocat, l'en ne s'en puet
partir sans amende.

607. De personnes communes, se l'une puet recevoir sans l'autre
le retour des acquestz.

Savoir mon si sont deux frères comuns en biens,
et durant la comunauté un ou les deux achatent aucun héritaige qui puis chet en partage, si l'un puet
sans l'autre aucun recoivre autour : la vraye oppinion est que non ; et y puet l'en de cà et de là traire
plusieurs raisons.

608. De II actions qui naissent d'une injure dicte.

De villennie dicte au filz nessent deux actions,
l'une au filz, et l'autre au père. Et de la villennie
dicte au filz, savoir mon si aucun y respondra sans
auctorité, non pas si le filz est demandeur sans estre
auctorisé : mais s'il est *reus, id est* deffendeur, il en
respondra ; car ce est délit par lui fait ; et droit veult
en cest cas qu'il y responde.

|| ¹ 609. De l'action de domage donné ès biens communs entre aucunes
personnes.

Si aucun donnoit domage, ou ses bestes, ou autrement, ès biens d'aucuns qui fussent comuns, l'un
pourroit faire demande bien sans l'autre de la partie
de son dommage.

610. De despens qui sont forclus en la cause.

Si aucun donnoit à un autre le serement en juge-

1. l° XLVII, v°.

ment ou dehors d'aucune chose, et cellui le preist sans faire protestacion de despens, il est forclus de demander despens, et n'en n'aura nulz par droit et raison : car puis que li fait courtoisie de li donner le serement et le relève de preuve, il n'en doit pas porter deux prouffiz; mais s'il en faisoit protestacion, il les auroit.

611. Coment l'en doit demander les despens des deffaulx.

Despens de deffaulx puent estre demandez par deux manières, par manière de préjudice, et autrement. C'est assavoir par manière de préjudice quant le demandeur se deffault, et contre le deffendeur quant il est adjourné sur deffaulx.

612. De mectre sur autre la cause fin portant.

Se deux parties pladoient ensemble, et soient plusieurs de l'une partie, et l'une fine sur l'autre de la voulenté de la partie après contestacion, et puis il conviengne cellui qui a finé jurer en la cause contre aucuns obgiez propoz contre ses tesmoings, ou faire autre serement, il ne li chaut jà qu'il vienge; car cellui sur qui il a fin puet jurer puis que la cause fut mise sur li : et bien pourroit l'en soustenir le contraire, que convendroit que la principal personne fust au serement faire, s'il n'avoit espécial povoir 'de le faire.

613. De avoir appellé au souverain juge.

Si aucun appelle d'un juge séculier ou baronou au seigneur royal, il en est exemps de sa juridiction en toutes ses autres causes pendant la congnoissance dudit appel, et ses hommes aussi par la coustume si l'appel estoit fait de deffaut de droit ; et s'il revenoit après l'appel devant cellui juge ou faisoit aucun procès, il renuncieroit à son appel, et s'il est trouvé que l'appel soit bon.

Excepcio est actionis exconclusio.

Medium predium quod non servit impedit servitutem.

614. De débatre l'article.

Supposé que par simplece aucun article fust accordé entre parties, et puis emprès l'enqueste faicte si l'article estoit inpertinent et qu'il péchast en matière, l'en le pourroit débatre ; car raison ne veult pas que sentence soit donnée sur chose incertaine ; et aucuns dient le contraire que puis que partie l'a accordé que l'en n'y vendroit jamais à temps. Mais supposé que parties l'eussent accordé, le juge de son office y devroit suppléer ; car il ne devroit pas donner sentence sur chose incertaine. Et plusieurs tenent qu'il ne vendroit || [1] pas à temps, et que la sentence qui sera sur ce donnée tendra au prouffit de partie de fait [2], combien que de droit elle soit nulle.

615. De seigneur demander avestizon, etc....

Supposé que aucun ne soit pas vestu du seigneur d'aucune chose qu'il a acquis dont il li appartient ves-

---

1. F° XLVIII, 1°.
2. Deffait, ms.

tizon, jà pour ce li sire ne puet demander la chose à
li estre commise : mais il doit conclurre affin qu'il
vienge à vestizon et à l'amende que coustume de païs
donne. Mais si li sire avoit receu le cens une foiz
d'icelle chose, il appelleroit l'autre à son eessalier, et
ne pourroit pas le suivre de vestizon, etc.... Et si
l'achateur avoit possidé celle chose par x ans présent
le seigneur, il ne seroit pas tenu respondre, ne vestizon, etc.... Et aussi seroit il receu par son serement
que son prédécesseur en fut vestu, et que après ce
ilz ont tenu an et jour, etc.,

616. De proposer sa deffense avant la néance.

Si aucune demande est faicte à aucun de baton ou
de injure, il ne sera pas receu se il nie la demande à
dire, ou qu'il fist sur soy deffendant, ou levement.
Mais il doit dire premièrement sa deffense, et après
nier la demande en tant comme néance y appar-
tiendra, etc....

617. De justice qui doit donner tuteur aux pupilles.

Quant aucun enfant meneur d'eage n'a père ne
mère, la justice li doit donner tuteur le plus prouchain et le plus proufitable de son lignage devers le
père, et le doit faire jurer qu'il li gardera bien ses
biens et loyaulment, et li procurera son proufft, et
eschivera son dommage. Et le doit la justice garder
ès possessions dont son père et sa mère estoient au
temps de leur mort. Mais si aucun se dit avoir aucune
obligacion ou vente d'héritage, il la doit demander
par voye d'action.

618. De faire assavoir la vente.'

Quant aucun achat d'héritaige est fait, l'achateur doit faire assavoir au seigneur la vente dedens xL jours, ou il le puet suivre de ventes sellées par la coustume.

619. De demander les choses dont son prédécesseur avoit la possession.

Quant aucun se dit estre hoir d'aucun, ou de autre personne qui estoit hoir de cellui dont il représente la personne, il puet demander à ceulx qui tendront les biens du mort dont il avoit la possession et la saisine au temps de sa mort que il leur déleissent les biens, etc.... Mais les autres y auront leur droit par voye d'action.

620. Des hoirs du créditeur qui ne puent demander sa debte.

Il est raison et coustume que vivant le créditeur il ne[1] puet soy faire paier par manière de exécucion sur cellui qui se obliga principalment envers li ou sur ses hoirs : mais les hoirs du créditeur non ; ains convendroit que l'en demandast la debte || [2] par voye d'action. Et aussi selon droit ne se pourroit pas le créditeur faire paier sur son plége tant comme le principal debteur soit solvable, etc....

1. La négative doit être supprimée. Voy. les paragraphes 992 et 994.
2. F° XLVIII, v°.

621. De non povoir demander sa debte.

Le créditeur ou ses hoirs par droit ne pourroient pas demander en la court de l'église par action ypothécaire à aucun les choses obligées, tant comme le debteur vive s'il est solvable, etc.... Mais en la court laye aura ellection de demander au quel que li plaira.

622. De povoir demander sa debte a touz.

Supposé que aucun à qui argent est deu de II parties prenge le paiement de l'une partie de tout ou de partie, jà pour tant ne sera forclus de demander à l'autre le demourant de la somme, car il a ellection, etc.... Et paiement chet en la descharge de l'autre.

623. De esclarsir sa demande.

Si aucun fait demande à aucun d'aucune chose qu'il dit qu'il li ait baillie, il convient qu'il cause sa baille ou par prest, ou par loyer, ou autre baille, etc.... Et aucuns dient qu'il n'est mestier, puis qu'il dit que celle chose qui estoit soe li bailla, et qu'il la li rende, etc.... La plus vraye oppinion est cause de la baillate.

624. De excepter contre la demande.

Si aucune chose est baillée à aucun par commandement ou à la requeste d'autre, et non mie à son prouffit, il a bonne excepcion vers le demandeur s'il li demande la chose.

625. De seigneur qui prent la chose come acquise.

Supposé que aucun soit tenu et obligé à pluseurs créditeurs, les seigneurs de qui il tendra ces choses puent bien prendre le domaine en leur main pour faulte de devoir non païé. Et se le debteur se défine tout de la chose en la main du seigneur par faulte des devoirs non païer, ou de sa voulenté, comme acquise au seigneur, ou il en fust convencu par droit, les créditeurs ne pourroient pas demander celle chose au seigneur par action ypotéquaire; car les obligiez ne tollent point que le debteur ne puisse en son préjudice comectre et perdre la chose. Et puis que la chose est acquise au seigneur, l'obligacion est estainte quant à celle chose; car premièrement elle est obligiée au seigneur par icelle[1] loy : *facit digestis, tamen si domus, etc....*

626. De appellacion faicte en court de France.

Quant aucune appellacion est faicte d'aucun juge royal en court de France, l'on doit empettrer et faire exécuter son adjournement dedens III mois. Et se l'en appelle durant et séant le parlement, l'en n'auroit pas selon l'establissement de France son adjournement de plaidoïer la cause en icellui parlement, si n'estoit de grace espécial; et convendroit que l'ajournement deist non obstant que le parlement sie : mais se plaidoieroit la cause au parlement ensuivant aux jours de la séneschaussie; et convendroit que l'appellacion fust

1. V. *l.* 21 *ff. de serv. præd. urb.*, 8, 2.

intimée à partie || [1] adverse se elle n'estoit présente à
l'apellacion dedens x jours après l'appel. Et en Poitou et en Angolesme n'aplége l'en point son apel :
mais en Xaintonge l'applégent. Et si aucun appelle en
court de France, l'appellé s'il veult n'obéira jà à l'a-
journement, ne jà pour ce s'il ne vait, l'appellant ne
pourra demander despens ne eschoete d'amende;
aussi n'i sera point. Mais l'appellant en pourra porter
prouffit du jugé qui sera suspendu ou adnullé; mais
l'appellant doit obéir à son adjournement et le jugé,
ou ilz paieront le deffault ; et puet le deffendeur apparoistre par procureur sans grace; et par ce est dit
en l'adjournement que l'en empectre de parlement
que l'en induire[2] à la partie qui y soit se cuide que de
rien lui appartienge, etc....

Appellant veust dire cellui qui appelle, et appellé
cellui contre qui l'en appelle.

627. De devoir respondre à dit de court sans adjournement.

Si aucun dit injure à un autre en jugement, il en
est tenu à respondre présentement sans adjournement, car ce est dit en court : et de dit de court l'en
doit respondre sans adjournement.

628. De dernier procès aler avant.

Si plait pend entre parties, et sur ce naist procès
saissit et l'une des parties propose fait nouvel, du
dernier procès doit l'en aler avant par la coustume,

1. F° XLIX, r°.
2. *Sic*, ms. Il faut lire : *induise*.

et cessera le premier procès. Et si la partie qui propose fait nouvel déchiet du dernier procès, l'autre
premier procès est adnichillé, et en pourroit perdre
la cause.

629. De respondre sans estre auctorisé.

Cellui qui est ou pover d'autrui doit respondre sans
estre auctorisé des déliz par li faiz, etc...: voire le
filz qui est ou pover du père; mais la femme non par
la coustume.

630. De faire preuve sur possession.

Si aucun doit prouver contre autre que il avoit la
possession d'aucune chose en certain temps, supposé
qu'il prouvast que cellui expletast la chose à cellui
temps, jà pour ce ne prouveroit la possession : car il
est différance entre possession et exploit; car aucun
pourroit bien explecter une chose pour autre et non
mie en son nom : et bien pourroit l'en tenir plusieurs
raisons contraires. Si l'en prouvoit l'exploit souffiroit,
si partie adverse ne vouloit monstre que l'exploit fust
fait ou nom d'autre.

631. De sergent qui fait monstrée.

Aucun sergent fait aucune monstrée, et après ce il
est trait à garent sur le débat de celle chose, il convient de raison que la monstrée li soit faicte par un
autre sergent et autres tesmoins amenez de la partie;
car cellui sergent ne se puet pas faire lui mesmes la
monstrée en son fait : et aussi ne seroit pas certain le

tesmoignage des tesmoings s'il ne veoient la chose; car ilz disposeroient sur chose incertaine. Quant au tesmoignage du sergent, souffiroit s'il avoit veue la chose sans ce que autre la li monstrast.

Item, Ne seroit pas receu le tesmoingnage d'aucun, s'il y povoit avoir prouffit || ¹ en la chose de quoy il déposeroit.

Savoir mon si aucun qui feroit demande à autre de certaine some d'argent qu'il diroit qu'il avoit esté plége pour autre, seroit receu en tesmoignage ou cas que cellui l'amèneroit en tesmoignage à prouver que l'autre l'eust mis en plége. Plusieurs oppinions en pourroient estre dictes; mais la déposicion ne devroit riens valoir, car il déposeroit à son prouffit.

632. De cellui qui se fait exonier le faire adjourner.

Cellui qui est exonié ne s'en vait pas adjourné, ne ne obéira point à l'assise ensuivant s'il ne veult, si n'est par adjournement. Mais l'autre partie s'en vait adjourné, et convient qu'il obéisse, ou il deffaudroit. Et doit commander la justice que l'exonié soit adjourné sur deffaut lui trouvé hors de exoine.

633. De feme qui se puet exonier pour son enfant.

Femme se puet bien exonier qui a petit enfant qui ne vueille téter d'autre lait que du sien; et doit l'en dire qu'elle a petit enffant qu'elle ne pourroit laissier bonnement sans domage de li pour la cause dessus dicte, et donner plége.

1. F° XLIX, v°.

634. De soy deffendre de injure verbal.

L'en ne doit pas répeller contre aucune injure verbal dicte à aucun par injure de desloy, si comme batre ou férir. Mais il lest bien soy rescourre par injure
verbal levement.

635. De despens qui deffaut à la monstrée.

Si aucune partie deffaut une monstrée à faire, et le
sergent recorde le deffault de la partie, celle partie
est tenue à la partie obéissant à paier les despens du
procès retardé de la journée. Et convient que jour de
monstrée soit de viie qui le débatroit.

636. De ceulx qui ne pueent estre à la monstrée.

Si monstrée est assignée à certain jour à faire par
aucun sergent, et l'une des parties n'y puet estre, il
convient qu'il face assavoir son exoine au sergent et à
partie, et que aplége son exoine devant le sergent;
car le sergent représente en cest cas le seigneur. Et
plusieurs dient qu'il n'est nul mestier d'appléger devant le sergent, mais li faire assavoir l'exoine simplement; et y puet l'en traire moult de raisons. Et si
l'exoine n'estoit recevable, si paiera la partie deffaill-
lant les despens de la journée du procès retardé et le
salaire du sergent : et bien pourroit l'en tenir qu'il
souffiroit le faire assavoir à la partie ou au sergent, et
y traire plusieurs raisons.

637. De la demande quant elle est deffective ou pèche en forme
ou en matière.

Si aucune demande est faicte contre aucune partie,
et la demande soit deffective et non responsable sur
ce, la partie adverse propose raisons affin de non respondre à la demande, s'il est dit par droit la demande non valoir, la partie qui demande doit païer
les despens de la journée. Mais après ce, elle pourra
amender en sa demande sans passer journée si l'autre
partie veult, ou autrement convendra nouvel adjour-
nement et faire nouvelle || [1] demande. Et s'ilz avoient
jour à l'assise affin de faire droit sur les raisons proposées de cà et de là affin de anienter la demande, et
il fust dit par droit la demande non valoir, si doit
estre la partie demandant condempnée ès despens de
la partie, et l'autre absoustz de la demande. Mais de
leur assentement l'en pourroit faire sa demande et
amender de nouvel à païer les despens.

Ille possidet cujus nomine possidetur.

638. De cellui qui se déporte de l'adjournement à la requeste d'aucun.

Si aucun avoit fait donner jour à autre en court
d'église ou ailleurs, et il se déportast de l'ajournement à la requeste d'aucun, et après ce il meist la
partie en deffaut ou en sentence, cellui à quel requeste
le terme seroit laissié ne pourroit pas faire demande
pour soy ou concluir à action d'injure, car les droiz

1. F° L, r°.

dient *quod alteri per alterum jus non acquiritur.*
Mais s'il estoit lors procureur ce seroit autre chose.
Mais l'autre qui estoit adjourné en son nom pourroit
bien faire demande à l'autre, et dire en sa demande
qu'il avoit lessié le terme à l'autre comme géreur de
ses négoces et qu'il avoit agréable, etc...; et conclurre
affin que le deffaut fust adnullez et aninirez[1] de dommages aussi.

639. **De commectre le droit que l'en a en aucune chose commune.**

Si aucune maison estoit à certaines personnes par
non devis et la maison tournast en ruine, *id est* qu'il
y fausist réparacion, l'une partie puet bien faire
adouber la maison sans requerre l'autre, et sera tenue
l'autre partie lui païer sa partie de la mise; car ce
chet en son prouffit. Et se après ceste réparacion
l'autre requiert l'autre partie qu'il le paie de la mise
sa partie, et elle ne le veult faire dedens iiii moys après
la requeste, les iiii mois passez l'autre partie de la
maison est acquise à celle partie qui fist la réparacion
selon droit, et la puet prendre et exploiter comme son
demaine, et li est acquise *ipso jure*, *id est* sans appeller l'autre en jugement, affin qu'il soit décleré la
chose lui estre commise. Mais plus sainement se es-
clarciroit la chose estre commise qui appelleroit l'autre en jugement, etc... : car la courtoisie que li a
faicte de li prester le sien, etc...; et la négligence de
li lui tourne à préjudice quant il paie la mise dedens
le temps dessus dit ordonné de droit; et ce commance

1. Annihilé.

la loy[1].   Et oppinion est contraire que fault requeste avant la réparacion.

640. De créditeur soy faire païer.

Il est droit que le créditeur ou les hoirs se puent faire païer sur obligé ou sur ses hoirs par exécucion de la debte contenue en l'obligacion; et est raison aussi mesmement quant l'obligacion dit qu'il le promet païer à li ou aux siens, et oblige lui et ses biens et ses hoirs, etc.... Et dit une loy.

||[2] 641. De faire sa demande contre les hoirs.

Le créditeur ou ses hoirs puent faire demande en court laye aux hoirs du debteur qui leur paient la debte, c'est assavoir que l'en doit dire que se ilz confessent qu'ilz soient hoirs, et que la debte soit deue, qu'ilz soient condempnez à païer, ou s'ilz ne sont hoirs mais biens tenans, qu'ilz paient ou laissent la chose par ypotécaire.

642. De non païer amende de debte congneue en jugement.

La raison pour quoy il n'a point d'amande en debte congneue, si est que supposé que le terme fust passé et le debteur n'eust païé la debte, le refus qu'il a fait du paiement lors en jugement n'aquiert point d'amende ou prouffit à justice : mais quant en présent de justice, ou de sergent qui représente la personne de

1. Blanc dans le ms.
2. F° L, v°.

la justice, aucun desdeign ou refus se fait, ce acquiert
amende à justice, etc....

643. De fille mariée de père.

Si aucune fille est mariée de son père qui soit vif,
et le mary et la femme et père demeurent ensemble,
la fille ne sera point de chief ès acquestz, si parlé
n'avoit esté : mais le mary le sera ; car la fille est ou
pover du père et ne puet riens acquerre, etc.... Mais
si elle estoit mancipée du père, et promesse lui eust
esté faicte, etc.... Et si aucune fille est mariée, et elle
ait esté hors de la compaignie son père an et jour, ce
vault mancipation par la coustume. Et de droit est
acquis au mari le lit à la femme puis qu'il a eu sa compaignie.

644. De qui est condempné et puet appeller.

Il est droit que si aucun homme est condempné à
mort par aucune justice, il puet appeller au souverain
juge, ou un autre de son lignage pour lui, ou une
simple personne tout ne fust de lignage ; car la loy
dit que tous sommes frères, et pour ce doit chacun
diffrer, *id est* prolongier la mort de son frère. Et dit
droit que si cellui qui est condempné n'est convaincu
par confession et par garens, que la condempnacion
n'est[1] nulle : et si la confession y estoit sans garens,
ou les garens sans confession, que ces ıı choses n'y
fussent, que la condempnacion seroit contre droit. Et

---

1. *Sic* ms. La negation doit être effacce.

si aucun appelloit de ceste condempnacion, jà pour
ce selon droit ne devroit le juge estre dessaisi du prisonnier pendent la congnoissance de l'appel; car l'en
doit présumer que chacun fuit à la mort, et que tout
juge doit juger bien et loïaulment, et que le jugié ou
condempnacion soient justes; et pour ce ne doit l'en
selon droit ignorer[1] ne actempter contre le jugié pendant la congnoissance de l'appel, ne le juge dessaisir :
mais doit tenir le prisonnier en seure et convenable
garde pendant l'appel. Et si est jugié bien appellé, et
il soit justice séculier, il pert de rigour sa justice; et
aucuns tenent le contraire, mais que cellui et ses hoirs
seront perpectuellement exemps de sa juridicion, et li
paiera ses dommages, et amende arbitraire à la justice
souveraine. Et s'il est home de sainte église, il ne la
comectroit que à sa vie, et amende, etc.... en icelle
loy, *non tamen, de appellacionibus, digestis*[2]. Et dit en
oultre que si le condempné avoit esté receveur ou
administrateur des biens d'aucun que le seigneur de
qui il auroit esté receveur ou administrateur, || [3] par ce
point pourroit defenir la mort jusques il eust rendu
compte de la recepte ou administracion, etc.... Et dit
en oultre que supposé que le condempné voulsist
prendre mort, et deist que il estoit bien justement
condempné, que jà pour tant si aucun appelloit de la
condempnacion, il devroit estre receu à la poursuivre.
Et quant aucune appellacion se fait d'aucun juge, de
droit la chose doit demourer en l'estat qu'elle estoit au

1. *Sic*, ms. Il faut lire : *ignover*, c'est-à-dire innover, changer.
2. Il s'agit de la *l. non tantum*, 6, *ff. de appellationibus*, 49, 1.
3. F° LI, r°.

temps de l'appellacion pendent ladicte cause d'appel :
mais la coustume est contraire en plusieurs cas.

645. De ellection de sa debte.

Si aucun est obligié à autre en plusieurs debtes, et
il li face paiement d'aucune somme, se il déclaire
lors que cellui paiement est descharge de celle debte
qu'il nommera, il est à son ellection : mais si nulle
mencion n'en estoit faicte, le paiement cherroit en solucion de la debte qui plus estoit grevable au debteur;
verbi gracia, si comme s'il fust obligié en une
some [1] par sentence d'escommenge ou par arest de
corps, et autre debte non, mais simplement ou par
obligacion des biens.

646. De non avoir l'obéissance après contestacion.

La raison pour quoy l'en n'a pas l'obéissance d'une
court après contestacion de cause, si est que puis que
l'en a tant procédé en la cause que contestacion est
faicte, l'en a aprouvé le juge et sa juridicion, etc....
Et ne puet l'en après contestacion user de perhem-
toire, etc....

La raison pour quoy l'en ne rent pas l'obéissance
d'action réelle devant que monstrée soit faicte, si est
pour ce que, quant monstrée est faicte la court est
certaine se la chose contencieuse est tenue de li ou
d'autre court, et avant la monstrée non.

---

1. Ce mot semble avoir été efface, mais il est indispensable au
sens de la phrase.

647. De clerc marié respondre en court laye.

Clerici conjugati tonsuram et vestes defferentes cle-
ricales non gaudent de previlegio in curia layca, nisi
in duobus, videlicet in dictis in casibus criminibus, et est
decretalis, etc.

648. De faire II demandes sur action d'injure.

La raison par quoy [de] la villennie dicte à la femme
ou à filz d'aucun essent deux actions, l'une à l'home et
l'autre à la femme ou au filz, pour que deux *una caro*
est dit la décrétalle. Et si sont conjoins ensemble que
la villennie dicte de l'un tourne en diffame de
l'autre.

649. De amender sa demande avant jugement.

Si aucun fait aucune demande pour autre soit advoé, et il vueille amender en sa demande, il doit amender avant qu'il se mette soubz jugement, et doit dire
qu'il se départ de la première demande.

650. Du mari et sa femme avoir II amendes d'injure dicte.

Si aucun fait demande à un homme et sa femme
d'aucune injure ou baston et ilz en décheent, chacun
doit une amende puis que tous deux ont fait délit.

651. *Item*, d'injures.

Ilz sont deux amendes d'injures, c'est assavoir
amende simple d'aucune || [1] injure dont l'en fait de-

1. F° LI, v°.

mande en jugement, et icelle amende doit esclarcir la
partie en jugement. Autre amende que les droiz appellent *atrox*, *id est* cruelle, qui est de merci, si comme
si aucun disoit injure ou faisoit à son seigneur justicier
ou à ses gens en faisant l'office du seigneur, laquelle
doit estre en cest cas causée selon la qualité du meffait et la faculté des personnes, et est de merci. Et
amende de cas de desloy, de c s. et un faux d.

652. De soy exonier d'aucun pélerinage.

Si aucun se veult exonier pour ce qu'il est alé et
par veu en aucun pélerinage, et le pélerinage soit si
près qu'il eust assez temps de y estre allé, l'en le pourroit débatre, etc.... Et ne puet aucun aporter exoine
s'il n'a espécial commandement de la personne qui se
fait exonier; car s'il disoit qu'il l'en avoit chargé et
autre qui l'eust dit à l'exonieur, jà n'i seroit receu.
Et aucuns dient que si seroit si la femme ou le filz
d'icellui exonié l'avoit dit à l'exonieur et du commandement de li, etc.... Et pour oster la doubte que le
temps ne fust débatu, l'en pourroit dire en son exoine
que par veu fait sans fraude puis tel jour, etc....
    Quánt l'advocat d'une partie se met soubz jugement
de moz pladoiez, ce vault adveu par la coustume.

653. De faire sa demande sur injure verbal.

Quant aucun fait demande d'injure, il doit déclairer
en sa demande quelle amende il en demande avoir, et
la doit li advocat esclarcir selon la qualité de la personne injuriée et sa faculté. Et si le juge voit que la

demande à quoy il conclut soit excessive, il la doit
modérer. Et d'injure de desloy sera plus creue la partie
par son serement quelle amende il en veult avoir, et
que amast plus avoir perdu du sien que l'injure verbal, etc.... Et [si] aucun en est prouvé par confession
ou autrement d'injure verbal qui tourne diffame
d'autre, il seroit infames par droit, et le pourroit l'en
reppeller de tesmoingnage, etc....L'amende d'injure de
cas de desloy est ordonnée par la coustume à cs. ɪ faux
denier.

> 654. Coment l'en doit avant néance débatre excepcion proposée contre
> demande.

Si aucune demande est faicte à aucun, et il propose
aucune excepcion affin de li forclure sa demande, et le
demander vueille nier telle excepcion, en disant qu'il
fait protestacion ou cas qu'il prouveroit aucune chose
de son excepcion de dire et maintenir que telle excepcion ne seroit pas recevable, il n'y seroit pas oïz
après la néance : car puis qu'il le nie sa protestacion
n'a point de lieu ; car premièrement avant néance l'en
doit dire contre la demande ou contre l'excepcion, et
l'avant par raison sans la confesser et proposer les raisons par quoy, etc.... Car quant aucun recept la partie
à proposer excepcion et il la nie, jamaiz après ce n'y
vendra à temps au débatre; car il recoit son excepcion en tant comme il la li nie et preuve s'i assit.

|| ' 655. De esclarsir sa demande sur l'escheote d'aucune succession.

L'en doit dire à la demande de succession d'aucun, premièrement que telz furent conjoins par mariage, et que durant le mariage d'eulx deux, yssit tel, etc…; et déclairer le degré ; et puis descendre à sa demande. Et doit maintenir qu'il est hoir pour telle partie en tous les biens dont cellui dont il a cause avoit la saisine et possession au temps de sa mort, ou exploittoit, ou autres pour lui et de son commandement, et que li confessera les choses dessus dictes, qu'il soit dit et décleré lui estre cohéritier dudit mort par la partie déclairée : et ce esclarci, que division lui soit faicte desdiz biens.

656. De donnaison que rupturier puet faire.

L'en tient de coustume que un roturier puet bien donner à qui qu'il vouldra tous ses acquestz faiz et à faire, et tous ses meubles aussi, par donnacion faicte entre vifs ou au point de la mort, etc…. L'en pourroit bien opposer plusieurs raisons quant aux acquestz qui seroient à faire : car donner ce qui n'est, ne où n'a rien, vault autant comme rien donner, etc….

Office de juge puet faire demande des choses ou faiz qui sont faiz ou perpectrez par ses subgiez en préjudice du comun prouffit; aussi comme un homme anticipe[2] et prent les fruiz de ses vignes ou demaines

1. Fº LII, rº.
2. Le mot a été gratte en partie de manière à être presque inintelligible ; mais il faut lire ainsi, ce qui est conforme d'ailleurs au sens de la phrase.

par avant que les fruiz soient aptemsez[1] et meurs, il se meffait, et sera pugny civilement à arbitrage de juge, etc....

657. De non povoir faire privées en sa chose.

Droit dit que si a un puis en sa chose, et aucun son voisin ou autre veult faire unes privées en sa chose, si le cours de l'eaue des privées pourroit courir ou descendre ou puis, ou autrement endomager le puis de son voisin, en cest cas l'en devroit cesser de faire privées; car le prouffit du puiz qui est commun doit estre plus à amer que le espécial : et y pourroit l'en traire plusieurs raisons.

658. De demander ensemble son demaine et les fruiz.

Si aucun fait demande à aucun autre d'aucuns héritaiges que le deffendeur tient et posside qui appartiennent au demandeur, il doit aussi demander en la conclusion de sa demande les fruiz de l'héritaige du temps que l'autre les aura levez et les exstimer. Et si le demandeur ou autres dont il a cause les avoit achatez iceulx héritaiges et n'en eust eu la possession, il doit conclurre contre le vendeur ou ses hoirs, ou le deffendeur s'il tient la chose, etc..., affin que possession lui en soit baillée et osté l'empeschement et les fruiz renduz.

1. C'est-à-dire, à temps d'être cueillis.

659. De forser femme, et de tiers de excepcion.

Si aucun forsoit une femme ou une fille pucelle, selon droit civil il n'en seroit pas quictes pour la vouloir
prendre à femme, mais en seroit pugny criminellement, et en devroit prendre mort : car droit civil ne
veult pas que un homme de son délit ait || [1] consola-
cion. Et supposé qu'il ne l'eust pas forsée, mais qu'il
en eust fait son poer, aussi bien seroit puni selon droit
civil; car la bonne voulenté est réputée pour le fait,
etc....'Et aussi pourroit l'en dire de moult d'autres
choses à exemple. Et de droit comun se un homme
avoit fait tel forsement, il en seroit quictes pour la
vouloir prendre à femme, ou la marier selon son estat :
car droit comun ne veult ne mais toute équité, et droit
civil rigour et justice.

Fiscus est selon droit seigneur hault justicier en sa
terre.

Nul ne doit pas estre receu à faire excepcion de
droit de tiers, *de jure tercii* dit la loy. Et veult
dire droit de tiers, si comme un homme conclurroit
contre aucun achateur qu'il li lessast la chose vendue
comme au plus prouchain par tour de bourse, et l'a-
chateur exceptast qu'il n'y faisoit à recevoir et qu'il
n'estoit pas plus prouchain ou de cellui branchage,
etc..., et en plusieurs autres manières.

660. De gurpizon faicte qui chiet ou prouffit du seigneur.

Si aucun quipte ou délaisse une chose au seigneur

1. F° LII, v°.

dont meut, ou à autre pour lui avaut pover à ce, et le
seigneur prenge la chose en sa main et la baille à un
autre, et depuis cellui vueille demander la chose à
cellui qui l'a du seigneur, il a ellection s'il veult de demander son garieur le seigneur, ou user de ses raisons,
en disant qu'il a la chose du seigneur, et qu'il l'avoit
guerpi ou commis, etc.... Et en cest cas ne pourroit
pas le demandeur destruire l'excepcion du deffendeur,
pour dire que cellui n'avoit point de pover de prendre la guerpison pour le seigneur, puis que le seigneur
l'acepta et l'agréa. Et si la partie disoit que monstrée
ne fut oncques faicte des lieux, jà pour tant ne anen-
teroit l'excepcion du deffendeur; car en cestui cas il
n'y faudroit point de monstrée; car ce ne pourroit
cheoir en préjudice du seigneur si elle n'estoit faicte.

661. De garieur qui ne puet deffendre la cause.

L'en tient que si aucune demande est faicte à aucun, et sur la demande garieur soit huché qui prent
le gariment, qu'il ne puet pas deffendre la cause par
la néance : car le premier deffendeur en huchant le
garieur confessa taisiblement la demande. Mais l'en
pourroit bien faire différance selon la manière de
la demande, aussi comme le demandeur faisoit demande au deffendeur de fait personel comme d'un
exploit; aussi comme il disoit qu'il avoit explecté
en certains lieux à tort, ou en plusieurs autres manières, sur lesquielx l'en huchast garieur, en cestui
cas le garieur ne pourroit pas la cause deffendre par
néance : et y puet l'en traire moult de raisons. Mais
si la demande estoit sur action ypotécaire ou en plu-

sieurs autres manières d'actions réelles, en cest cas le
garieur puet bien deffendre || [1] la cause par néance :
et si le deffendeur se veult garder de ceste doubte au
temps qu'il huche garieur, et qu'il fait protestacions
de user de ses raisons, il doit dire aussi au deffendeur
par néance, etc.... ou autre fait parsonnel dont li et
le garieur puent estre certains.

662. De chose donnée qui est acquise au seigneur.

L'en tient de droit que si aucun fait aucune lesse
ou donnaison qui ne se puet soustenir, que la chose
fust acquise au seigneur; car puis que la chose est
sans seigneur, en cest cas elle li est acquise; car justice *est bursa malorum* selon droit, etc....

663. De feme qui doit prouver son mariage avoir esté païé.

Il est droit que si aucun confesse avoir eu le mariage
à lui donné en sa femme pour faveur qu'il a à elle, il
convendra que la femme moustre et preuve aux hoirs
du mary que le mariage fust nombré et païé entièrement au mari, si elle en est requise dedans an et jour
après la mort. Et est la raison que par faveur qu'il a
o elle, il confesse par avanture soy avoir eu le mariage:
et pour ce droit veult que preuve s'en face dedens
ledit temps.

Il est coustume que si argent est donné à femme en
mariage après la mort son mary, elle prendra son
mariage sur les biens du mari tel qu'il li fut païé, et en
oultre elle aura par douaire le tiers d'autant comme

1. F° LIII, r°.

montera ladicte somme, c'est assavoir que si xl l.[1] li furent données, elle en prendra xx l. en douaire sur les biens du mari; et si la somme montoit plus, à la value. Et cestui douaire tendra sa vie par la coustume.

664. De débatre la procuracion.

L'en pourroit bien dire contre une procuracion, si elle estoit seellée du seel du juge qui ne seroit de la diocèse, que elle ne seroit pas recevable; et convient que le juge soit ordinaire : et espéciaulment de juge d'église, en court laye ne recevroit l'en pas s'il n'estoit de la diocèse selon droit et raison. Et aussi dit l'en que les establissemens qui sont de court de France que en court laye ne recevroit l'en point. L'en pourroit bien dire encontre que la procuracion seroit recevable, puis que seroit de juge ordinaire et signée du notaire, etc.... Et si doubte y avoit l'en pourroit donner plége, et seroit receu, et puis à l'autre assise[2] aportast meilleur procuracion.

665. De amender la demande.

Si aucun veult amender en sa demande il puet jusques au jugement, et si après journée passée l'en vouloit muer sa demande, l'en ne pourroit : et doit dire la partie adverse qu'il n'a point jour sur celle demande de dire et maintenir, etc..., et qu'il a bonnes raisons et efficaces par quoy il ne pourroit conduire celle demande, etc....

1. *Sic* ms. Il faut sans doute lire lx.
2. Ms. à l'autre à l'assise.

666. De derrenier procès.

Si aucune demande est faicte à aucun, et par simplece aucune des parties propose aucun fait ou néance
qui ne touche pas la nature de ladicte demande, jà
pour tant la partie qui se voudroit aidier de cest der-
nier procès par la coustume || [1] n'y devroit estre receu
par raison; car le procès ne seroit pas de la demande; ains seroit contraires à la narracion et conclusion de la demande. Et si aucun advocat, par avant
qu'il fust advoé de la partie, vouloit enchaucer la
partie d'aucun fait ou procès nouveau qu'il diroit qu'il
avoit fait o lui il n'y seroit pas receuz; car ce qu'il
dit avant l'adveu il ne dit mais comme privée personne : mais s'il s'estoit mis soubz jugé de moz pladoïez, ce vaudroit adveu par la coustume.

667. De faire à justice sa requeste d'avoir la chose estant en main de court.

Quant aucun se applége de nouvelle dessaisine, et la
partie se contrapplége, et jour donné sur ce, l'applégeur doit premier faire à justice sa requeste en jugement, et doit dire que comme il fust ou autre pour
lui, etc.... en saisine et possession, ou aussi, de certains
lieux, sauve à esclarcir plus à plain, et eust esté par
VIII, par X, par an et par jour, ou par tant de temps
qu'il doit souffire quant à avoir le droit de son applégement, et tel ou autres pour li, etc.... s'en soient
venuz à iceulx lieux, et aient prins et emporté telle

1. F° LIII, v°.

chose, etc.... en empeschant ladicte saisine et possession à tort et sans cause, et il soit applégé que justice lève sa main au prouffit de l'applégeur, ou protestacion de conclurre contre partie ou cas que elle
li apparoistra, et de faire tout ce que raison donrra.
Et s'il apparest qu'il y ait partie, il doit dire qu'il soit
déclairé que à tort a fait telz exploiz, et condempné à
restituer la prise ou la valeur et les dommages; et la
court doit savoir ou le sergent s'il est partie applégant et contrapplégant. Et ne doit l'une partie ne
l'autre confesser partie applégant ne contrapplégant
jusques la court en soit souffisaument enformés. Et si
le applégement et contrapplégement l'une partie puet
demander à l'autre coppie et mesmement l'applégant;
et si le contrapplégant débat la partie, en disant qu'il
ne la doit mie avoir jusques il soit partiz par applégement puis que le sergent a recordé li estre applégant, il la doit avoir, *qua propria pars presumitur.* Et
en samblable manière pourroit l'en faire sa requeste
et ses protestacions sur la forme d'autres applégemens
et contreapplégemens qui seroient faiz en court.

Item, Une partie applégant puet bien bailler plusieurs applégemens dedens x jours sur 1 fait, mais que
tout conclue à une fin.

Item, Le plége qui est donné, est donné pour maintenir l'entencion de l'applégant et païer les despens de
la cause qui en descherroit; car la cause principal est
déclairée par sentence, etc...; combien que de rigour
justice n'en devroit recevoir que 1 applégeur et contrapplégeur, si perduz ne sont, ou il y eust autre
cause juste qui y fust seurvenue.

668. De non povoir soy obligier.

Filius familias, id est ou pover de son père estant , ne puet soy establir plége pour autrui selon
droit; et aucuns dient que si puet. Mais si sentence
se donnoit contre la partie pour qui il est plége, exécucion si se feroit par dessus cel plége ; car il ne puet
obligier le biens du père, etc.... : mais après || [1] sa
mort se pourroit exécucion faire. Et encores tient l'en
de droit que supposé qu'il fust mancipé du père,
mais qu'il demourast avec lui, qu'il ne pourroit estre
plége, etc.... Et aucuns dient le contraire. Et s'il
avoit aucuns biens de sa mère, ceulx pourroit il bien
obligier. Et oultre dit droit que *filius familias* se puet
bien obligier, si n'est en prest ou en veu en ces II cas :
mais en cest cas non Mais si aucun administroit les
vivres d'aucun *filius familias*, ou li prestast argent
en aucune escolle pour son vivre, ou pour plusieurs
autres manières li prestoit du sien, en cas que le père
fust tenu li faire aussi comme il seroit ès cas dessus diz , en cest cas *filius familias* se pourroit obligier.

669. De proposer son exoine qui est arresté.

Exoine de l'arest du corps d'un home doit estre
proposé que tel est en l'arest en tel lieu, non mie par
sa coulpe, et qu'il a demandé la délivrance et recréance
de son corps, o plége et sans plége, si comme raison
veult, et que ne l'a peu avoir et mectre en voir par
serement : et doit donner plége à l'exoine. ·

1. F° LIV, r°.

670. De perscripcion.

Perscripcion court entre présens de x ans en vray tiltre, et des absens de l'esvéchié ou diocèse, de xx ans. Et quant il n'y a tiltre juste de vente, ou donaison, ou autre tiltre, jusques à xl ans, et aucuns dient de xxx. Prescripcion ne court point contre les absens, et entre frères ou cousins germains jusques à xl ans par droit, ne contre église l'une contre l'autre. Et contre le sège de Rome jusques à c ans.

671. De chose vendue à deux.

Si aucun vendoit ou arentoit à aucun une sienne maison, et puis après le vendeur la vendist à un autre et li en baillast possession, le premyer achateur a action vers cellui vendeur par raison de l'intérestz; mais le dernier achateur seroit *pociori jure* pour cause de la possession, etc....

Qui melius probat melius obtinet.

672. De malle touste.

Il est coustume que si aucun vent i tonneau de vin, il ne le doit pas laissier traire hors de la chastellenie sans païer male touste. Et s'il le fait il est tenu à male touste et à l'amende, etc.

673. De gariment.

Si aucun vendoit son cheval à un autre, supposé

que empeschement fust mis à l'achateur dudit[1] cheval d'aucun autre, si ce n'estoit que l'empeschement fust pour le fait du vendeur, il ne li en seroit pas tenu garentir aussi comme justice le pourroit d'office, et en plusieurs autres manières; car ce ne seroit pas la coulpe du vendeur. Mais si empeschement lui estoit mis pour son fait, il li en seroit tenu faire gariment, etc...; et ce est droit.

Aucun vent un cheval ou une autre chose meublau à autre et ne li en baille point de possession, et puis la vent à un autre et ly en baille la possession, le premier achateur ne puet par droit faire demande ne au vendeur ne au dernier achateur de celle chose vendue; car puis qu'il n'ot possession de la chose, le contrait ne fut pas entérigné, et la puet vendre à un autre. ∥ [2] Mais il pourra demander audit vendeur ses domages et intérestz qu'il auroit souffert pour cause de ce qu'il se fust pourveu d'autre cheval : mais la possession de la chose ne pourroit avoir, car droit ne raison ne veulent pas; car le derrenier *est pocior*, *id est* meilleur en la chose pour sa possession, etc.... Et cellui vendeur ne li pourroit bailler possession de ce qu'il n'auroit pas. Mais selon droit tel vendeur qui vent ii foiz une chose est infames, et est la paine criminelle par une loy qui se commance *qui duobus*[3], etc.... Mais si le premier achateur avoit eu possession de la chose il seroit meilleur et demourroit, et la pourroit demander à cellui qui la tendroit. Aussi

1. Oudit, ms.
2. F° LIV, v°.
3. *L. 21 ff. de lege Cornelia de falsis*, 48, 10.

seroit-il de la vente d'un héritaige, etc.... Mais si le
vendeur ou marchié estoit déceu de la moitié de juste
pris, il pourroit par aventure avoir excepcion vers
cellui achateur.

674. De coustume entroduite en faveur des femmes.

L'en tient de coustume que si un rupturier avoit sa
fille mariée et li eust donné argent, supposé que la
fille s'en fust tenue pour contente, et fust païé, et
eust encore renuncié et juré, etc.... que elle après la
mort du père vendroit à partage en raportant la
somme en comunauté; et est la raison pour quoy un
rupturier ne puet faire l'un meilleur que l'autre, etc....
Mais aucuns tiennent le contraire puis que a juré et renuncié, etc.... Mais pourroit avoir lieu où le père ou
la mère les appaneroit.

675. De proposer obgiez contre tesmoins.

L'en pourroit bien dire contre aucuns tesmoins
amenez contre aucune partie, s'il est ses malveillans,
ou l'eussent menacié ou fait dommage grief, que le tesmoignage ne vaudroit pas : mais il faudroit dire quel
domage ou quelz menaces ce estoient. Et aucuns dient
du contraire; car ce cherroit en la preuve de la partie qui proposeroit telz obgiez, etc....

676. De bestes baillées à mestive[1].

Coustume est que beste baillée à aucun mestivent

1. Sur la nature de la mestive, voy. Ducange, Gloss., vº *Mes-
tiva*.

la livre deux boisseaux de froment; et met l'en la beste
à chatel; et aura chacune partie moitié du crois et la
moitié de la partie s'il l'a tenu an et jour. Mais si
meschief y vient dedens an et jour, toute la perte
chiet sur cellui à qui est le chaptel, si comme plusieurs tiennent; et aucuns le contraire. Et cellui qui la
prent la puet faire essegner toutes foiz que li plaira
dedens l'an et le jour. Mais si l'an et le jour estoit
passé, non : mais l'autre le feroit. Et en aucune chastellenie n'en porte l'en point livre que un boisseau de
froment, si parlé n'estoit.

677. De serement donné d'une partie à autre.|

Si aucun fait à autre demande de debte ou autre
demande, et l'un donne le serement à l'autre, si le
serement fait contre la partie adverse, il y a amende
à justice et dommages à partie, si protestacion n'en
n'est faicte, etc.... Mais s'il congnoist simplement la
debte non.

678. De advocat qui débat jugement.

Il est coustume que si aucun advocat veult débatre
l'advis du juge par serement, la partie pour qui il
fera le débat ne paiera || [1] nulz despens aquis à partie
pour raison du juge et en tant comme le débat, etc....
Et doit le juge mectre autre journée à faire droit, et
en auroit advis, et rendre jugement sur ce.

1. F° LV, r°.

679. De innovacion du contraire.

Si aucun a un jugié ou obligacion sur autre, et il
ygneuvent le contrat de l'obligacion par une autre
obligacion nouvelle[1], l'en ne puet pas requerre exécucion de II jugiez, mais du derrenier : car le premier
est estaint par la dernière obligacion. Et est une chose
jugée tantost tournée en simple demande par aucune
ignovacion.

680. De opposicion de mémoriaux et jugiez.

L'en tient que contre l'exécucion d'un jugé ou meneur l'en ne se puet opposer, mais de III causes prin-
cipaulz : mais l'en devroit faire différance entre une
obligacion de debte deue et un jugié d'autre chose
portant meuble ou héritaige, etc.... Et y a plusieurs autres causes de opposicions qui puent bien
naistre d'icelles trois causes, comme si l'en se mectoit
en l'arbitrage d'aucuns par peine et seremens de ceulx
jugiez ou mémoriaux, ou plusieurs autres causes qui
puent naistre, etc.... Qui déchiet de son opposicion
il y a LX s. d'amende à justice.

681. De non povoir requerre exécucion de son jugié.

Si aucune ignovacion estoit faicte entre parties, c'est
assavoir qu'ilz se fussent mis ou dit et ordonnance
d'aucuns, etc.... supposé que les arbitres ne les eussent mis à accord, si ne pourroit mais le créditeur re-

1. Mot peu lisible. On peut lire : naturelle.

querre exécucion ; car l'obligacion est estainte : mais
l'intérestz et domages pourroit demander, etc....

682. De obligacion que femme fait.

Feme estant ou pover son mari se puet bien obligier envers aucun ; mais l'obligacion ne prendra point
son cours, ne exécucion ne s'en fera vivant le mari ;
mais après la mort de lui se feroit. Et si aucun s'estoit obligié plége pour elle, touteffoiz pourroit l'en
faire exécucion sur le plége; car l'exécucion ne se re-
tarde fors à la femme, etc....

683. De obligacion principal et accessoire.

Si la principal obligacion d'une chose n'est bonne,
l'obligacion accessoire qui yst d'icelle comme le plége
ne se puet soustenir par droit et raison. Et bien
pourroit l'en tenir le contraire.

684. De l'action de promesse de domage donné.

Si aucun fasoit demande à aucun sur ce qu'il diroit
qu'il li avoit donné dommage en certains lieux ou ses
bestes, et qu'il li avoit promis à amender le dommage, ou qu'il estoit plége pour autre, en telle demande ne faudroit point de monstrée, car l'action
est personnelle *racione stipulatus*, par raison de la
promesse. Et aussi pourroit l'en dire de moult de
maintes choses, etc....

Un enfant estant ou pover du père ou non puis
qu'il a passé xiiii ans puet estre en jugement par la
coustume. Mais s'il estoit ou pover du père et il vou-

list estre en jugement, il convendroit auctoriser, si
n'estoit en aucuns cas en cest livre.

Ban général ne comprent mais ceulx de la chastellenie. Aussi ban d'église ne comprent mais ceulx de
la parroisse.

|| ¹ 685. De response d'injure dicte en jugement.

Si aucun dit à aucun injure en jugement eulx pla-
doïens ensemble, il est tenu en respondre présentement comme de dit en court, et ne li respondra pas
l'autre jusques il li ait respondu de la villennie dicte,
par la coustume : et doit dire cellui qui plaidoïant et
contre plaidoïant il li a dit injure en le despoillant de
sa bonne fame, s'il touche fame, etc....

686. Comment l'en doit prouver son tiltre.

Quant demande est faicte à aucun d'aucune chose
qu'il a tenu par x ans et par tiltre, il doit dire en
exeptant qu'il a tenu la chose par le temps qu'il l'a
tenue, et que que soit par x ans : et doit prouver son
tiltre par son serement, en protestant de faire autre
preuve si mestier est, et son tenement par garens qui
le li niera.

687. De non approuver le juge ne partie aussi.

Si aucun a jour devant aucun juge qui ne puet
estre son juge, il doit premièrement faire protestacion
que pour riens qu'il die il n'apreuve juge, et doit dire

1. F° LV, v°.

qu'il ne puet estre son juge, et aussi qu'il n'apreuve partie, se partie ne puet estre. Et s'il faisoit aucune confession, qui ce feroit comme privée personne et non comme advocat de la partie, et s'il apparoissoit partie de respondre aux demandes, etc.... Mais premièrement doit l'en enseigner d'ajournement après celles protestacions.

688. De femme qui vent aucune chose du sien sans jurer et renuncer.

Supposé que aucune feme vent aucune chose elle estant ou pover du mari ou personne délivre si elle ne renuncie, etc.... et jure le tenir, ce ne la lie point par droit.

689. De avoir perdu la mise d'aucune édifice faicte.

Si aucun édiffie sur autrui fons ou héritaige et lui savant et povant savoir que le fons n'est pas sien, il pert par droit cellui édifice, ne l'autre à qui est le fons ne li en doit riens paier de l'amendement. Et est la raison pour ce que ce n'estoit pas sentence qu'il feist faire cellui édifice au prouffit de cellui à qui est le fons, mais au sien et lui savant la chose non estre sienne, et faisant cellui édifice en male foy, etc.... Mais s'il l'avoit fait en bonne foy lui cuidant que la chose fust sienne, et eust juste cause, etc..., en cest cas il devroit avoir ses mises. Mais l'en pourroit faire différance si l'édiffice estoit neccessaire ou non.

690. De lessier perdre par sa faute le droit de son obligacion.

Si aucune chose ou héritaige est obligée à aucun en

espécial ou en général, et le debteur vent icelle chose à autre ou la transporte en autre obligacion présent le créditeur, si le créditeur ne fait protestacion et sauvacion de la raison de son obligacion qui est première, il est veu soy consentir taisiblement à celle derrenière obligacion, et est la soe première estainte de droit quant à la chose obligée; mais s'il en fait protestacion non, etc.... Et dit la loy à propos *qui pignus permitit vendere sibi obligatum jus suum amictit.*

Action ypothéquaire est estainte par tenue de x ans o tiltre, etc....

|| ' 691. De prendre les biens commis à justice.

Si aucun par son meffait est exécuté à mort, et par la coustume tous ses biens fussent commis à la justice, et aucun qui devroit estre son hoir print des biens du mort par nuit ou par jour, lui povent savoir la coustume, s'il le commet fur, aucuns dient que oy et autres que non. Mais distincion devroit estre faicte s'il estoit personne diserte qui peust savoir la coustume ou non : car en cest cas s'il la savoit, la peine seroit plus grosse. Mais de équité il n'y devroit avoir que amende pécunière; car ce n'est pas premièrement larroncin; car fur selon droit n'est pas de chose dont l'en a possession, et justice n'en n'avoit pas possession : et est furt de chose dont aucun a possession.

Nullus sepelitur in ecclesia parrochiali nisi sit fondator ecclesie illius aut rector : et est decretalis.

1. Fº LVI, rº.

692. De donner espécial adjournement.

En saisines brisées et en paines commises, en cause de exécucion, en tour de bourse et en plusieurs autres faiz convient espécial adjournement.

693. De avoir délivrance des yssues du fié.

Si par faulte d'home le seigneur met le fié en sa main, et la partie advoe à tenir d'autre et le traie à garieur, s'il requiert délivrance des yssus du fié, il la doit avoir en plége mectant par coustume : et la justice li puet assigner jour et mener par droit.

694. De soy fonder procureur en la cause.

Quant aucun se fonde procureur nouvellement en une cause, il doit faire recevoir sa procuracion devers la court et signer.

695. De justice non punir cellui qui n'est pas son justiciable.

Home qui n'est pas justiciable à aucun justicier ne respondra point pour déliz faiz par li, s'il n'estoit prins en présent meffait.

Si aucune justice met en sa main aucune chose ou dessaist aucun sans congnoissance de cause ou de jugé, l'en doit demander délivrance ou recréance o plége. Et en puet l'en appeller se la justice ne le fait, etc.... et comme de deffaut de droit.

696. De devoir aler moudre au moulin du haut justicier.

Si aucun vavasseur ou seigneur n'a point de moulin dedens la liuue, ses homes sont tenuz aller moudre leur blé au moulin du hault justicier s'ilz sont ses
justiciers, et le moulin soit dedens la liuue et en la
chastellenie, par les establissemens de France et par
coustume.

697. D'avoir tenu chose meublau III ans.

Usecapion si est appellé selon droit quant aucun a
tenu une chose meublau par III ans il est vray seigneur puis qu'il a usecapit, *id est* mis en son usage
le temps dessus dit la chose, et ne la puet autre demander. Mais qui les demanderoit comme emblées
ou tolues, l'action dureroit jusques à xxx ans.

698. De la chose estre tousjours obligée.

Si par vertu d'une obligacion aucune chose soit
vendue sur l'obligé et il recout, celle chose pourra arrières estre reprinse pour le créditeur, et vendue
pour adcomplir le paiement de la somme : car tousjours est la chose obligée puis que vient en la main du
debteur.

Dicit lex quod pater || [1] *potest dare filio suo quem
plus diligit de bonis suis, etc.*

1. Fº LVI, vº.

699. De non faire action d'injure.

Si aucun faisoit demande d'injure d'aucune chose
dont le demandeur peust former faire autre demande
au deffendeur, si comme s'il disoît que, en injure et
préjudice de li, il li avoit rompu un mur ou autre
chose abatu, dont il peust faire demande sur le domage ou restitucion, en cestui cas l'en pourroit
débatre la demande; car puis que action autre il en
pourroit faire comme dit est, il ne le doit pas faire
sur injure par droit, etc.... Et aucuns dient le contraire qu'il a ellection de faire telle demande comme
à li plaira. Et est la raison par quoy l'en pourroit
arguer qu'il n'en pourroit faire demande sur injure
mais sur dommages, car les droiz dient que *actiones
injurie sont famose;* et pour ce droit les deffent.

700. De clerc marié non respondre.

Clerc marié ne respondra point devant juge séculier sur action d'injure, ne des déliz faiz par li, etc...,
par la décrétalle *de clericis conjugatis*[1], etc....

701. De clerc qui puet eslire son juge.

Clerc non marié par la coustume puet eslire quelconque juge que li plaira, séculier ou d'église, etc....

702. De justice laie rendre clerc à son juge d'église.

Il est droit escript que si aucun clerc est prins par

1. Voyez *Cap.* 9, *Decr. de Clericis conjugatis*, 3, 3.

la justice laye par aucun cas, s'il est trouvé en habit
de clerc et portant tonsure il doit estre rendu à son
juge chargié du cas pour le punir. Et si débat est entre les justices s'il est clerc ou non, le juge de l'église
doit enformer le séculier de la clergize et tonsure : et
demoura en la prison d'icellui juge jusques à tant
qu'il soit informé s'il est clerc. Et faicte l'informacion
sera rendu, etc.... Et s'il ne informe, non, etc....

703. De juge qui doit appléger son jugement.

L'en tient par la coustume de Poitou que si aucun
appelle d'un juge ou séneschal royal, que le juge et la
partie appellant qui donna le jugement ou la sentence
doit applégier son jugement dedens x jours, etc.... Et
aucuns tiennent qu'il n'est nul mestier se le juge
n'estoit fermier : mais le faire ne nuiroit point, pour
ce que droit dit *quod habundans cautella non nocet.*
Et en Xaintonge n'est mestier que l'en applége.

Li hoir ne puet pas aler contre le fait du père, etc....

704. De édifice fait ou domaine d'autrui.

Si aucun commance ou fait aucun édifice ou domaine d'autrui, cellui de son auctorité pourra bien
destruire celle édifice puis qu'il est fait ou préjudice de
soy sans auctorité [de] justice, par une loy qui se commance *quemadmodum.* Mais l'autre s'il cuide que il li
ait fait tort l'en puet mectre en cause devant justice, et de ce en oultre se fera droit. Mais [si] aucune
édifice comme chappelle ou autre édifice estoit fait
d'aucun en une église ou en lieu saint, l'en ne le puet

pas destruire de son auctorité pour faveur de religion, supposé que cellui édiffice eust esté fait à tort sans auctorité de justice ecclésiastique : ains convendroit que l'en appellast par jugement || [1] la partie à mectre au néant ledit édiffice, et mené par voye ordinaire : et qui le fera autrement il seroit excommenié par une loy qui se commance *osa* ; car l'en feroit force en lieu saint. Et en chose privée est autre chose comme dit est, etc....

705. De donnaison par la quelle l'en chiet en sentence.

Si aucun fait cession ou donnaison à aucun d'aucune chose, cellui qui fait la cession ou donnaison est excommenié par droit, et cellui qui la prent, puis que elle est faicte *in potenciorem, id est* en plus puissant : et la raison que pour grever sa partie l'en le fait, etc.... Mais s'il n'estoit fait en plus puissant dou donneur, non, etc....

706. De retour de court.

L'obéissance rendue du vavasseur au hault justicier est appellé retour selon la coustume : et tient l'en que quant obéissance ou retour sont renduz que les parties sont adjournées, etc.... Voire quaut l'obéissance est rendue au hault justicier ; mais quant le retour se rent la court souveraine n'en tendra point ledit adjournement s'il ne veult.

1. F° LVII, r°.

707. De terme ordonné de droit.

Si aucun promet à rendre à aucun aucune chose ou
la vent, et terme n'est déclairé entre eux, droit veult
et ordonne qu'il la li rende présentement à esgart de
juge, etc....

708. Du compteur de la querelle non cheoir en distribucion.

L'en tient de coustume que le compteur de la querelle ne doit pas cheoir en distribucion ; mais ce seroit
à entendre où il auroit grant copie de conseil etquipa-
rable l'un à l'autre. Et si coustume y avoit, c'est à
entendre que ledit compteur ne cherroit pas ou premier choiz.

709. De estre remis en sa possession.

Puis que aucune personne a la possession d'aucune
chose, l'en ne le puet pas oster de voulenté sans l'auctorité de justice : ains convendroit qu'il fust arrières
remis en sa possession.

710. De possession estre prinse par force.

Si aucun larron avoit prins un cheval ou autre
chose d'aucun, tout n'eust il droit de le prendre, si
cellui ne la li recout incontinent sans intervalle, et le
larron en eust possession par aucun temps, celui à
qui la chose seroit ne la li puet oster de son auctorité
sans justice, et se mefferoit s'il le faisoit ; car ainsi chacun seroit juge en sa cause. Et convient que par jus-

tice la chose soit recourée : car saisine est previlégiée sur toutes autres choses, etc. .. Et dit la loy *quod et predo id est latro debet restitui, etc....*

711. De perscripcion de propriecté et de servitut.

Qui veult prescrire la propriété d'une chose il convient qu'il ait possidé la chose x ans par tiltre, de quoy il fera foy et serement sans intervalle : mais en servituz comme d'aler et de venir par certains lieux dont l'en ne prescript pas la propriété, il souffist d'avoir eu possession de x ans sans alléguer tiltre ; et par droit puis qu'il la posside présent la partie, etc...; et dit la loy *asseres.*

Si aucun a esté en service ou aucun seigneur et il ait fait aucuns acquestz lui estant ou service, et après ce qu'il sera hors du service ou gouvernement de la terre il ait tenu cellui acquest v ans paisiblement, présent, etc..., li sires est forclus par droit ; car en ||¹ tel cas perscripcion court de v ans.

712. De seigneur non contraindre à venir à vestizon.

L'en tient de droit qui si aucun a tenu son achat paisiblement par an et par jour présant et savant le seigneur de qui meut la chose, il est vray possesseur contre le seigneur, et ne le puet contraindre à venir à vestizon : et la coustume est telle comme dit est.

Il est droit que le filz puis qu'il est hoir du père puet aler contre le fait du père puis qu'il se fait hoir, etc....

1. Fº LVII, vº.

713. De preuve sur dommage donné en aucun domaine.

Preuve sur dommage est moult difficile à prouver selon droit la quantité du dommage, et si devroit l'en selon raison puis que la partie confesse bien le domage avoir fait, etc..., et nie la quantité du dommage estre receu à faire la preuve; car raison seroit c'est assavoir jurer le dommage par serement puis que le demandeur est de bonne fame et la somme est de petite quantité et en l'estimacion du juge : car griève chose et difficille seroit à prouver la quantité du domage en aucune chose donné; et souffist que l'en preuve le domage donné, etc.... Et aucuns dient le contraire qu'il convient prouver par preuve ordinaire, etc.... Et somme qui est au dessoubz de xx s. est de minue quantité selon droit; et de la coustume de v s. et au dessoubz.

L'en tient de coustume que blé deu de rente ne porte point de gaige qui ne le paie au terme, mais argent, etc.... De rente tenue gentilment où il appartient gaige, le doit : et est la raison ceste.

714. De juridicion à vavasseur.

L'en tient que le vavasseur a l'action personne de ses hommes levans et couchans, et de l'action réelle quant la chose est tenue de li : et aucuns tenent le contraire de l'action personnelle; ains appartient au hault justicier, etc....: s'il n'y avoit tiltre ou droit espécial qui le donnast au vavasseur.

715. De non païer dixme de prez.

La raison par quoy disme ne se paie pas de prez, si
est que des foins pour ce que les beufx et bestes sont
nourriz qui cultivent les terres et labourent, et en
sont les terres engressées dont les églises en ont plus
grant prouffit à la dixme, et en croist le prouffit ; et
pour ce n'est pas raison que dixme s'en paie, etc....
Aussi pourroit l'en dire d'osiers que c'est boys, etc...;
car ilz ont le prouffit des vendenges, etc. Et supposé
que une terre ou un lieu qui auroit acoustumé à
païer dixme tournast à autre coultiveure qui n'eust
mie acoustumé à païer dixme, dixme ne s'en devroit
pas païer par droit et raison ; car l'en puet tourner
et mectre son demaine à telle cultiveure come l'en
veult. Si le demaine cessoit d'estre cultivé, dixme ne
s'en paieroit pas : et doncques puis que l'en tourne
qui est franche de païer cultiveure, il convient que le
demaine soit de telle condicion, etc.... Et aucuns
tenent le contraire, etc.... Mais la vraye oppinion est
que dixme || [1] ne se doit pas païer par les raisons
dessus dictes.

716. Autre preuve sur domage.

Il est droit escript que si par la coulpe d'aucun,
aussi comme si l'en disoit que un home avoit donné
domage en aucune chose en sa personne, ou ses bestes,
ou en plusieurs autres manières par la coulpe de li, il
convient que tel domage se preuve par tesmoings,

1. F° LVIII, r°.

par la loy qui se commance *dolo vel culpa* : et aucuns
tennent le contraire que puis que l'en confesse le
dommage que l'estimacion chiet en l'office du juge;
car difficille chose est à prouver tel domage, etc....
Et quant domage est donné par aucun par force, aussi
comme si un est venu par violance en un hostel, et en
plusieurs autres manières, tel domage sera creu par
le serement de cellui à qui la violance aura esté faicte
de la partie de la chose; et sera cellui tenu à amender la chose perdue à l'autre à son serement, par
quoy il habondast jusques à l'estimacion de la perte et
qui soit de bonne fame, par la loy qui se commance
si quando vi.

717. De justicier non avoir juridicion sur cellui qui n'est son justiciable.

Il est raison et coustume que justice ne puet suivre
aucun qui n'est pas son justiciable des déliz faiz par
li, s'il n'estoit prins en présent meffait; et s'il le faisoit
adjourner il en pourroit décliner. Aussi ne respondroit pas aucun qui ne seroit justiciable d'aucune
justice d'action personnelle, s'il n'estoit trouvé ou présent et dedens la juridicion, etc...; et si n'estoit pour
cause du contrat ou convenance faicte en ladicte juridicion. Et si aucun justicier faisoit adjourner aucun
autrement devant soy, le justicier de cellui auroit l'obbéissance, etc....

718. De différance entre tuteur et curateur.

Il est différance entre tuteur et curateur aïans le
bail ou administracion de ses enfans. Curateur est

appellé cellui qui est donné par justice à aucun pupille à poursuivre ou deffendre ses causes, et ce estant selon droit *ad lites :* et convient à donner curateur que solempnité de droit y soit gardée; c'est assavoir que cellui qui est donné curateur comme à poursuivre loyaument, et que de ceste curaterie apparesse par lectre, etc.... Tuteur est appellé cellui qui est donné au pupille, au corps et aux biens, etc.... Aministreur de ses enffans est appellé le père et la mère qui ont la garde de leurs enfans en tant comme appartient aux rupturiers, et bail se estant aux nobles.

719. De sentence de juge mectre à exécucion.

Si aucun trait en cause un autre sur action réelle devant aucun juge, et il face illecques sa demande universal sur la succession d'aucun, ou en autre manière universaument, et il y ait aucunes choses qui soient en autres juridicions que de cellui juge, si sentence fait contre li, la sentence se estant selon droit à toutes les choses qui furent comprinses en la demande, et mectra cellui juge sa sentence à exécucion des choses qui sont en sa juridicion : et des autres qui || [1] n'y seront pas, il suppliera aux autres juges qu'ilz mectent sa sentence à exécucion.

720. De perscription qui ne court point contre mineur d'eage.

Si perscripcion commance courre contre aucune personne contre qui l'en puet prescrire et elle soit commancée ou temps de cellui, elle se con-

1. Fº LVIII, vº.

tinuera après en autre personne qui ait cause
de cellui après sa mort, supposé qu'il fust meneur, par droit, etc.... Et est la raison que cellui
meneur use de droit d'autruy que il a de son successeur[1] et non mie de son droit en cest cas; ains est
appellé droit privé, car puis que la perscripcion com-
manca ou temps de son successeur[1] à qui la chose
estoit, le droit veult que elle se continue. Mais nulle
perscripcion ne court contre meneur ne contre autre
estant ou pover d'autrui des choses qui li adviennent
lui estant soubz eage, dont nulle perscripcion n'est
commancée ou temps de cellui dont il a la cause.

721. De fruiz perceuz de béritaige qui ne pueent estre demandez.

L'en tient de droit que si aucuns héritaiges se par-
tent entre cohéritiers ou lignagiers, que les fruiz[2] par-
ceuz par avant la division d'iceulx héritaiges sont
quictes et forclus contre ceulx qui aucune chose en
pourroient demander, si sauvacion n'en fut faicte au
temps de la division. Et est la raison que veu est par
la faveur du lignage d'entre eux soient quiptes puis que
mencion n'en fut faicte, etc.... Mais entre personnes
estranges ne seroient pas quiptes, ains pourroient
estre demandées, et se commance la loy.

722. De biens communs.

L'en tient de coustume que si aucuns frères ou
autres ont biens communs entre eux, et aucun d'eulx

---

1. *Sic* ms. Il faut lire *prédécesseur*.
2. Ms. *Leffruiz*.

demeure hors de la compaignie des autres, que ès
biens et acquestz qui seront acquis eulx estans communs, soit eulx estans ensemble ou dehors, prendront
autant les uns comme les autres. Et est la raison que
puis qu'ilz ont biens communs ensemble, ceulx biens
font chief ès acquestz, et aussi s'il avoient rien acquis eulx estans dehors de l'hostel seroient leurs biens
et acquestz partiz.

7ª3. De gentilfemme estre bail, etc....

Gentilfemme a de coustume le bail de ses enfans
jusques à tant que elle soit convollée aux secondes
noces; et ne convient pas que elle enseigne, car ce
que raison et coustume li donne elle n'en doit point
enseigner.

724. De juge demander l'obbéissance des homes son seigneur.

Si aucun est séneschal ou juge à un seigneur ou
justicier, et par tel se porte en païz soit notaire chose,
il puet demander l'obéissance des hommes son maistre
et requerre toutes choses qui appartendroient au gouvernement de sa juridicion. Et si aucun dit qu'il est
enseigné, il n'en doit point enseigner puis que tel se
porte et est noctoire chose : et plus seurement
la li puet on baillier quant il est des robez du seigneur.

7ª5. De soy revencher pour son cens deu.

L'en ne se puet pas revengier pour son cens deu,
si n'est aux fruiz pendans sur la chose, et c'est coustume, etc.... Et ceulx qui n'ont point de justice puent

mectre l'huis de la maison où ilz ont le cens au travers de la maison.

|| [1] 726. Combien de manières de justices sont.

Ilz sont III manières de justices; c'est assavoir haulte
justice, moyenne et basse. Haulte justice, si est exécucion du corps d'aucun malfaicteur qui est mis à mort
par ses meffaiz. Moyenne justice, si est congnoissance
de LX s. I d. Basse justice, si est congnoissance d'action
personnelle et de réelle de VII s. VII d. pour l'a-
mende des deffaux faiz en court, et XV s. pour l'a-
mende de la principal demande. Et si tient l'en que
l'en ne puet congnoistre en la terre de hault justicier
d'action personnelle s'il n'a haulte ou basse voerie, ou
si n'est par certain tiltre : mais d'action réelle puet
l'en bien congnoistre toute personne qui tient noble-
ment sur demaine qui est tenu de lui, etc.... Et plusieurs tennent le contraire quant à la basse voerie.

727. De malfaicteur non estre rendu à son justicier.

L'en tient de coustume que si aucun malfaicteur
délinquist en la terre à aucun justicier, et il s'en vait
en autre juridicion, et soit prins, et il confesse le fait
devant celle justice qui le tient en sa prison par avant
que l'autre justice à qui il estoit justiciable, il ne sera
pas rendu; ains en pourra faire celle justice punicion.
Mais s'il est requis ains la confession, il sera rendu,
etc.... Ou encores si après la requeste il confesse le

1. F° LIX, r°.

fait, si sera il rendu à cellui à qui il estoit justiciable :
mais s'il estoit seu chaudement en chaude sixte il devroit estre rendu.

7²8. De avoir délivrance des fruiz.

Si aucun seigneur saisist en son fié ou sur le demaine
qui est tenu de lui pour les cens ou devoir non païez,
ou par autre cause, si la partie en est en deffence, le
seigneur li doit faire délivrance o plége s'il le requiert,
et mectre jour, et puis mener par droit. Mais s'il n'en
n'estoit en deffence non, jusques amende en fust faicte.
Et si puet bien justice prendre jour de soy adviser sur
la requeste qui li sera faicte jusques à ɪɪɪ foiz, et mectre jour de vɪɪ° si comme l'en tient, etc...

7²9. De accepter la chose.

Si aucun achate un tonneau de vin et il taste et
marque ou autre pour lui, etc...., d'ilecques en
avant il est à son péril, etc...., s'il n'y avoit convenances expresses, etc.... Et aussi pourroit l'en dire de
plusieurs autres choses. Et si l'achateur avoit tasté et
seellé dessus l'en pourroit bien dire qu'il ne l'avoit
pas pour ce achaté, car il l'avoit fait pour la conser-
vacion, etc.... Et autres dient le contraire. La vraye
oppinion est que s'il le seeloit *videtur acceptasse.*

7³0. Du deffendeur estre demandeur.

Excipiendo reus fit actor, c'est à dire que cellui
qui excepte contre la demande que l'en li fait est demandeur en son excepcion : voyre en tant comme li

appartient[1] récit et son excepcion ou prouve li soit adjugée sur ce.

731. De faire sa demande sur saisine.

Quant aucun est dessaisi d'aucune chose meublau qui est sienne, comme d'un cheval ou d'autre chose touchant meuble que autre tient, il doit dire en sa demande qu'il avoit la saisine et possession de la chose qui li appartient à droit et à domaine, o protestacion que ne met en jeu la propriété mais pour conforter sa possession, et que son adversaire l'a; et doit con clurre [][2] qu'il soit restabli en sa possession, etc.... Et n'est nul mestier qui ne veult de faire mencion de la propriété quant à fin[3] de saisine, etc....

732. De requerre la court à avoir le sien.

Il est différance entre requeste que aucune partie fait à la court d'aucune chose et demande simple; car en requeste convient adjournement formal, et y doit l'en procéder somièrement et de plain plus que en demande simple : car requeste est aussi comme chose qui regarde et descent de chose jugié : et en simple demande vait l'en par voye ordinaire.

733. De non enseigner du procès.

S'il avoit deux siéges en une juridicion, comme un

1. Les mots qui suivent sont à l'encre rouge et se confondent avec la rubrique du paragraphe suivant.
2. F° LIX, v°.
3. Ms. *affin*.

siége ordinaire ou quel l'en tendroit assise ordinairement et dont il convendroit enseigner du procès, etc....
et en un autre lieu d'icelle juridicion l'en congnoissoit
d'une chose où n'auroit pas siége ordinaire, l'en ne
devroit point enseigner du procès qui ne voudroit :
ains en seroit creu le juge puis que de son office il en
congnoist.

734. De faire son récit des moz.

Quant aucun advocat fait aucun récit de moz pladoiez, l'autre partie doit faire protestacion qu'il n'estoit
de riens à son récit et qu'il print le récit en tant comme
il fait à son prouffit : et l'autre partie doit faire protestacion du contraire. Et à toutes protestacions que
un advocat fait, l'autre doit faire protestacion du
contraire. Et appartient au demandeur réciter les
moz. Et cellui qui est excepteur est demandeur selon
droit, et convient qu'il récite, etc..., si come dessus
est déclairé.

735. De la peine qui treuve chose perdue.

Si aucun perdoit une chose, et un autre la treuve
et la retient devers soy, il commet furt selon droit
et en devroit estre pugny, et est la raison que puis
qu'il scet bien que la chose est à autre et la retint
invito domino, *id est* non savent cellui à qui la chose
est, il commet furt, etc..., de rigour et de droit civil.

736. D'arbitres.

Arbitres qui sont chargiez d'aucun arbitrage doivent adjourner la partie qui ne voudra obéir devant

eulx : et s'il se deffault adjourner jusques à v foiz comme l'en feroit devant le juge, et en ordonner en oultre, etc.... Et si les arbitres ou l'un d'eulx n'y vouloit entendre, si l'en doit la partie requerre à garens qu'il entende à l'arbitrage, et s'ilz ne le font, faire adjourner devant le juge, et conclurre qu'ilz acomplissent l'arbitrage, ou les gitent de leurs mains. Et plusieurs tenent oppinion que la partie deffaillant ne sera appellée que iii foiz, le segond deffault en jugement, et au tiers sentencier.

737. De église fondée de droit commun.

Tout religieux qui a cure d'ames est fondé de droit commun de prendre dixme en la parroisse, combien que en plusieurs lieux n'en prent point.

738. De continuer sa possession.

Si aucun en continuant sa possession recoit sans intervalle aucuns fruiz ou autres choses qui li appartiennent, que autre veult || [1] prendre et enporter, il li est lieu auffere, etc.... Car droit dit *vim vi repellere licet cum moderamine*.

739. De la manière des applégemens.

Applége soy tel filz et hoirs de feu tel, afin de monstrer dire et maintenir que les prédécesseurs et chacun d'eulx, en tant comme à chacun d'eulx touche et doit et puet appartenir, doivent venir et estre receuz à la

1. F° LX, r°.

saisine et possession de tous les biens meubles et immeubles et autres, desquelz ledit feu leur père et de
leur loïal mariage morut vestu et saisi et exploictant
par soy ou par autres, lui avant ferme et estable ou
de son comandement au temps qu'il ala de vie à
mort, comme hoirs plus prouchains de li, chacun en
telle partie par non devis, par cause de la nouvelle
succession et eschoeste à eulx avenue par la mort de
leurdit père mort de nouvel puis an et jour en cà.
Et cestui applégement font les dessus nommez et
chacun d'eulx, en tant comme à chacun d'eulx puet
touchier, en la meilleur forme et manière qu'ilz
puent et doivent de raison; sauve toutes leurs raisons de croistre et de amenuiser, corrigier, spécifier
et déclairer plus à plain toutes foiz que mestier sera,
et de conclurre contre partie si apparessoit qui à
recevoir y seroit de raison, et de dire et de proposer
en leu et en temps toutes leurs raisons de droit,
de fait, et de coustume de païs, qui à leur applégement conduire et soustenir tant en forme comme en
matière leur seront neccessaires. Et à cestui applégement conduire et maintenir ont donné tel plége, etc....
qui s'i est establi et en fut jugé. Et requièrent que
cestui applégement soit fait assavoir à telz et femme
du mort et à ses enffans et dudit mort communs
estoient en eage, et à elle en son nom et comme
aïant l'administracion de ses enffans estans soubz
eage, pour savoir s'il voudroit en riens contrapp-
pléger, et à tous autres qui encontre se voudroient
opposer qui à recevoir y seroient de raison. Et cestui
applégement fut fait par devant tel, etc.... : et tel
jour, etc....

740. Autre applégement de nouvelle eschoete.

Applége soy tel, ou telle ou l'auctorité de son seigneur à elle donné, etc..., à venir et estre receu à la
saisine et possession de telle partie de tous les biens
meubles et immeubles, desquelz tel son oncle ou cousin estoit en saisine et possession au temps qu'il ala
de vie à trespassement, li ou autre par nom de li ou
de son comandement, sauve donaison et lesse qui se
pourroit soustenir de droit et de coustume de païs,
comme le dit tel soit mort sans hoir descendant de
sa char, et de nouvel puis an et jour en cà que que soit
au temps de cestui applégement. Et cestui applégement fait par ladicte telle ou l'auctorité que dessus
est dit, sauve ses raisons de croistre et de amenuiser,
corrigier, spécifier, et déclairer plus à plain[1], touteffoiz que mestier sera, de proposer toutes ses raisons en
temps et en lieu, de droit, de fait, et de coustume de
païs, qui à leur applégement conduire et soustenir leur
seroient neccessaires, et de concluir à toutes parties
si aucune en ||[2] apparoissent qui à recevoir y seroient
de raison. Et requiert ledit tel que cestui applégement
soit fait assavoir à tous ceulx qui encontre se voudroient opposer, et mesmement à tel se il cuide que
en riens li appartienge. Et à cestui applégement conduire et maintenir a donné plége tel, etc.... Et fut
fait cestui applégement par devant tel, etc..., tel
jour, etc....

1. Applain, ms.
2. F° LX, v°.

741. Applégement de tort et de force sur nouvelle dessaisine.

Applége soy tel, s'il est en son nom, ou le procureur de telz, etc... contre ou telz, etc.... et chacun d'eulx, que comme lesdiz telz par eulx, ou par autres en nom d'eulx aïant ferme et estable, feussent et eussent esté en saisine et possession ou aussi[1], de poursuir, avoir, et lever la dixme des fruiz croissans en certains lieux, sauve à déclairer par monstrée ou autrement se mestier est, par long temps par an et par jour, et que que soit par tant de temps qu'il souffist quant à saisine et possession, jusques au temps et à l'heure que lesdiz telz et chacun d'eulx, ou autres en nom d'eulx et chacun d'eulx, eulx et chacun aïans ferme et estable, se misdrent en iceulx lieux et prindrent, levèrent et emportèrent, ou firent prendre, lever ou emporter la disme cressant èsdiz lieux, sauve à déclairer, jusques à la quantité d'un sextier de blé à telle mesure ou environ, comme froment, orge, mosture ou autres blez, sauve à déclairer, qui bien valent ou puent valoir telle somme, et en acquirent lesdiz telz saisine et possession, comme de prendre avoir et lever dixsme en telz lieux, et en dessaisissant[2] lesdiz telz de leurdicte saisine et possession à tort et à force et de nouvel puis an et jour en cà ausdiz telz. Et cestui applégement fait ledit tel sauve toutes ses raisons de croistre, de menuiser, de corriger, spécilier et déclairer plus à plain[3] sondit applégement, et de proposer en lieu et

1. *Possessio vel quasi*, possession ou quasi-possession.
2. Dessaissant, ms.
3. Applain, ms.

en temps toutes et chacunes ses raisons tenent de
droit, de fait, usage et coustume de païz, qui à soustenir sondit applégement lui pourroient avoir mestier. Et requiert que cestui applégement soit fait assavoir, etc...: protestant que il ne se estraint mie à
prouver toutes et chacunes les choses dessus dictes
ne maiz tant qu'il li devra et pourra suffire. Et à ce
donne plége tel, etc.... Fait tel jour, etc....

742. *Item*, sur semblable forme.

Applége soy P. de Charance contre Jehan Maillou
et messire Ay. Veillon prebstre, et chacun d'eulx
en tant comme à chacun d'eulx touche et puet touchier, affin de monstrer [et] maintenir tant qu'il devra
souffire que comme ledit Pierre, par soy ou par autre
en son nom aïant ferme et estable, ou de son comandement, fust en saisine et possession de la moitié
par indevis de tous et chacuns les herbergemens,
maisons et autres édifices et biens, etc..., qui jadis
furent feu Guillaume Lecourt, estant et rességant en la
ville de tel lieu, etc..., sauve à les esclarcir et déclairer
plus à plain et par monstrée se mestier est, et du droit
d'avoir et de parcevoir, lever ou faire lever la moitié
par indevis de tous les fruiz et émolumens et reve-
nues desdiz héritaiges et biens immeubles, et des rentes
et cens de blez, de vins et || [1] autres choses, etc...., et
en telle saisine et possession ou comme eust esté par
long temps par an et par jour, et que que soit par tant
de temps qu'il souffist quant à aquerre bonne saisine

1. F° LXI, r°.

et possession jusques au temps et à l'heure que les dessus nommez et chacun d'eulx, ou autre en nom d'eulx et chacun d'eulx, eulx l'avant ferme et estable et de leur commandement, s'en vindrent en la ville de Banois, et prindrent la possession desdiz herbergemens et autres édifices, en entrant èsdiz herbergemens, et en détenant par devers eulx les clefs d'iceulx herbergemens, et en prenant et exploictant les biens meubles estans èsdiz herbergemens en ladicte ville, comme blez, vins et autres biens meubles sauve à les déclairer, etc..., et en vendengant ou faisant vendenger par eulx ou par autres, eulx avant ferme et estable, la vendenge creue èsdictes vignes jusques à la quantité de xii tonneaux de vin, et en levant ou faisant lever eulx et chacun d'eulx, eulx avant ferme et estable, les blez des rentes, terrages, etc..., jusques à telle quantité, etc..., en acquérant les dessus nommez et chacun d'eulx ou volant acquerre des choses dessus dictes saisine et possession, et en despoillant et dessaisissant[1] ledit P. de sadicte saisine et possession ou comme, à tort et à force et de nouvel puis an et jour en çà, et encores l'en tiennent dessaisi. Et cestui applégement fait ledit P. sauve toutes ses raisons de croistre, de amenuiser, corrigier, spécifier et déclairer plus à plain[2] sondit applégement, et de proposer en lieu et en temps toutes et chacunes ses raisons tant de fait, de droit, de usage et de coustume de païs qui à soustenir sondit applégement tant en forme comme en matière li pourroient avoir mestier. Et requiert

1. Dessaissant, ms.
2. Applain, ms.

que cestui applégement soit fait assavoir aux dessus nommez et chacun d'eulx, protestant qu'il ne se estraint mie à prouver toutes et chacunes les choses dessus dictes, mais tant que li devra et pourra souffire. Et à ce donne plége tel, etc.... tel jour, etc....

743. Après s'ensuit le contrapplégement.

A l'applégement, si tel puet et doit estre dit, que se dit avoir fait P. de Charance contre Jehan Maillou en tant comme il li touche et puet touchier, fait protestacion avant toute hevre ledit Jehan Maillou qu'il ne l'entent aprouver en partie applégant, et que l'applégement, si tel puet estrè dit, n'est à recevoir : et si à recevoir estoit qu'il ne pèche en forme et en matère, se contrapplége si et en tant comme neccessité li est ledit Jehan, tant comme à lui touche et puet et doit touchier, afin de maintenir et monstrer tant que li souffira sauve et allé avant de sesdites protestacions, que il n'a fait audit P. tort ne force ; et que s'il en tant comme il li touche a fait aucuns desdiz exploiz et autres choses contenues oudit applégement, si tel puet et doit estre[1] dit, que il l'a fait bien et à droit et à bonnes, justes et vrayes causes, lesquelles il offre à déclairer en lieu et en temps et quant mestier li sera. Et à ce a donné plége tel : et en oultre[2] oblige || ledit Jehan Maillou ses biens. Cestui contrapplégement fait ledit Jehan en tant comme il li touche, sauve ses raisons de croistre, de maindrir, corriger, déclairer, adjous-

1. Ést, ms.
2. Fº LXI, vº.

ter, et de traire et de corrigier en sondit contrapplégement en tant comme il li touche, et de user de
toutes ses raisons de droit de fait qui neccessaires et
prouffitables lui sont et puent estre, de droit et coustume de païs, usage et longue observance, à soustenir
sondit contrapplégement en forme et en matière.
Et requiert ledit Jehan en tant come à lui touche
que ledit contrapplégement soit fait assavoir à la partie applégant si telle est et puet estre dicte. Fait tel
jour, etc....

744. *Item*, autre applégement.

Applége soit tel, ou telle femme ou l'auctorité de
son seigneur, etc..., affin de monstrer et maintenir
que li eit regart à une donnacion que tel frère ou cousin de tel mort et son hoir par telle partie, etc.... li a
faicte de ses biens ou de telle partie de ses biens qu'il
doit déclairer, etc.... et de tout droit de succession
advenue et à avenir par donnaison entre vis yrévoca-
ble faicte pour bons services, et pour ce en a cessé et
transporté ledit donneur en ledit tel présent et accep-
tant tout droit de propriété, de saisine et possession,
et tout droit d'appléger, et autre quelconque, et par
plusieurs causes et articles à sa donnaison neccessaires,
sauve à déclairer, doit venir et estre receu à la saisine
et possession de la moitié par indevis de toùs les biens
meubles et immeubles desquelz ledit mort morut vestu
et saisi, par soy ou par autre en son nom et par son
commandement, lui avant ferme et estable, lequel tel
est mort puis an et jour en cà. Et cestui applégement
fait ledit tel contre toute personne qui opposer se

voudroit et à recevoir y seroit de raison ; sauve toutes
ses raisons de croistre, de meindrer, spécifier et déclairer, et de user de toutes ses raisons de fait, de
droit, de usage et de coustume de païs qui à sondit
applégement fournir tant en forme comme en matère
li seroient neccessaires. Et fait protestacion et retenue
ledit tel qu'il n'est mie son entencion de obvier à
i acort fait sur la succession dudit feu tel, qui tenir le
lui voudra et qui gariment li en fera, si n'est en tant
come raison donrra. Et requiert qu'il soit fait assavoir à tel, etc..., et à tout autre personne qui opposer
se voudroit et à recevoir y seroit de raison. Et à le
fournir et conduire a donné plége tel qui s'i est establi et en fut jugié. Et fut fait assavoir cestui applégement tel jour, présens telz, etc....

745. Après s'ensuit le contrapplégement.

A l'applégement, si tel puet estre dit, fait si comme
l'en dit par tel affin qu'il soit receu comme aïant cause
de tel si come il dit à la saisine et possession de la
moitié par indevis de tous les biens qui furent de feu
tel, desquielx il avoit la saisine et possession au temps
de sa mort, se contrapplége tel ou telle filz jadis de
feu tel, affin de monstrer qu'il li souffira que le dit
|| ¹applégement pèche en forme et en matière, et en
cas que procéderoit et seroit à recevoir affin de
monstrer et maintenir et prouver tant qu'il souffira
que ledit tel ne devroit estre receu à ladicte possession: mais ledit tel contrapplégant comme le plus prou-

1. F° LXII, r°.

chain de lignage par les degrez qu'il offre à déclerer
et par sa porcion, c'est assavoir à la moitié par indevis
des acquestz et biens meubles qui furent dudit tel mort
puis an et jour en cà, et desquielx ledit tel avoit saisine et possession au temps qu'il ala de vie à mort,
par soy ou par autre, et s'est folement applégé ledit
tel, pour ce que droit de sang ne se puet transporter
d'une personne en autre affin qu'il puisse représenter
la personne du lignage quant à venir à succession, et
mesmement qu'il n'appert pas que cellui dont il se
dit avoir droit vif ains est mort : et pour ce que par
raison droit de soy appléger à nouvelle eschoeste ne
à hoir héritage ne puet estre transporté ne acquis par
transport de cession, et mesmement cellui qui devroit
estre hoir n'avoit à li la succession à li dévolue, et par
plusieurs autres raisons de droit, de fait que il offre
à déclairer, et icestui plus plénièrement fournir. Et
proteste ledit contrapplégeur qu'il n'est son entencion
de prouver ledit applégeur en partie applégant, en tout
ne en partie par vertu de cestui contrapplégement ne
autrement, si ce n'estoit en tant come raison sera. Et
proteste ledit contrapplégeur de croistre, de menuiser, d'amender, spécifier et déclairer plus à plain[1] en
cestui contrapplégement. Et à cestui contrapplégement poursuivre, fournir, et maintenir, et faire en
oultre ce qui appartendra de raison, a donné plége
tel, etc.... Cestui contrapplégement fut fait et baillé
tel jour, etc....

1. Ms. applain.

746. *Item*, autre applégement.

Applége soy tel N. afin de monstrer et maintenir
tant qu'il devra suffire, tant en son nom et pour son
droit que par droit cessé et transporté en li des hoirs
feu tel N., qu'il doit venir et estre receu à la saisine et
possession ou comme, de tous les biens meubles et
immeubles et autres, desquielx tel N. feu son parent
mort de nouvel morut vestu et saisi et exploictant,
comme à sa nouvelle succession et eschoete à lui avenue comme plus prouchain hoir ès noms que dessus
dudit feu pour les degrez qu'il offre à déclairer: lequel
feu tel N. est mort puis an et jour en cà, et au temps
que ledit N. et la partie contre laquelle il pense conduire et faire assavoir cestui applégement, furent de
gré et d'acort que le temps d'applégement, furent de
mie par le laps d'an et de jour. Cestui applégement
fait N. en la meilleur forme et manière qu'il puet et
doit de raison, sauve sa raison de croistre et de meindrer, spécifier et déclairer, et de conclurre contre partie si apparessoit, et de faire informacion de ses droiz
et tiltres et de user ‖ [1] et proposer toutes ses raisons
de droit, de fait, et de coustume de païs, qui à son applégement conduire et fournir tant en forme que en
matière li seront neccessaires. Et requiert que cestui
applégement soit fait assavoir à tel N., etc.... Et pour
conduire cestui applégement a donné plége tel
N., etc....

1. F° LXII, v°.

747. Le contrapplégement.

A l'applégement, si tel puet et doit estre dit, que se vante avoir fait à la court de monsieur de Marcillac tel N., pour cause de nouvelle eschoete à lui venue si comme il dit par le décès de tel N. mort puis an et jour en cà, affin qu'il soit receu à la saisine et possession de tous les biens meubles et héritaiges, desquielx ledit tel morut vestu et saisi par soy ou par autre et aussi par droit cessé et transporté en ledit tel, etc.... N. si comme il dit, et sur le droit de la succession ou nouvelle eschoete dudit mort par les hoirs de feu N., se contrapplége il à la court de Marsi, afin de monstrer et maintenir tant qu'il li souffira, comme cellui à qui appartient de ce faire, comme plus prouchain de lignage dudit N., et par les degrez qu'il offre plus à plain à déclairer se mestier est en lieu et en temps; *item*, et comme cellui que ledit N. a institué son héritier seul et pour le tout en tous ses biens solempnellement en sa dernière voulenté, que ledit N. ne fait à recevoir à soy applégier ne à conduire applégement sur les choses en icellui contenues ne doivent estre mises ne receues en main de court : et ou cas qu'il y feroit à recevoir, de dire et maintenir que l'applégement, si tel puet estre dit, pèche en forme et en matière; et en cas que procéderoit, affin de dire et maintenir que ledit N. ne fait à recevoir à la saisine[1] et possession des choses contenues oudit tel contrapplégement, par les causes dessus dictes, et par plusieurs

1. Ms., lassaisine.

autres causes et raisons de droit de fait à proposer et
poursuivre en lieu et en temps touteffoiz que mestier
sera. Et aussi se contrapplége ledit N. contre ledit N.,
o protestacion de prouver de ses faiz et raisons tant
qu'il souffira en lieu et en temps, et de croistre et
maindrer, corrigier, spécifier et déclairer en toutes les
choses qui de droit, de raison, usage et coustume de
païz li seront neccessaires et prouffitables à cest contrapplégement fournir et conduire. Et pour ce soustenir fournir et poursuivre quant mestier sera a donné
plége N. Cestui contrapplégement fut fait et baillé tel
jour, etc....

748. De obligacion.

Si aucun devoit à aucune personne certaine somme
qui apparust par lectres, et mort le debteur demeure
une soc fille héritière que un homme prent à femme,
lequel home a obligacion précédant de certaine autre
somme du père de ladicte fille apparessant par lectres,
et au temps dudit mariage le créditeur se veult joïr
de sa debte sur les biens de la femme || ¹ comme hoir
du mort, et ledit mari se veult joïr de son obligacion
précédente, et partie oppose qu'elle est estainte et
adnullée, puis que li savant l'obligacion il la preist à
femme et print taisiblement le fait de la feme o les
obligacions chargiez qui lors estoient, par ce que le
fait de l'home et de la feme est conjoint en un fait;
non pour tant si autres causes n'y avoit, la première
obligacion prendroit son cours premièrement : mais
le créditeur pourroit demander sa debte à la femme

1. Fᵒ LXIII, rᵒ.

par action personne comme hoir du debteur, en de-
morant de ses biens héritaiges meubles et acquestz
faiz durant le mariage.

749. De droit.

Société, *id est* communauté puet estre dicte dou-
blement de droit et de fait. De droit, celle qui est entre frères et seurs après la mort de leur père des biens
paternaux et maternaux, si déboutez ne sont par partage ou autre tiltre espécial, et si après la mort du
père aucune donaison ou succession colatéral venoit,
ou autres biens par autre tiltre singulier, etc... : et
aucuns d'iceulx pourroient plusieurs opposer que ce
ne cherroit pas en commun, etc.... Et celle de fait se
estant généralment à tous biens, et l'appelle le droit
socii universorum bonorum; si comme aucuns par
convenances faictes mectent tous leurs biens en communauté. Et quant à ce que l'en tient que résidence
qu'elle fait par an et par jour à un feu et à un lieu à
un pain et vin est communauté, si expresse protestacion n'est faicte du contraire, si comme aucun ou aucune se voudroit marier en un hostel, ce ne se estant
mais en tant comme touche meubles et les acquestz
que feroient eulx estans ensemble, et non mie à leur
héritaige : et ceste société ou comunauté plusieurs
appellent société de coustume d'an et de jour, etc....

750. [De l'avantage de l'ainzné noble.]

Et quant à ce qu'il est parlé ailleurs que, par la
coustume de Poitou entre les nobles, l'ainzné a le

quint de la terre en avantage et le herbergement ou
les appartenances ailleurs déclairées, s'il y a plusieurs
terres en diverses chastellenies et féages, et encore
soubz un féage, que tous les herbergemens principaux dessus diz soient chasteaux ou herbergemens ensembléement o ledit quint seront à l'ainzné, et le demourant de la terre sera par esgal porcion aux
puisnez, si le père ne les avoit autrement assignez de
leur voulenté. Et en plusieurs chastellenies come en
celle de Saint-Maixant, n'aura que le herbergement
principal et III arpens de terre au plus près, et un
homage que l'en appelle chieste. Et quant vient en
conoilles[1] entre plusieurs[2] filles, plusieurs tiennent que
l'ainzné n'aura en avantage que la quarte partie de
la terre et le herbergement principal, et le demourant
tourra par esgal porcion.

75ᵣ. De ceulx qui tiennent enfans sur fons.

‖ [3]Si un home ou une femme tenoient un enfant sur
fons ou une fille, l'homme ou son filz ne pourroient
pas avoir celle fille, ou la fille d'iceulx mariez ne pourroit pas avoir cellui enfant que le père ou la mère
auroient tenu sur font; et est la raison *quod racione
sacri baptismatis ipsi sunt consanguinei in spiritua-
libus*, dit la décrétalle[4].

Item, Si un homme avoit fiancé une femme par

1. En quenouille.
2. Ce mot paraît marqué dans le manuscrit comme devant être
effacé.
3. F° LXIII, v°.
4. V. le titre *de cognatione spirituali, decr.* 4, 5.

parolle de présent ou de futur et le mariage fust dissoluz par aucun cas d'aventure, cellui home ne pourroit pas avoir une autre femme du lignage, par la décrétalle qui se commance *sponsam propter justiciam*[1].

752. De desseveure ou déclaracion.

L'en tient de coustume et de raison que différance
doit estre faicte entre dessevreure d'aucune monstrée
et déclaracion. Decevreure puet estre dicte quant aucuns lieux sont monstrez du demandeur et au deffendeur, et l'en li monstre plus qu'il ne tient de la
chose; lors il doit demander dessevreure, et doit l'en
aler sur les lieux : et doit dire le deffendeur et monstrer au demandeur ou à son procureur : « Je tiens
bien cestui lieu, et cestui non ; » et le dessevrer, etc....
Déclaracion est appellée quant le demandeur monstre
plusieurs choses plus qu'il n'enplée en demande, et
que le deffendeur pense à deffendre par divers tiltres
et raisons.

753. De perscripcion non courre contre cohéritiers.

L'en tient de coustume que perscripcion ne court
point contre cohéritiers, si le deffendeur n'alègue tiltre
espécial, c'est à dire qu'il maintiengne que le demandeur ou cellui dont il a cause ait en aucunes choses
par raison du droit d'icelle succession ou autre tiltre
espécial, comme quictance ou autre. Et plusieurs oppinions sont contraires.

1. *Cap. sponsam*, 8, *decr. de sponsalibus et matrimonio*, 4, 1.
Cette décision résulte de plusieurs autres textes.

754. De blasmer le fait de la partie.

Si aucun advocat blasme le fait d'un autre advocat ou propose une autre raison ou excepcions contre lui, la partie adverse ou son advocat ne puet pas prendre ne adjouster les moz qu'il aura proposez en ses raisons ou deffences à son prouffit : car raison ne veult pas qu'il ait prouffit des raisons qu'il aura dictes.

755. De gésines.

L'en tient de coustume que gésines qui sont faictes entre gens ruraux communs en biens se doivent compter sur la partie à qui prouffit auront esté faictes, au temps que divisions se feront entre eulx : et aussi se doivent compter les doins qui furent faiz èsdictes gésines au prouffit de ceulx à qui les dons furent faiz. Et plusieurs tiennent le contraire que gésines ne doivent point estre comptées.

756. De qui est ou pover du père et marchande.

Si aucun estoit ou pover de son père et marchandast des biens de son père, le père puet demander en son nom les debtes acreues d'icelles marchandises : et y puet l'en moult traire de raisons sur ce, et de contraire aussi. Et le filz aussi par la coustume.

|| [1] 757. De la vente des fruiz et après l'héritaige est vendu.

Droït dit *propersonalis obligacio non sequitur fun-*

1. F° LXIV, r°.

dum, c'est assavoir que si un home avoit vendu les fruiz
de certain héritaige jusques à certain temps, et puis
après ce vendist le fons d'icellui héritaige à un autre,
la première vente des fruiz[1] n'enpesche point la dernière vente de l'héritaige, ne pour ce que ne pourroit pas demander le premier achapteur les fruiz de
la chose vendue au dernier achateur, mais au vendeur puet bien faire demande de l'intérest, etc...,
des fruiz que premièrement lui avoit venduz par raison de sa personnelle obligacion. Mais se ledit vendeur avoit en la première vente des fruiz[1] obligié à
l'achapteur expressément et cspécialement les fruiz
de cellui héritaige, ou généralment eust obligié tous
ses biens meubles et immeubles sur ce, si l'une de ses
obligacions y avoit, le premier achateur des fruiz les
auroit durant son temps ; car les fruiz seroient à li
premièrement réaulment obligiez. Et sont en droit
deux obligacions, c'est assavoir *obligacio personalis et
obligacio realis. Obligacio personalis*, si est aussi
comme un homme vent une chose meublau ou les
fruiz d'aucun héritaige à aucun simplement, sans li
faire obligacion de la chose par la manière que dessus
est dit : et en cest cas, quant la vente est simplement
faicte, la personne du vendeur est obligée vers le premier achateur. *Obligacio realis*, est quant la chose est
vendue expressément et réalment obligiée, si comme
dessus est dit.

1. Ms., Deffruiz.

758. De la peine de droit qui cesse la chose litigieuse.

Quant aucun cesse le droit d'une chose litigieuse, ou soit le demandeur ou le deffendeur, il pert par droit celle chose, et autant en oultre du sien comme la chose cessée monte; et est acquis *fisco*, en icelle loy *de actionibus litigiosis, codice*[1].

Droit appelle gaige de bataille *duellum*.

Homme et femme et leurs enfans *una caro est* dit la décrétalle : mais non par tant ne s'ensuit pas que ce soit un mesme fait quant à leurs faiz et choses.

759. De soy revenchier sur son demaine pour le devoir non paié.

Si aucun tient aucun demaine d'autre à certains cens ou devoir, li sires de qui la chose meut se puet bien revenchier sur les fruiz de la chose pour le devoir non paié. Et si aucun advocat afferme la chose à certain temps de cellui qui la tendroit du seigneur, et li sires trouvast les bestes d'icellui affermeur ou ses autres gaiges, pour tant il ne se pourroit pas revenchier sur li, car les bestes ne li sont pas obligées, etc.... et y puet l'en moult traire de raisons. Mais sur les fruiz qui sont obligiez se puet revenchier, etc.... Mais li sires puet bien noctifier à l'affermeur que cellui dont il tient la chose li || [2] doit les cens du temps passé, et que pour celle cause il avoit prins les bestes ou autres gaiges, et que de cy en avant il les y trouvoit après la notificacion il auroit couleur de les prendre. Et aussi

1. V. *l.* 4 *c.*, *de litigiosis*, 8, 37.
2. F° LXIV, v°.

se puet revenchier li sires en autre manière, c'est assavoir mectre la chose en sa main et en renforcant la
main du souverain, etc.

760. De différance de légacion[1] et de cession d'aucune debte.

Si aucun avoit baillé en solucion à un autre certaine debte qui li fust deue qui apparust par lectres,
et cellui eust dénuncé au debteur que la debte lui
avoit esté baillée par l'autre comme dessus est dit, ou
l'en eust trait en cause, cellui debteur ne doit pas
après ce païer au premier créditeur; car veu est puis
qu'il li apparessoit par lectre de la debte, que baillée
lui avoit esté par l'autre. Et s'il la païoit après ceste
denunciacion au premier créditeur, il li en pourroit
bien faire demande par droit. Et bien puet l'en tenir
le contraire; car supposé qu'il ait la lectre de la
debte devers lui, ne s'ensuit pas pour tant que la
debte soit sienne quant il n'appert de cession ou donnaison d'icelle debte; car par avanture pourroit avoir
eu ladicte lectre par fraude, etc...; et y pourroit l'en
traire plusieurs raisons sur ce. Et puet le créditeur
selon droit bailler à autre le droit de sa debte par
deux manières selon droit : c'est assavoir par manière de légacion et par manière de cession ou de donaison. De légacion si est selon droit quant aucune
debte est deue à aucun, et le créditeur à qui elle est
deue commande au debteur qu'il la paie à un autre,
c'est légacion. Cession est quant l'en cesse à aucun le
droit de sa debte et il appert par lectres. Et si tient

1. C'est ce que nous appelons *délégation*.

l'en selon droit que si aucune cession ou légacion
avoit été faicte d'aucune debte si comme dessus est
dit, que encores non obstant ce le premier créditeur à
qui la debte est deue la pourroit demander au debteur, si n'estoit en iii cas : c'est assavoir si cellui qui
auroit receu la légacion ou cession ou donnaison en
avoit trait en cause cellui qui devoit la debte, et contestacion faicte entre eulx en la cause ne la pourroit
demander.

Le second cas si est s'il avoit eu partie de la debte.

Le tiers cas si est s'il en avoit quictié le debteur, etc....

Quant à cession, donaison ou légacion dessus dictes,
s'il y avoit cession ou donaison en les causes et poins
neccessaires, et quictance donnée au debteur, il souffiroit, etc...; mais s'il n'y avoit que delégacion simple
faicte de bouche, en cest cas la pourroit demander[1]
le premier créditeur si comme dessus est déclairé.
Mais bien pourroit l'en faire différance de légacion à
la cession; car le créditeur par la cession cesse en
l'autre tout droit de la debte; et pourroit l'en arguer
de raison que en cas de cession ou de donnaison le créditeur premier ne pourroit pas après ce demander la
debte; et y pourroit l'en moult traire de raisons sur
ce. Et quant à la légacion quant il commande ‖ [2] que
la debte soit paiée, le commandement n'evre pas en
tant comme la donnacion ou cession, etc.... : et par
tant la pourroit mieulx demander, etc....

1. Demandeur, ms.
2. Fᵒ LXV, rᵒ.

761. De non faire confrérie, ou société, ou congrégacion.

L'en tient de droit que l'en ne puet faire confrérie,
ou bachelerie, ou société, ou corps *id est corpus*
selon droit, ne congrégacion, ce n'est par liscence du
prélat et le décret sur ce. C'est assavoir quant à ce qui
touche confrérie appartient au prélat. Ne corps de gens,
id est société ou congrégacion comme dit est, si n'est
par la voulenté du prince ou du baron en quel seigneurie ce sera, et que ce soit confermé par li. Et est la
principal raison que soubz umbre de telz sociétez l'en
pourroit faire moult de maulx et de inconvéniens;
et plusieurs autres raisons y pourroit l'en traire.

Droit appelle *manipolium* quand l'en fait machinacion contre le prince ou contre son seigneur justiciable pour le grever ; et droit les deffent[1].

762. De cas dont l'en ne puet appeller.

Ilz sont certains cas en droit, c'est assavoir iiii[2],
sur lesquielx se un homme estoit condempné à mort
par ses meffaiz il n'en pourroit appeller. Le premier
est s'il est robeur de chemins, *id est depredator itine-
rum* les appelle la loy ; car droit commande qu'ilz
soient plus griefment puniz que nulz autres. Le
second cas si est si aucun avoit ravi une pucelle,
raptores virginum les appelle droit. Le tiers cas est
qui auroit comis crime ou traïson contre la royal

1. V. *l. unic. C. de monopoliis*, 4,49, dont la décision se trouve
ainsi singulièrement étendue.
2. *Sic*, ms. Il n'y en a en réalité que trois.

majesté ou contre son seigneur justiciable. Mais en autres cas criminelz pourroit bien l'en appeller, si un homme estoit condempné à mort au temps que le jugement seroit fait contre lui.

Mais s'il estoit exécuté sans juger, si comme l'en use bien en plusieurs lieux, de l'exécucion il ne pourroit pas appeller : et plusieurs tenent le contraire : et y puet l'en moult traire de raisons. Et dit droit que nul ne puet appeller en cest cas d'aucun juge.

Droit dit *possessor male fidei nullo tempore prescribit*, etc…. c'est à entendre que cellui qui de sa voulenté par force, ou par injure, ou par rapine, ou par roberie, ou en plusieurs autres manières en male foy, sans avoir aucun tiltre, tenoit un héritaige, etc…. Mais là où il a aucun tiltre, comme d'achat ou d'eschange ou donnacion ou autre quelcunque tiltre convenable il puet bien prescrire la chose présant ou absent la partie, si comme ailleurs est plus à plain[1] contenu du temps de prescripcions en cest livre.

Si quis plantatur, seritur vel edificatur totum solo cedit si enim egit, per juris. Le fait de ses vers si est que si aucune chose est plantée ou semée, ou aucun édifice fait ou fons ou domaine d'autrui, il est acquis à cellui à qui le fons est, *solo cedit*, c'est à dire au fonz. Mais si aucun avoit planté un arbre ou domaine d'autrui avant qu'il fust en la terre en rege[2], il le pourroit traire. Mais s'il avoit prins racine il ne le pourroit pas faire, ains seroit acquis au fons. Mais se cellui qui ce auroit planté ‖[3] ou édifié auroit juste cause de croire que la

1. Applain, ms. V. § 765.
2. C'est-à-dire, enraciné.
3. F° LXV, v°.

chose fust soe et y cuidast avoir droit en la chose,
en cest cas l'en li devroit rendre les despens que la
chose auroit cousté[1].

763. De dénuncier nouvel euvre.

L'en puet dénuncier nouveau édiffice en III manières : c'est assavoir quant aucun voit édiffier en son fonz
il puet dénuncier nouvelle hevre, c'est assavoir giter
une pierre en la chose présent cellui qui le fait faire :
item, le faire assavoir par la justice à cellui qui fait
l'édifice nouvel : *item*, le puet bien dire de bouche à
cellui qui l'édifice fait devant tesmoings. Et faicte la
dénunciacion cellui édiffice sera fonduz s'il est trouvé
l'avoir fait à tort, et perdra les despens qu'il li aura
cousté; et dit la loy *de nunciacione novis operis*.

764. Coment l'en doit prouver estre hoir d'aucun.

Si aucun fait demande à autre comme filz et hoir
d'aucun et le deffendeur li nye absolument la demande, cellui doit prouver qu'il soit filz et hoir d'icellui. Et si doit faire telle preuve qui est preuve *super
filiacione*, qu'il preuve que mariage fust fait et sol-
lempnizé en sainte église entre le père et la mère
d'icellui, et que l'home tenist celle pour sa feme : *item*,
que durant le mariage d'eulx cellui qui se dit hoir
naquist, et que lesdiz mariez le tenissent et appellas-
sent pour leur enfant : *item*, qu'ilz le tenoient et
firent leur hoir; car difficille chose seroit prouver

1. V. Inst., lib. II, tit. 1.

qu'il fust naturellement leur enffant ; et aussi souffist faire telle preuve selon droit par la loy qui se commance *quorum bonorum*.

765. De excepcion contre action ypothéquaire.

Si aucun fait demande à un autre par action ypotéquaire d'aucune chose qu'il dit qui li est obligée et qu'il laisse la chose ou paie, il souffist à cellui qui tient la chose l'avoir tenue x anz en vray tiltre ; en tant aura bonne excepcion vers le demandeur ; et a le deffendeur en cest cas la chose prescripte selon droit par la loy qui se commance[1]. Mais il aura bien action contre cellui qui estoit obligié en son nom ou contre ses hoirs jusques à xxx ans ; mais passez les xxx ans l'action est estainte entre privées personnes.

Prescripcion est encontre l'église de xL : contre l'église de Rome de c anz selon droit.

Prescripcion de x ans est entre présans, et entre absens de xxx ans.

766. De avoir fait interrupcion sur la chose.

Si aucun possédoit une chose immeuble, et aucun autre demandast la chose en jugement et sur ce contestacion est faicte, la possession et prescripcion de la chose litigieuse est entrerompue. Et si après ceste contestacion le demandeur cesse ‖ [2] de poursuivre sa demande, tant que cellui qui tient la chose la posside

---

1. L'indication de la loi est restée en blanc dans le ms.
2. F° LXVI, r°.

et exploicte x anz, savoir mon s'il a prescripte la chose par tant; aucuns pourroient dire que si auroit, et y pourroit l'en traire moult de raisons : et aussi pourroit l'en bien arguer du contraire que non, que puis que contestacion auroit esté faicte de la chose comme dit est, convendroit qu'il l'eust tenu xxx ans comme dit est, etc.... Et quant à ce qu'il est dit ailleurs que s'il sont ii cohéritiers d'aucun, et l'un cesse de demander la succession du mort que l'autre la puet demander entièrement, et que le teneur n'en puet excepter de non povoir demander ou toutage puis que l'un demande savant ou povent savoir l'autre et il ne le contredit, etc.... ou y a renuncé taisiblement.

767. De absolucion de tesmoings.

Si aucuns recevent et examinent aucuns tesmoings par juge ou commissaire de sainte église, quant il les font jurer ilz les deivent absouldre, affin que s'ilz sont en sentence que l'en ne puisse pas dire contre les personnes et tesmoingnage d'eulx. Et doivent dire ceulx qui sont commis à les examiner : *absolvimus vos ad cautellam; dixit lex, etc....*

768. De qui prent les biens du pupille.

Si aucun prent les biens d'un pupille sans la liscence de justice s'il n'estoit tuteur donné, administrateur ou curateur, il seroit infames de droit. De rechief, si aucun avoit prins la tutelle ou le bail d'aucun meneur, il ne le puet pas lessier de son auctorité durant le temps de la tutelle ou le bail, sans certaine juste cause

et voulenté de justice. S'il avoit prins les biens du
pupille et il ne les voulist gouverner ou tenir, et débat fust sur ce, il seroit tenu li faire provision cepen-
dant : mais s'il vouloit rendre compte des biens du
pupille présentement, et il fust trouvé par le compte
qu'il n'avoit nulz des biens ou qu'il les avoit mis et
convertiz ou prouffit du pupille, en cest cas ne seroit
pas tenu faire ladicte provision.

769. De cellui qui erre en sou fait.

Si aucun erre en son propre fait et il vueille réparer l'erreur, il n'y devroit pas par droit estre receu ;
car tout homme doit garder qu'il fait en son fait, et
ne puet l'en pas dire que l'erreur que un homme fait
en son fait soit erreur tollérable, *error tollerabilis*
l'appelle la loy. Mais erreur tollérable si est si comme
un homme establist aucun son procureur, et le procureur excède ou passe les mectes de sa procuracion,
ou fault à faire aucunes choses à li commises par son
maistre, s'il y avoit erreur en cest cas, l'erreur pourroit estre tollérable ; mais convendroit que le seigneur
le révoquast si tost comme il vendroit à sa notice. Mais
si le seigneur l'avoit commis par espécial à faire aucune chose et le procureur faillist à la faire, le sei-
gneur ne pourroit pas réparer celle erreur ; || [1] mais
il auroit action vers le procureur, se par faulte de lui
l'erreur avoit esté faicte.

1. F° LXVI, v°.

770. De ceulx qui sont naturelz et engendrez *ex dampnato coytu.*

Il est différance entre aucun enfant ou homme qui est naturel ou qui est *ex dampnato cohitu.* Naturel est appellé selon droit quant aucun home qui est seul et personne délivre, qui n'est de riens liez aux sains ordres ou en mariage, engendre aucun enfant en aucune femme qui est aussi seule et délivre des liens dessus diz : et pourroit l'en telle personne appeller bastart, *et est naturalis* selon droit.

Cellui qui est *ex dampnato coytu* est appellé selon droit, quant l'home est lié de l'un des liens dessus diz ou la femme, jà l'home ne le fust, et ilz engendrent enfans l'un en l'autre ; et est appellé tel enfant *campiz;* et est selon droit de plus villes condicions et plus inabilles que le bastart naturel dessus nommé. Et dit droit que à tel enfant qui est né *ex dampnato coytu* le père ne puet faire aucunes donnacions ou avantages du sien, soit en meubles, héritaiges ou acquestz : et est la raison principal qu'il est de telle condicion comme dit est et de telle nature que les droiz ne vueullent pas, ains le deffendent que nulle donaison ou avantage ne leur soit fait ; car ce seroit en préjudice de ceulx qui doivent estre hoirs de cellui qui l'engendra ; et se commance la loy *de insestis nupciis.* Et nulle donaison à eulx faicte ne leur acquiert nul prouffit, et sont contre la loy faiz, et pour ce ne valent riens : et en oultre dit la loy que tel enfant ou home est de ville condicion et *inabilis* à recevoir nulle donnacion de père. Si aucune donnacion lui avoit esté faicte l'en pourroit dire que la chose donnée cherroit selon droit *fisco* : et aucuns tiennent le contraire; et ce est la vraye oppinion.

Si cellui qui seroit *ex dampnato coytu* avoit aucun enfant ou femme, et le père de li lui feist aucunes donnacions de meubles ou de héritaiges à la femme ou à l'enfant de li, les donnacions ne vaudroient riens, car seroient faictes en fraude et au prouffit de cellui qui seroit *ex dampnato coytu ;* car il en auroit l'usuffruit, et seroit contre l'ordonnance de la loy et en préjudice des droiz hoirs de li. Si aucuns biens immeubles estoient donnez à la femme ou l'enfant, l'en pourroit bien arguer de raison que la donnacion tendroit quant à la propriété de la chose, mais non mie quant aux fruiz pour la raison dessus dicte; et pourroit l'en arguer que en cest cas les fruiz de la chose donnez seroient ausdiz hoirs de cellui qui feroit la donnacion tant comme le père de la feme ou enfant vivroit; et bien pourroit l'en tenir que ce seroit *fisco*. Plusieurs tendroient que ladicte donnacion ne vaudroit ne ne tendroit, car se seroit fait en faveur du père qui seroit d'icelle condicion, et en préjudice des droiz hoirs.

Si le père faisoit aucune déclaracion ou confession en son vivant ou en sa dernière voulenté qu'il deist ou confessast ǁ [1] que sondit filz qui seroit d'icelle condicion, ou sa femme, ou leur enfant eussent aucuns biens meubles en son hostel, telle confession ou déclaracion ne acquerroit nul droit à eulx, ne jà par tant par telle confession ne seroit esclarci les choses estre leurs, ains convendroit qu'ilz prouvassent par lectres ou par tesmoings qu'il fust leur; car telle confession seroit

1. Fᵒ LXVII, rᵒ.

faicte par faveur, etc.... et en préjudice desdiz hoirs par les causes dessus dictes. Et à exemple dit droit en termes *quod quidem homo qui habebat filium naturalem vel ex dampnato coytu, et fuit confessus in ultima voluntate se habuisse de fructibus redituum et heritarium dicti filii* xxx *milia solidos, et jussit et voluit reddi filio suo per heredem, lex dixit quod non tenentur heredes ex causis supra dictis, et quod confessio non prejudicet eis, etc....* Mais la confession faicte par cellui qui seroit au prouffit d'aucune personne estrange, tendroit et vaudroit si comme s'il confessoit ou déclairoit en son testament qu'il avoit aucune chose de li en garde ou en dépoust, ou qu'il li devoit : celle confession vaudroit et tendroit, etc....[1].

771. De home naturel faire acquestz.

Si tel homme naturel ou femme, eulx estans en la compaignie du père dessus dit, achaptoient ou faisoient aucun acquest d'aucune chose, savoir mon se les hoirs du père maintenoient et disoient que ce fut acquis des biens du père, s'il convendroit que le naturel et sa femme prouvassent qu'il fust du leur, aucuns tendroient que si seroient, et aucuns le contraire, et tendroit si les droiz hoirs ne vouloient prouver qu'il fust acquis des biens du père, etc....

Cognicio juris de tenue *pertinent ad invicem*[2] *ecclesiasticum.*

1. V. *ll.* 4 et 6; *auth. incestas, auth. ex complexu, C. de incestis et inutilibus nuptiis,* 4, 5 ; *ll.* 2 et 8, *auth. licet patri, C. de naturalibus liberis,* 5, 27. Nov. LXXXIX, *cap.* 1, *cap.* XII-XV.

2. *Sic* ms. Il faut sans doute lire *judicem.*

772. De disme.

Si dixme estoit enféodée en fiez ou en rerrefiez du Roy, le Roy en congnoistroit : et aussi pourroit l'en dire que à exemple que si estoit enclavée ès fiez ou rerrefiez du baron, qu'il en congnoistroit, etc....

773. De adultère.

Si aucun commet adultère durant le mariage de li ou de la femme, et la femme aussi commet adultère, et le mari vueille traire en cause la femme affin qu'ilz soient séparez, et la feme excepte et propose contre li qu'il a aussi commis adultère, c'est assavoir que il s'est couchié en une autre feme, et se ainsi estoit, séparacion ne se pourroit pas faire selon droit. Et dit le droit à propos *quia paria delicta mutua separacione tenentur, etc....* Mais si la femme avoit commis adultère et l'home ne l'eust pas commis, le mariage seroit dissoluz. Il est assavoir si l'home avoit commis adultère seulement, si le mariage seroit dissoluz.

Cognomen est selon droit le propre nom d'un homme.

Nul mariage par adultère n'est séparez, mais par lignage ou par comparage se pourroit séparer. Et dit la décrétalle quant ad ce *quod deus conjungit homo non separet*, c'est assavoir que séparacion ne puet pas estre faicte : mais il puet bien estre disserné par droit la femme avoir commis adultère; et sera quant au lit le mariage séparé eulx vivant; et perdra son douaire; et ne se pourront marier ne l'un ne l'autre[1].

1. V. *cap.* 5, *decr. de divortiis*, 4, 19.

|| [1] 774. De mariage.

Si aucun père marie sa fille à aucun homme il est
tenu par droit li donner mariage selon sa faculté :
et si plait pendoit sur ce entre eulx, le père est tenu
li faire provision de ses biens pendant le plait.

775. De faire preuve de lignage.

L'en pourroit dire de raison que si débat estoit
entre aucunes personnes de la succession d'aucun, et
il fust débat que aucunes desdictes parties ne fussent
pas frères germains ou cousins du cousté dont la succession leur escherroit, si cellui avoit et estoit appellé
tel propre nom comme le mort, que veu seroit qu'il
fust du lignage d'icellui branchage, et qu'il seroit
relevé d'autre preuve faire; et aucuns tendroient du
contraire qu'il convendroit qu'il le prouvast si la partie le nioit : et si la partie vouloit prouver fait contraire il y seroit receu ; et plusieurs raisons pourroit
l'en dire au contraire. Et quant à ce qu'il auroit le
surnom, ce ne seroit que présumpcion qu'il fust de
lignage, et en convendroit faire preuve.

776. De bestes qui sont advoées.

Si aucun achatoit aucunes bestes d'aucun, et les
bestes fussent advoées d'autre et suyes, la justice les
puet arrester et mectre en sa main par le débat des
parties jusques droit soit esclarci entre eulx, voire

1. F° LXVII, v°.

cellui sur qui les bestes seront trouvées estans resséans hors de la juridicion où les bestes et l'arrest
seroient faiz. Mais s'il estoit d'icelle juridicion justiciable ou y eust biens, l'en ne devroit pas dessaisir
cestui des bestes pendant le plait sur ce, et devroit
huchier garieur, et puis droit en oultre; l'en pourroit
dire plusieurs raisons au contraire, qu'il fust justiciable ou nom la justice pourroit tenir la chose en sa
main pour le débat des parties; l'en pourroit bien
soustenir que cellui qui seroit de la juridicion n'en
devroit pas estre dessaisi, puis qu'il seroit de bonne
fame, ou marchant coustumier, etc.... Mais d'un autre
vacabonde ou suspecciz s'en pourroit faire : la justice pourroit baillier à cellui qui avoit les bestes à
garder en plége, etc... ou à 1 autre personne.

Si cellui qui seroit huchié garieur n'estoit de la
juridicion du juge et ne fust trouvé, le juge pourroit
supplier au juge en quel juridicion il seroit qu'il fust
adjourné par devant li, et mené par voye ordinaire
par raison du contrait fait, etc.... S'il avoit biens en la
juridicion du juge, il les pourroit tenir en sa main.

777. De vin qui se périst par faute du charroy.

Si aucun prenoit un tonneau de vin à mener d'aucun, et par faute du tonneau le vin se perdist, il seroit
au péril de cellui à qui il seroit : mais si cellui qui le
charreroit le périlloit par faulte de charroy, il le
amenderoit, et tant comme il est en charrete, il est
au péril de cellui qui le conduit, s'il se perdoit par faute
de charroy.

|| [1] 778. **De succession qui descent de branchage.**

La succession d'aucun ou d'aucune descent selon la coustume de branchage en branche ; c'est assavoir à chacune branche selon ce qui li appartient : aussi comme s'ilz sont III frères, l'un ou les deux meurent et ont enfanz, et le tiers meurt derrenier ; toute sa succession ne vendra pas au frère vif, ains en auront leur part les enfans de l'autre frère ; car ilz représentent la personne de leur père. Et aussi pourroit l'en dire à exemple de plusieurs autres choses ; et y pourroit l'en traire moult de raisons contraires. La vraye oppinion est que ladicte succession vient par branchage comme dit est.

779. **De ceulx qui sont gasteurs et dissipleurs de biens.**

Si aucun ou aucune sont gasteurs et dissipleurs de biens, et vendent et destruisent leurs biens sans cause, à telz gens qui n'ont sen ne discrécion d'eulx gouverner ne leurs biens, et qui par leur mauvès gouvernement pourroient mendier et cheoir à grant vitupère et de confusion d'eulx et de leur lignage et opprobre de leur estat, les amis charnelz d'eulx, espécialment ceulx qui leur devroient succéder leur pourroient faire entredire le gouvernement et administracion de leurs biens. Et la justice le devroit faire à la requeste d'eulx, faicte informacion premièrement qu'ilz fussent de tel estat comme dit est ; la justice leur devroit donner à la requeste des amis tuteur au corps et aux biens

1. Fº LXVIII, rº.

le plus prouchain et le plus prouffitable du lignage, et
par icellui tuteur auroient provision pour leur vivre
et pour leur estat, etc....

780. De marchant errant et pié poudreux.

Pyé poudreux est appellé home ou marchant allant
et errant par le païs. Mais supposé que aucun home
n'eust domicille ou biens en aucune juridicion, par
quoy il eust ailleurs en autre juridicion assez près
d'icelle, l'en ne le devroit pas tenir pour pyé poudreux, car l'en pourroit bien avoir revenchement
sur ses biens par la justice où il demourroit si mestier estoit; et y pourroit l'en moult traire de raisons, etc.... Et aucuns dient mais qu'ilz puisse venir
à certain terme de chez soy, et s'en retourner cellui
jour, etc....

781. Du fait du tuteur ou procureur.

Si aucun tuteur ou procurateur d'aucun faisoient
aucun actort ou contrait en quoy leur maistre peust
prouffit porter, il tendra et vaudra à leur prouffit;
mais si d'icelle chose cellui tuteur ou procurateur
seroit prouffitable comme dit est, il vouloit adnuller
ou quipter en préjudice du maistre ou du pupille, il ne
pourroit. Et y pourroit l'en moult traire de raisons,
et au contraire aussi.

782. De famille qui chiet en sentence.

Savoir mon si aucun homme est en sentence et sa
famille en entredit, si un home religieux ou autre qui

ne soit point marié, si ceulx qui demourront ou lui
sont réputez pour || [1] famille par droit, droit dit que si
et chéent en l'entredit comme leur famille; et est la
raison du droit pour quoy leur famille y cheit, affin
qu'ilz creinent plus la sentence et que ilz soient dili-
gens de eulx en mectre hors.

783. De femme renuncer aux droiz en faveur

Droit commande et veult que si aucune femme fait
aucun contrait ou obligacion, que elle doit renuncier
espécialment et expressément *legi Julie et Aquilie*, et
puis généralment, etc.....

784. De femme non prendre en tesmoignage.

Nulle feme n'est prinse selon droit en tesmoignage ou en testament d'aucun : mais en codicille ou
en donnacion seroit bien prise. Et convient que à prouver un testament soient vii tesmoings selon droit an-
cien : mais par la coustume de droit nouveau souffiroit de deux tesmoings dignes de foy. C'est la raison
par quoy femme n'est prinse en tesmoingnage dessus
dit, car le sen et la mémoire de femme n'est mie sis eur
comme d'home, ains est variable et muable, etc....

Qui non est mecum contra me est [2] *dicitur*, etc....

785. De donnacion.

Or est assavoir si aucune personne donne à un au-

1. Fᵒ LXVIII, vᵒ.
2. Il faut probablement lire *esse*.

tre un héritaige ou autre chose sans déclairer à temps
ou à perpétuité, mais simplement la li donne, si celle
donnacion est perpectuelle ou non : droit dit que elle
est perpectuelle; car selon droit *istud verbum dare vel
donare* veult autant dire comme *rem accipientis facere*,
et se commence la loy *Seya*[1].

786. De mectre le feu ou domaine d'autrui.

Si aucun homme met le feu en un champ ou en ı
autre demaine, et le feu par fortune de vent ou autrement se prent en un autre champ ou demaine d'autrui, s'il est tenu au dommage. Droit dit qu'il est tenu
au dommage : et s'il n'avoit de quoy païer le domage il seroit puniz criminellement à arbitrage de
juge : et se commance la loy *si fornicarius ponit
ignem in agro, etc....*[2] et dit la loy *quod debet prevenire
vento, etc....*

787. De peinne de juge arbitraire.

Si aucun comet aucun cas criminel par lequel eu
regart au fait il ne doye pas desservir mort, et droit
ou coustume ne ordonne mie la peine qu'il doit souffrir en tel cas, il doit estre puniz à peine arbitraire
par le juge, eu l'oppinion des sages.

1. Plusieurs lois au Digeste commencent par le mot *Seia :* Il est
difficile de dire à laquelle renvoie ce paragraphe.

2. V. *ll.* 9 *et* 11 *ff. de incendio,* 47, 9. Mais aucun texte ne
commence par les mots *si fornicarius.*

788. De tuteur non impugner le fait du pupille.

Si aucun tuteur fait aucune convenance ou accort
en aucun sur le fait du pupille, et puis ledit tuteur
veult impugner et adnuller icellui fait, en disant que le
pupille y est déceu et qu'il doit estre restituez, il ne
pourroit pas venir contre le fait qu'il mesmes auroit
fait; et y pourroit l'en moult traire de raisons. Mais
le pupille lui venu en eage pourroit demander restitucion; et pourroit l'en bien arguer au contraire. Et
le tuteur y seroit receu en sa personne, etc...; combien que vraye oppinion est que le tuteur n'y seroit
pas receu en sa persone.

|| ¹ 789. De plusieurs condempnez à paier rentes ou choses communes.

Pluseurs personnes sont condempnez envers aucun à païer aucune rente qu'il doivent comunement,
assavoir mon si chacun y est tout pour le tout; aucuns
diroient que si seroient, et aucuns le contraire. Mais la
vraye oppinion est que non, et que la condempnacion
ne s'estent mais à chacun pour sa partie selon droit :
et y pourroit l'en traire moult de raisons, etc....

790. De droiz et coustumes entroduiz en faveur des pupilles.

Droit deffent division entre pupilles maindres
d'eage; et est la raison du droit, car quant ilz seroient
en eage ilz ne tendroient jà la division s'ilz y estoient

1. Fᵒ LXIX, rᵒ.

déceuz : mais il convendroit qu'ilz monstrassent décepcion. Mais combien que droit le deffent, toutes
voies les tuteurs en la voulenté et décret de justice et
conseil des amis charnelz, s'ilz y voient causes prouffitables aux pupilles, la pourroient bien faire.

La voulenté des tuteurs des pupilles en le décret de
la justice division se pourroit bien faire; mesmement
s'il y avoit causes par quoy la division fust prouffitable aux pupilles comme dit est, la division se pourroit
bien faire par les tuteurs sans licence ou voulenté de
justice, si comme aucuns tennent. Mais la plus seine
voye est que la justice y mecte son décret.

Si la division se faisoit des biens des pupilles,
elle se pourroit faire par les tuteurs ou par leurs procureurs à ce espécialz depputez : mais à la division
clourre et affermer seroit besoing que les tuteurs
fussent présens en leurs personnes.

Il puet estre donné au pupille tuteur, le pupille
présent ou absent; mais le tuteur convient qu'il soit
présent et que jure. Si le pupille a plusieurs biens en
diverses juridicions, il souffist que le tuteur lui soit
donné devant ı juge, c'est assavoir devant icellui
juge en qui juridicion le principal domicille du pupille
est assis.

Si division se faisoit des biens des pupilles, et décret
fust sur ce donné par justice, il convendroit que
chacune justice meist son décret sur les choses qui
seroient en sa juridicion, et ne vaudroit riens le
décret que justice auroit mis sur les biens d'autre juridicion qui le débatroit : mais si le décret y estoit mis
par la justice souveraine du Roy, il vaudroit des choses comprises en ladicte juridicion souveraine.

Si division se faisoit des biens des pupilles l'en ne prendroit jà qui ne voudroit décret de juges.

Selon droit le tuteur puet conduire et demander les biens des pupilles.

Le tuteur ne puet pas selon droit faire procureurs à demander les droiz des pupilles, si premièrement il n'avoit la cause estainte en jugement et contestacion faicte en la cause, et avant contestacion non. Et est la raison principal, car après contestacion faicte, le tuteur est fait seigneur de la demande, et lors puet establir procureurs ; mais ledit tuteur puet bien faire acteurs ou acteur à demander les choses des pupilles.

|| ¹ 791. De non avoir la tutelle de fille soubz eage.

Si aucun homme avoit prins à feme une fille qui ne fust pas en eage, il ne pourroit pas avoir la tutelle d'elle ; car les droiz deffendent que tel cas le mari n'ait pas la tutelle de la femme : et est la raison principal, que soubz umbre de la tutelle il pourroit mal gouverner les choses de la femme au dommage d'elle et de son prouffit.

792. De acquestz faiz par aucun qui est naturel.

Une loy dit qui se commance *ab intestato* que si un homme qui seroit naturel *vel ex dampnato coytu*, si comme par devant est dit, fait aucuns acquestz lui estant en la compaignie de son père ou lui vivant, que les acquestz seront auxdiz hoirs du père s'il ne povoit

1. F° LXIX, v°.

monstrer qu'il eust païé la somme de l'acquest du
sien propre qu'il eust d'autre part : car veu est que
ce seroit des biens du père; et seroient les acquestz
en cest cas ausdiz hoirs. Mais si cellui dessus nommé
qui auroit fait les acquestz vouloit rendre aux hoirs
et païer la somme que l'acquest cousta, l'acquest li
demourroit ou si non lesseroit l'acquest aux hoirs.

793. De appléger home sur cas de crime.

Si aucun applégeoit un homme envers la justice
qui fust détenu de cas de crime ainsi simplement sans
faire déclaracion ou spécificacion qu'il l'applégast à
rendre à certaine peine, la justice n'en pourroit demander que c s. de peine par la coustume, si comme
plusieurs tiennent.

Si aucun applége un homme qui est détenu de cas
criminel comme dit est, corps pour corps et avoir pour
avoir, c'est à entendre quant au corps qu'il devroit
souffrir mesme peine que il, et quant à l'avoir mesme
peine civile. Et y pourroit l'en moult traire de raisons contraires.

794. De exempcion par appel fait de son juge.

Si aucun appelle d'un juge du baron ou d'un justicier, il est exemps de la juridicion d'icellui juge en
toutes ses autres causes pendant ladicte cause d'appel;
et ses hommes aussi s'il appelle de deffault de droit.
Mais si l'appellacion estoit faicte du juge d'un souverain, comme du Roy ou des nobles qui tiennent en
paerie, cellui qui auroit appellé ne seroit pas exemps

en ses autres causes fors que en icelle sur quoy il
auroit appellé : car le prince est plus privilégié en
cest cas et en plusieurs autres que les autres justiciers
qui tiennent soubz li.

795. De jugement et appellacion non valoir.

Si aucun appelloit d'aucun juge et il appellast hors
de la juridicion d'icellui juge, l'appellacion ne vaudroit rien ne le jugement qui seroit fait sur ce.

S'il appelloit d'aucun servicial du seigneur, comme
de cappitaine, ou de receveur, ou d'autre office, s'il
n'avoit le gouvernement de la juridicion du seigneur
l'appellacion ne vaudroit rien, ne cellui de qui il auroit appellé ne seroit jà pour tant exemps, etc....

S'il avoit appellé de lui comme de personne qui
n'avoit pas le gouvernement de la juridicion, et puis
à la pladoierie il voulist emplier que au temps de
||[1] l'appel il avoit le gouvernement de la juridicion
ou[2] il ne devroit pas estre receu : et aucuns tennent le
contraire ; et y pourroit l'en moult traire de raisons.

796. De délessier son appel.

Si aucune appellacion est faicte à la court du souverain et la partie se vueille délessier de son appellacion, si la court souveraine à qui l'en aura appellé
pourroit aprouchier et appeller en jugement le seigneur, et li faire demande que il avoit mal jugié affin
que cellui fust exemps de sa juridicion et en celle du

1. F° LXX, r°.
2. La conjonction *ou* paraît devoir être supprimée.

seigneur : aucuns tendroient que le seigneur ou son
procureur l'en pourroient faire aprouchier et faire
demande. Car supposé que cellui qui auroit appellé
délessast son appel et feist accort, jà pour tant le droit
du seigneur ne seroit empléé ne amorti, c'est assavoir
l'obbéissance auroit gaingnée de cellui qui appelle s'il
estoit trouvé que mal eust jugié, et bien eust esté
appellé; et plusieurs autres raisons y pourroit l'en
traire de cà et de là.

797. De réciter au jour du plait les moz de son apel.

Quant aucun appelle à la court du souverain, et au
jour du plait les parties viennent en jugement devant
le juge à qui l'en a appellé, cellui qui a appellé doit
faire réciter les moz et le procès sur les quielx l'appellacion s'asist; et doit conclurre contre partie et
contre le seigneur qui donna le jugement, ou son procureur, ou juge si présent est, que mal a esté jugié
et bien appellé, et que ce esclarci il soit déclairé lui
devoir estre exemps de la juridicion d'icellui. La partie adverse doit faire protestacion qu'il n'estoit de
riens en son récit de dire et maintenir que sur autres
moz le jugement s'asist, et doit premièrement faire
enseigner d'adjournement, etc....

Il convient adjournement formal en cause d'appellacion. La partie appellant puet conclurre et faire
procès contre la partie appellée présant ou absent le
seigneur ou son juge qui donna ledit jugement : plusieurs tendroient le contraire, et que l'en ne pourroit
faire procès contre l'un sans l'autre. Et pourroit l'en
arguer que la cause et le procès sont commis entre la

partie appellée et le juge. La vraye déterminacion si est que l'appellant puet faire procès contre l'appellé ou contre le juge, cellui d'eulx qui seroit en jugement : et ne puet l'en dire que la cause ou procès soient conjoins, ains sont deux natures; car s'il est dit mal jugié et bien appellé le jugement en tant comme touche partie est adnullé, et l'appellant exemps, etc... : et aussi sont deux procès et jugiez contraires, etc....

798. De cellui qui prent le gariment et puis deffaut.

Si aucune partie huche garieur et vient en jugement, et demande à veoir les lieux en jugement, et monstrée lui est adjugée, et il voit les lieux, et au jour qu'il doit venir en jugement pour respondre s'il prendra le gariment ou non s'il deffaut, jà pour tant || [1] la partie n'est forcluse de l'avoir à garieur, et sera adjourné à la requeste de cellui qui le hucha à garieur pour venir prendre le gariment ou délesser des lieux veuz : et sera appellé par procès et constumaces aussi ordennéement comme en une autre cause, avant que la partie soit forcluse de l'avoir à garieur. Et plusieurs pourroient tenir le contraire et y traire moult de raisons, et qu'il ne le pourroit avoir à l'appeller mais les iiii dilacions que coustume ordonne sans faire autre procès. Et si cellui qui seroit huchié pour garieur avoit oy en jugement déclairer la cause, plusieurs tiennent qu'il n'y auroit que un simple deffaut de procès, et le second en jugement, etc....

1. F° LXX, v°.

799. Des despens du procès.

Si aucun huche garieur aucun, et il est appellé par
tant de dilacions comme coustume donne, et il ne
vient point, savoir mon si cellui qu'il a [1] huché garieur
sera tenu païer les despens du procès retardé; aucuns tendroient que si seroit, et aucuns que non :
mais la vraye oppinion seroit qu'il li seroit tenu
puis qu'il y est deffailli, et gaigeroit l'amende à la
court, etc....

800. De débatre le fondement du procureur.

Si aucun est fondé procureur pour autre en jugement, et par la simplece de partie l'en lesse passer son
fondement qui ne seroit pas recevable, et sur ce après
le fondement procès se fait entre parties, et puis après
cest procès la partie vueille ou son conseil débatre
le fondement, il sera receu à le débatre *tociens cociens*
avant la sentence : et est une des raisons principaulx,
car si le fondement n'estoit souffisant il ne seroit pas
partie, et sentence ne se pourroit donner bonnement;
car en jugement convient qu'il ait III personnes, juge,
demandeur et deffendeur, etc.... Et encores le juge
de son office devroit veoir le fondement; car la sentence que le juge donrroit seroit incertaine se partie
n'estoit souffisaument fondée. La partie pourroit
bien arguer le contraire et dire que, puis que l'autre
l'avoit en partie aprouvé et n'avoit mie débatu son

1. Qui la, ms. Mais il est certain que la phrase a trait au garieur mis en cause qui fait défaut.

fondement et fait procès en li, et mesmement la cause contestée ou monstrée faicte, qu'il ne vendroit mie en lieu ne en temps de li débatre son fondement; car les droiz dient *quod aprobo non reprobo, etc....* Mais la vraye oppinion si est que l'en le puet débatre si comme dessus est dit.

801. De poins neccessaires en procuracion.

En une procuracion convient certains poins princi-paulz, c'est assavoir qu'il establist telz ses procureurs et chacun d'eulx; et qu'il a ferme et agréable, etc....; et qu'il oblige ses biens, etc...; et qui les relève, etc.... Et convient qu'il die que ces choses il face de fait, non mie que les promette faire, ou autrement si n'estoit contenu en la procuracion s'il ne le feist la procura-cion seroit deffective et ne vaudroit riens; et c'est la vraye déterminacion. Et bien pourroit l'en arguer que suffiroit, puis qu'il auroit obligié ses biens, et en don-nant caupcion en jugement le procureur que son maistre auroit ferme, estable, et agréable, etc....

802. De non apparestre sans grace.

Nulle personne sécullière ne autre n'est receu en court séculière par procuracion sans grace, soit en de-mandant ou en deffendant || [1] excepté prélaz ou col-légez comme abbez, prieurs conventuaux ou autres collégez : et est la raison que griefve chose seroit que gens de colléges venissent en leurs personnes en juge-

1. F° LXXI, r°.

ment, et aussi le devin service s'en perdroit, car, etc.... Excepté en certains cas contenuz en cest livre.

Un prieur ou religieux qui a le gouvernement d'un prieurté ou d'une église faudroit qu'il eust grace et procuracion · et s'il n'avoit grace il ne seroit pas receu par procuracion. L'en pourroit arguer qu'il ne pourroit establir procureurs sans le pover et substitucion de son prélat, et le convent le feissent procureur à demander et requerre les droiz de son bénéfice, et li donrroit pover de substituer autres en lieu de lui, et mesmement ès choses qui toucheroient l'héritaige de son prieurté : mais des fruiz ou biens meubles du prieurté pourroit ; car ilz serroient siens. Et dit droit en termes *qui non potest rem alienare non potest in judicio ducere vel ventilare.* Et bien pourroit l'en arguer le contraire ; car puis qu'il auroit le gouvernement du bénéfice qu'il pourroit demander, etc.... Et y pourroit l'en traire plusieurs raisons.

8o3. De faire ratiffier après les noces.

La cause pour quoy l'en fait ratiffier à une femme le contrait ou la quictance qui se fait ès fiancalles d'un mariage après les nopces, si est car la très grant joye qu'elle a le jour de ses fiancailles elle accorde le trait : et pourroit l'en arguer, etc...; mais après la ractificacion non.

8o4. De non lessier la tutelle.

Si aucun avoit la tutelle d'un pupille il ne s'en

pourroit pas deschargier sans certaine cause et de la voulenté de justice : s'il s'en vouloit deschargier en autre, il convendroit que ce fust de la voulenté de justice.

8o5. De contrait fait de père à filz.

Nul qui est ou pover du père ne puet faire contrait qui soit valable et sur lequel excepcion puisse estre faicte lui estant ou pover du père : mais le contrait qu'il feroit en aucune personne privée lui estant ou pover du père vaudroit et tendroit après la mort du père ; mais si le père faisoit aucun contrait en son filz o le père lui non mancipé et estant en son pover, tel contrait ne vaudroit riens par droit pour ce, *quia pater et filius una voa est.* Et dit la loy *vox patris vox filius.*

8o6. De père soy démettre en ses enfans.

Le père se puet bien desmectre des biens lui vivant en ses enfans, c'est assavoir s'ilz estoient en eage et les mancipast, et puis se desmeist des biens en eulx.

8o7. De pourveoir le pupille de tuteur.

Si aucune justice veult donner tuteur à un pupille, il doit appeller les amis de char à ce ; et s'ilz ne viennent au premier adjournement, l'en les doit faire adjourner o intimacion. Et s'ilz ne viennent, la justice les doit pourveoir de tuteur.

8o8. De lectres communes entre meneurs.

Si aucune division est faicte entre aucuns communs

en biens, et il y ait aucunes lectres qui ne se puissent
pas deviser, l'ainsné ou son hoir les doit avoir et
garder ‖ [1] par devers soy : et bien pourroit l'en dire
que ce ne vaudroit que entre les nobles.

809. De religieux non païer la debte de son prédécesseur.

Si aucun religieux ou personne de sainte église,
comme un chappellain ou prieur d'un prieurté ou
gouverneur d'aucun bénéfice, empruntoit d'aucun
certaine some d'argent, et de ce donnast lectre de
recongnoissance èsquelles fust contenu qu'il confessoit
avoir eu ladicte somme et mis et converti ou prouffit
de l'église, jà pour tant cellui à qui ladicte some
seroit deue, après la mort de cellui curé, ne pourra
demander ladicte somme à cellui qui gouvernera
ledit bénéfice, s'il ne monstroit qu'il eust eu ladicte
somme et mis et converti ou prouffit de ladicte
église; car les églises sont plus previlégiées que autres
personnes privées.

Et par semblables manières seroit d'un tuteur d'un
pupille, s'il confessoit avoir eu aucune chose par nom
du pupille; car il convendroit qu'il monstrast la
récepcion, et qu'il eust esté converti ou prouffit du
pupille.

Et ista duo oportet probare ce dit droit, ou fait de
l'église et du pupille : et dit la loy à propos *quod
tutor et ecclesia pari passu ambulant.*

Mais ou fait d'autres personnes privées ou qui
seroient communes en biens et en eage convenable ne

1. F° LXXI, v°.

seroit pas ainsi; car suffiroit monstrer le paiement de la chose. Et assez pourroit l'en arguer oppinions contraires.

810. De droiz entroduiz en faveur des femmes.

Droit dit que si aucune femme s'est tenue pour contente de succession de père et de mère, ou de collecteral tranversal par certaine somme d'argent ou autres choses à elle données en mariage, et sur ce ait juré et renuncé, etc... que non contretant ce, elle sera receue à succession *conferando, id est* raportant en communauté ce qui li aura esté donné en mariage : et se commance la loy *pactum dotale titulo obmisso, lege de collacionibus, codice, libro sexto* [1].

811. De former sa demande sur possession.

Si aucun a la possession d'aucune rente ou d'autre chose, et mort cellui qui avoit la possession ou cellui qui devoit la rente, les hoirs de cellui voulent demander à cellui ou à ses hoirs qu'il continue la possession, il ne pourroit pas faire telle demande par droit et raison : et y pourroit l'en moult traire de raisons, et au contraire aussi. Mais s'il disoit en sa demande qu'il avoit la possession par raison de certaines choses qu'il offre à monstrer, il y feroit à recevoir.

812. De juge d'église non congnoistre d'action réelle.

L'en pourroit dire de coustume que en court d'é-

---

1. *L. pactum dotali*, 3, *C. de coll.*, 6, 20.

glise ne puet l'en congnoistre d'action réelle des
choses qui meuvent d'eulx, et mesmement des choses
qui meuvent de hauls justiciers; car puis qu'elles meuvent de hauls justiciers des lieux, plusieurs raisons
pourroient estre dictes que congnoissance appartient
à eulx et non pas au braz ecclésiastique des choses
mouvans d'eulx : et bien pourroit l'en arguer du contraire.

‖ [1] 813. De obéissance rendre.

Si aucun justicier veult avoir congnoissance d'aucunes choses touchans héritaiges qui meuvent d'autre
qui ait juridicion ou voerie sur la chose, l'obbéissance
doit estre rendue à cellui, s'il la requiert.

814. De décliner de juge.

Si aucun juge séculier ou d'église fait convenir
aucun devant soy sur action réelle des choses qui ne
sont mie resséans en sa juridicion, ou sur quoy il n'a
mie seigneurie ou congnoissance, l'en en pourroit décliner et proposer plusieurs raisons sur ce de là et
de là.

815. De faire monstrée hors de sa juridicion.

S'il convenoit faire monstréc par aucun justicier
des choses qui ne seroient mie en sa juridicion, il
convendroit que la monstréc se feist par supplicacion
au juge en qui seignorie seroit la chose.

1. Fo LXXII, ro.

816. De confronter la chose en court d'église.

Si le juge d'église trait en cause aucun sur action réelle, l'en doit par droit confronter la chose en la demandee; et vault monstrée selon droit : et se commance la loy *si fundus*.

817. De appeller le sergent du lieu à la monstrée faire.

Ne puet pas aucun sergent ou autre faire la monstrée d'aucunes choses qui ne sont mie en sa juridicion sans le sergent du lieu : et s'ilz le fasoient, ilz se mefferoient, et les en pourroit l'en traire à amende.

818. De avoir la court d'action réelle.

Si aucune justice séculière ou d'église fait convenir aucun sur action réelle, si la chose meut d'aucun autre justicier ou d'autre personne qui ait congnoissance sur la chose, ou juridicion ou vaerie, il puet demander la court et l'obbéissance, et l'aura par la coustume.

819. De la peine qui commet faulceté.

Si aucun clerc commet aucune faulceté en aucunes lectres, la peine de droit si est qu'il commet les meubles à son juge et sera banniz : et se commance la loy *de criminibus falcitatis*.

820. De tourner la peine criminelle à civille.

Si le juge li met la peine criminellé à civille, c'est

à dire qu'il gaige l'amende sur ce ou compose à aucune some d'argent, et il n'ait de quoy païer, l'en ne le puet selon droit à plus contraindre que à faire, cession de ses biens ; et en tant sera quictes.

821. De la response des clers en court laye.

Si aucun clerc est trait par devant juge séculier sur action personnelle, le marié respondra par la coustume. Mais clerc non marié ne respondra point s'il ne veult, mais par devant son juge d'église. Mais sur action réelle, respondroit l'un et l'autre. Et si le clerc marié[1] estoit mis en procès en la court laye sur action personnelle et contestacion fust faicte, il ne pourroit décliner de juge en sa personne après contestacion, etc.... Et y pourroit l'en moult traire de raisons. Mais le juge d'église de son office pourroit bien demander la court ; car le clerc ne puet donner juridicion sur soy à juge séculier par accort qu'il face : et aussi y pourroit l'en traire moult de raisons.

||[2] 822. De perscripcion contre cas de crime.

Si aucun homme ou feme avoit commis aucun cryme par quoy il deust desservir mort, et il n'en n'eust esté aprouché ou accusé jusques à xx ans passez, l'en ne le pourroit pas aproucher ne punir ledit temps passé selon droit, et par la loy qui se com-

1. *Sic*, ms. Il faut sans doute ajouter la négative ; ce paragraphe n'aurait point de sens autrement.
2. Fᵒ LXXII, vᵒ.

mance *querela*[1] : car le temps seroit perscript contre
li. Or est assavoir si justice de son office l'en pourroit
suivre; l'en pourroit dire que non pour ce que la loy
parle *indistincte :* et bien pourroit l'en arguer du contraire, et que perscripcion ne seroit pas corue contre
la justice mais contre la partie.

8₂3. De la peine qui commet poisons ou autres ars.

Si aucun ou aucune commet aucuns ars, ou poi-
sons, ou bevrages, ou autre mal art par lesquielx
division ou séparacion de mariage ou commutacion
indeue ou autre chose s'ensuist, telz mannaierez[2] de
gens qui usent de telz ars appellez qui sont deffenduz
en droit doivent estre ars selon droit ; *ultimum sup-
plicium obtinere debent* dit la loy[3]. Mais [si] d'icelles
ars mort n'estoit ensuye pourroit l'en arguer qu'il ne
devroit pas morir ; mais le juge li pourroit mitigier
la peine. Et pourroit l'en arguer que telz gens usans
de telz ars devroient estre puniz par le braz ecclésiastique.

8₂4. De office de sergent.

Quant aucun applégement est fait devant aucun juge
ou sergent, la chose contenue en l'applégement chiet
dès lors en la main de la court; et doit le sergent prendre l'applégement et le contrapplégement, et seeller,

1. *L. querela falsi,* 12, *C.*, *ad legem Corneliam de falsis,* 9, 22.
2. On peut lire aussi *mauvaiciez.* Mais je pense qu'il vaut mieux
lire comme j'ai mis dans le texte; cela me paraît une forme du
mot *manières.*
3. V. *Tit. ad legem Corneliam de sicariis,* ff., 48, 8 : *Cod.*, 9, 16.

et baillier devers la court. Et n'en doit pas le sergent baillier la coppie à partie. Mais le juge en doit donner coppie aux parties eu jugement, et ne doit pas le sergent mettre ne tenir la chose en main de court sans licence ou mandement du juge. Et bien pourroit l'en arguer du contraire.

8ı5. De faire son inventoire seurement.

Quant aucune personne se veult faire hoir d'aucun en bénéfice d'inventoire pour doubte des debtes du mort, s'il veult sainement faire son inventoire, il doit faire assavoir par la justice aux créditeurs qu'ilz viengent veoir faire l'inventoire des biens du mort, ou le faire crier publiquement.

8ı6. De clerc ou prestre décliner de juge séculier.

Si aucun homme séculier fait adjourner un prestre ou clerc sur cas d'afféage devant juge séculier ou sur action persounelle, il n'y respondra point s'il ne veult, ains peut décliner du juge et de la juridicion; et pourra demander despens à la partie, et dire que puis qu'il savoit qu'il estoit clerc ou prestre ou personne previlégiée il ne le devoit pas faire appeller ailleurs que devant son juge; et aucuns tenent le contraire qu'il ne devroit avoir nulz despens; car il auroit deux prouffiz, despens et non respondre ; car puis qu'il auroit son obstat de non respondre, il devroit suffire. Et en cest cas d'affiage le juge séculier doit enjoindre à partie que li donge affiage dedens x jours.

Si aucun juge veult condempner aucun en despens qui soient doubteuxs, il le puet condempner ès despens que de droit, etc....

827. De refaire la monstrée.

Si aucun fait aucune monstrée ou desseurée en une manière || [1] il ne la puet pas reffaire en autre manière sans voulenté de la partie et du juge, et paieroit despens. Et si débat sourt sur la monstrée faicte le sergent doit estre oïz et creuz. Et plusieurs tennent le contraire.

828. De acquestz faiz durant le mariage.

Quant aucuns acquestz sont faiz durant le mariage d'aucun homme et de sa femme, lesdiz acquestz sont communs entre eux, et a chacun la moytié, et est acquis à la femme son droit si tost comme lesdiz acquestz sont faiz selon droit : et dit la loy *quod mulieri caucionis acquiritur.*

829. De mari allienner les acquestz qu'il a faiz.

Si le mary fait les acquestz en son nom, il les puet vendre et aliéner par droit et coustume; car aussi comme il les acquiert il les puet alliéner. Mais si les acquestz estoient faiz en nom de li et de la femme et le contrait le portast, il n'en pourroit aliéner que sa partie : et aucuns pourroient dire le contraire, et y traire l'en moult de raisons, et que ladicte vente ne tendroit ne mais durant la vie dudit mari.

1. F° LXXIII, r°.

83o. De faire inventoire des biens du pupille.

Si aucune feme se dit avoir la tutelle de son enfant ou autre personne par testament ou autrement, avant qu'ilz prengent nulz des biens du pupille, ilz sont tenuz faire inventoire. Et s'ilz fasoient le contraire ilz chéent ès peines si dessoubz déclairées : c'est assavoir qu'il seroit puniz du délit comme de furt, et dit la loy *quod debent incarcerari et poni in vinculis;* qu'ilz sont tenuz restituer au pupille ou à son tuteur ce qu'ilz déclaireront par serement qu'il aura eu du sien; et à l'intérest, c'est à dire aux dommages : et en oultre dit la loy *quod maritus tacite est obligatus erga pupillum,* si la femme mère du pupille convolée aux secondes noces a prins des biens dudit pupille.

Si tost comme la mère veult convoler aux secondes noces elle par avant doit venir à la justice, et se doit deschargier de la tutelle, et rendre compte des biens du pupille, etc...; et requerre la justice que li baille autre tuteur, et la justice le doit faire : et si la femme faisoit le contraire elle se mefferoit. Et si le mari prenoit riens des biens du pupille ou autre sans bénéfice d'inventoire ou sans congié de la justice, il seroient infames par droit.

83i. De révoquer ses procureurs ou receveurs.

Si aucun veult révocquer ses procureurs ou aucun qui seroit son receveur général, ou il l'ait commis à recevoir et exigier aucune debte, et il le deust révoquer, il le puet révoquer en sa personne, ou il le puet establir pour soy au révocquer aucun procureur aïant povoir à ce. Mais s'il estoit receveur d'aucune debte, et il fust venu à la notice des debteurs qu'il eust povoir à ce, il seroit neccessité que l'en le notiffiast aux debteurs qu'il estoit révocqué : car autrement les debteurs s'ilz avoient riens païé à cellui, ilz auroient bonne exeption s'ilz ne savoient la révocacion ; mais cellui auroit action vers cellui receveur qui auroit levé et prins après la révocacion, et en seroit puniz comme de déliz.

832. De fait qui est reïterable.

Un article peut estre despendent d'un autre, et aussi ı fait puet bien estre reiterable, c'est à dire que un fait ou une confession de lectre pourroit bien estre passée en une manière, et se pourroit preuver que autrement avoit esté.

|| ¹ 833. De donner tuteur.

Quant aucun enfant est au dessoubz de l'eage de xıııı ans le masle, ou la fumelle de xıı ans, tuteur leur doit estre donné à leurs causes et choses ; et quant ilz ont l'eage dessus dit, il doit estre discerné par le juge lui estre de eage affin que le procès soit valable, etc....

834. De clers commectre faulceté, etc.

Si aucun clerc qui soit clerc d'une court séculière commet faulseté ou erreur en un procès ou acte comme clerc d'icelle court, la congnoissance du délit appar-

1. Fº LXXIII, vº.

tient au juge d'icelle court, car il n'a fait le délit mais comme *pica vel organum* par la loy qui se commance *clerici curiales.* Mais s'il avoit commis délit comme notaire d'un juge de court d'église, en cest cas le juge de l'église en congnoistroit, et toutes voies en l'un cas et en l'autre la punicion en appartendroit au juge de l'église ; et la court séculière la li baudroit à punir chargié du fait. Et sur ce pourroit l'en traire moult de raisons contraires afin que en touz cas la congnoissance appartendroit au juge de l'église ; car de tous clercs la punicion appartient à l'église.

835. De sauvegarde.

De sauvegarde le prince congnoist sur toutes personnes, et à nul autre congnoissance n'en appartient.

836. De bigames clercs.

Si aucun clerc avoit despucellé une feme et depuis la prinst à femme espouse, savoir mon s'il seroit bigame ou non. Aucuns doubteus tenent que si seroit, et aucuns le contraire : mais la vraye oppinion est qu'il n'est point bigames.

837. De la peine qui prent feme de son lignage.

Si aucun homme expouse femme qui soit de son lignage sans dispensacion du Pape, il commet par droit tous ses biens meubles et immeubles au seigneur qui est hault justicier du lieu, et dit la loy *de hiis qui insestas nupcias contrahunt*[1] : et aussi seroit le ma-

1. *L. 6, C., de incestis nuptiis,* 5, 5.

riage séparé et départi par saincte église si l'homme
s'estoit couchié en une femme qui fust du lignage.

838. De eschoete de filles.

L'en tient par la coustume de la conté d'Angolesme
. et de Poitou aussi que quant terre eschiet à filles
gentilzfemmes, l'ainzné prent en avantage le herbergement principal, et la garenne si elle y est, et la fuye,
et autres appartenances dudit herbergement, et le
quint de la terre en avantage, et le demourant par esgal
porcion, et fera l'hommage aux seigneurs, et les autres
seurs tendront en parage soubz elle si elles veulent,
ou si non feront par elles s'ilz veulent hommage aux
seigneurs, ou autre devoir ou recongnoissance telle
comme la coustume portera. Et en plusieurs lieux en
Poitou qui ne prent que le herbergement et trois
quartiers de terre à l'entour, et un homage jusques
à c s., et le quint en avantage si comme plusieurs
tennent.

839. De gentilfemme prendre son douaire.

S'il y avoit femme qui doye prendre douaire sur
ladicte terre, elle doit prendre son tiers par douaire
premièrement avant toutes autres divisions.

840. De soy-applégier sur turbanture.

|| [1] Un home sur tort et sur force se puet appléger
en turbanture en son chief supposé que la chose soit

1. F° LXXIV, r°.

devers sa femme : car il ne met pas en jeu la propriecté, mais la possession, etc....

841. De advocat non estre tesmoing en la cause de qui il est du conseil.

Droit dit que nul advocat ne doit estre receu en tesmoing en la cause en laquelle il seroit du conseil, car
par faveur, etc...: et se commance la loy *de mandatis
principium, in fine, digestis*.

Droit appelle ignorance à quoy nul ne doit estre
receu *ignorancia grassa*, aussi comme d'une chose
qui doit estre noctoire comme une assise, etc....

Auctor sequitur forum rei.

Droit dit que en contraiz faiz entre parties, l'en
doit regarder *mentem conficencium et voluntatem con-
trahencium :* et s'il y chiet aucune doubte apparessant
par lectres ou autrement, l'en doit avoir regart à
l'entente et voulenté qu'ilz avoient au temps du contrait, etc....

842. De confession faicte en absence.

Si aucun confessoit en l'absence d'autrui ou de son
procureur qu'il li devoit aucune somme, ou il avoit
eu aucune chose du sien, telle confession faicte qui
portast contrait d'obligacion au prouffit de cellui en
son absence ne vaudroit ne ne tendroit ; et à semblable cas le pourroit l'en mectre à exemple en plusieurs
manières. Mais la confession que aucun feroit en
absence d'autrui qui cherroit en la descharge et quictance d'icellui, aussi comme en son absence il confessast avoir eu de li x l. qu'il li devoit, telle confession
vaudroit par droit et raison, etc.... Et pourroit dire de

raison *quod quantum ad obligacionem* ne vaudroit pas la confession, mais *quantum ad obligacionem* vaudroit, etc....

843. De donnaison faicte à église sur le censif tenu gentilment.

Savoir mon si aucun a sur aucun demaine rente ou cens portant seigneurie, et cellui à qui est le demaine donne à l'église ou à aucune personne sur cellui demaine aucune rente, s'il puet valoir : aucuns pourroient dire que ne vaudroit pas; car ce seroit ou préjudice du seigneur chargier son tessau[1], et aucuns le contraire. Et la vraie oppinion est que ce ne li est point de préjudice; car cellui à qui la chose est donnée n'y a point de seignorie, etc...

Et est la cause par quoy l'en pourroit dire que ce est ou préjudice du seigneur, pour ce que la chose pour la charge en pourroit estre moins vendue, et ventes y seroient maindres au seigneur.

844. De extraire lectres des prothecolles des noctaires mors.

Si aucun noctaire lui vivant ot aucunes lectres et en son vivant ne les ait rendues aux parties, le juge de quel seel le contrait fut passé puet bien faire estraire et faire les lectres, par quoy il apparesse du protecolle signé dudit notaire, et sur ce commectre un autre notaire. Mais un autre juge qui ne seroit de rien souverain icellui juge ne pourroit pas faire faire

1. *Sic*, ms. Il faut probablement lire *cessau*, pour *censau* ou *censif*.

lesdictes lectres puis que les parties ne seroient de riens subjectes audit juge : et y pourroit l'en moult traire de raisons, et au contraire aussi.

845. De tesmoings à la confession d'aucun contrait.

En la confession d'aucun contrait ou d'aucunes lectres puet l'en bien mectre tesmoings qui veult, et sans tesmoings vault par quoy soit fait || [1] par devant notaire ; car plusieurs foiz advient que les tesmoings se varient et discordent, *quia memoria hominis labilis est.*

846. De curé d'église.

La raison par quoy le curé ou rectour d'une église seroit receu en court laye à demander les choses et biens meubles et immeubles de son église sans espécial mandement ou procuracion de son prélat, plus que un religieux qui est ou pover de son prélat ou de son abbé, si est ceste : car le curé a la cure des ames de ses parroissiens et est seigneur de l'église à sa vie et privée personne, et n'est de riens en cest cas ou povoir de son prélat et plusieurs autres raisons, etc...; et un religieux est ou povoir de son prélat, et y convient procuracion espécial de son prélat et de convent, et plusieurs autres raisons, etc....

847. De convenance ou actort fait.

Droit dit que convenance ou actort fait, *id est pactum* qui est fait entre aucunes personnes sur la

1. F° LXXIV, v°.

succession ou eschoecte d'aucun qui seroit vifz ne
vaudroit point; car c'est chose où ilz n'ont riens, et
droit les prohibist, et se commance la loy *de tali ques-
tione, codice, et quod pactum factum super successione
futura non valet*[1]. Mais si de la voulenté de cellui de
qui les biens de la succession sont si l'acort se faisoit,
il pourroit valoir.

848. De quictance faicte du filz au père.

L'en pourroit arguer que la quictance que le filz
feroit au père et a la mère de leurs biens ne vaudroit
riens; et bien y pourroit l'en traire plusieurs raisons
contraires, et que si sur ce serement estoit fait que le
serement les lieroit. Et bien pourroit l'en arguer du
contraire; car telz seremens qui seroient faiz sur
aucun actort ou contrait que droit deffent ne vaudroit, etc....

849. De femme renuncier.

L'en pourroit dire que si aucune femme avoit
renuncé à aucun contrait et espécialment sur le fait de
son douaire aux lois introduiz en leur faveur, que
la renunciacion ne vaudroit riens, et la renunciation
de Senatus ne se estant mais quant avoit femme se
mectroit en plége envers autruy.

850. De cellui qui tue home qu'il treuve couchié o sa femme.

Si aucun trouvoit un homme couchié ou sa femme,

1. *L.* 30, *C.*, *de pactis*, 3, 3.

il le pourroit selon droit tuer sans en cheoir en paine criminelle ; et s'il le trouvoit en présent meffait et l'autre s'en fuist, et il le suist en chaude suite, et le tainsist sans divertir en autres faiz, il le pourroit tuer sans cheoir en paine criminelle. Mais s'il ne continuoit sa suite et se devertist en autres faiz, *ad alios actus divertisset se* tant ou quant, et puis après reprist sa sixte, il ne pourroit ne devroit l'autre endommagier de corps : et s'il le faisoit il en seroit puniz.

851. De feme avoir la tutelle de ses enfans.

Si aucun homme qui ait femme et enfans et il meurt, la femme aura la tutelle de ses enffans jusques à tant qu'elle soit convolée aux secondes noces. Et si elle ne veult tenir les enfans, justice de son office les doit bailler en tutelle au plus prouchain et plus prouffitable du ligneage devers le père, s'il en y a aucun qui soit du lignage devers le père, et les doit la justice pourforcier à le prendre, s'ilz ne le vouloient faire de leur gré. Et s'il n'en y avoit aucun souffisant devers le père si seroient bailliez devers la mère par la manière que dessus est dit. Et s'il || [1] n'en n'y avoit nulz de l'une partie ne de l'autre, si doit la justice de son office donner un autre estranger tout ne soit il pas du lignage : et l'appelle droit tuteur datif, *id est tutor dativus*, en cest cas donné *propter utilitatem paternitatem*. Et dure la tutelle des masles jusques à xxi an, et des fumelles jusques à xiiii ans. Et par la coustume de Poitou, de Saintonge et d'Angomoiz, xiiii

1. F° LXXV, r°.

ans des masles et, xii ans des femelles. Et si ladicte feme a enfans au dessoubz de l'eage de iii ans, elle est tenue le tenir et le nourrir jusques il ait iii ans acompliz, *quia presumitur ex lacte vivere* si comme dit le droit, et ce veust droit. Et s'il y avoit doubte lequel seroit plus prouffitable, le juge se doit enquerre de son office et puis pourveoir sur ce, etc....

852. De seigneur qui doit rendre son advis.

Si aucun seigneur prent la dévestizon d'aucunes choses vendues qui meuvent de li, il puet tenir la chose en sa main vii jours pour soy adviser s'il en vestira l'achapteur ou retendra la chose pour le pris; et au bout des vii jours il doit rendre son advis s'il la retendroit ou non : et ce est coustume en Poitou.

853. De commectre le censau par défaute de cens non païé.

Si aucun tient d'un seigneur aucun cessau et il cesse de païer iii ans le cens, la chose est commisse au seigneur par la coustume de Poitou : mais l'home fait à appeller à ce en jugement et l'en priver par droit.

854. De cellui à qui l'en faut de gariment.

Si aucun huche un autre à garieur et après monstrée faicte il vient en jugement et die qu'il ne prendra point le gariment, le juge doit dire par droit qu'il ne veult point le gariment prendre, et gagera le hucheur une amende de gariment non prins; et aura *acta* s'il veult de la court que l'autre n'a voulu prendre le gariment afin, etc....

855. De droit de sanc qui ne puet estre transporté.

Droit dit que droit de sanc *id est jus sanguinis* ne puet estre transporté de une personne en autre, affin qu'il puisse représenter la personne du lignage quant à venir à succession, et mesmement quant il n'apert pas que cellui dont l'en se dit avoir droit soit vifs au temps que la succession avient. Et pour ce puet l'en dire que si aucune donaison transportée ou cession avoit esté faicte à aucun du droit de la succession d'aucun, si cellui n'estoit mort avant que cellui qui ce aura donné, cellui qui telle donnaison auroit receue n'en pourroit demander nul prouffit, puis que la succession ne chiet au donneur en son vivant; et y pourroit l'en moult traire de raisons sur ce.

L'en puet dire que [par] telles donnaisons de droit de succession l'en ne puet représenter la personne du mort dont la succession eschiet, quant à soy appléger aussi comme pourroit faire aucun du lignage de qui la succession escherroit par la raison dessus dicte : car droit de sanc ne puet estre transporté, etc... Car droit de soy appléger ne doit appartenir mais à ceulx qui sont du sanc : et bien pourroit l'en arguer du contraire et traire plusieurs raisons; mais la vraye oppinion est que telle succession ne puet estre demandée par voye d'applégement, si n'estoit de ceulx qui sont de lignage.

856. De monstrer que la chose fust baillée.

|| ¹ Il est droit que si aucun confesse devoir aucune

1. Fº LXXV, vº.

somme d'argent ou aucune chose d'aucun prest, et il n'avoit mie eu la chose, et s'en deulst dedens deux ans, il convendra que cellui qui deust avoir baillié la chose monstre qu'il l'eust baillie par soy ou par autre; car telles obligacions se font *sub spe habendi rem* ce dit la loy.

857. De succédir par droit et par coustume.

Il est droit escript que tout aussi comme le filz succédist ès biens du père et de la mère après leur mort, que le père et la mère succédissent ès biens du filz après sa mort : mais la coustume est contraire.

858. De appellacion faicte.

Si aucun appelle d'aucun juge au souverain juge royal d'aucun juge, il est exemps de la juridicion de cellui juge pendant ledit appel.

Item, Cellui [qui] appelle doit appléger devant le sergent du Roy son appel dedens x jours, et le juge aussi qui donna le jugement doit appléger son jugement par mesme manière dedens x jours : et aucuns coustumiers tennent qu'il n'est mestier de faire ceste plége si le juge n'estoit fermier comme i prévost fermier, etc...

Item, Cellui qui aura appellé doit faire adjourner le juge dedens xl jours après l'appel à aler avant en cause d'appel.

Item, Doit faire intimer à la partie pour qui le jugement aura esté fait qu'il soit audit jour pour deffendre le jugement si en riens li appartient.

Item, En tel cas ne souffist mie adjourner le seigneur en la personne de son séneschal ou de son receveur; ains convient par espécial que l'adjournement soit fait en la personne du seigneur ou de son procureur. Et est la raison principal que l'obéissance qu'il content de son justicier qui a appellé est l'héritaige du seigneur.

Item, Si le plégage dessus nommé et les adjournemens n'estoient faiz si comme dessus est dit, l'appellacion seroit déserte.

Item, Si le seigneur ou son juge n'avoit applégé son jugement si come dessus est dit, il ne seroit mais partie à deffendre son jugement; ains auroit perdu l'obéissance de son home tant comme l'home vivroit par la coustume de Poitou.

Item, Compte l'en les xL jours de faire l'adjournement et les xL jours de l'applégement de heure en heure, de jour en jour.

Item, Si aucun avoit appellé de son seigneur de deffaut de droit et il fust prouvé qu'il en eust deffailli, l'home et ses hoirs seroient exemps perpectuellement de la juridicion du seigneur et des siens : et plusieurs tenent que ne seroit que à sa vie s'il n'estoit son home de foy, et ses hommes aussi, si comme plusieurs tenent.

859. De bian et gelines.

Il est coustume en Poitou que si aucun hostel doit bian ou geline de rente, et après ce l'hostel se devise en divers parconniers, après la division chacun hostel des personniers paiera bian et geline s'ilz la doivent : et après ceste division il se assemblent arrière en communauté il toura arrière au premier

estat, et ne paieront que un bian, etc.... Et aussi pourroit l'en dire de plusieurs autres choses à exemple.

|| ¹ 860. De l'ainsné avoir son exploit.

Il est droit escript et coustume que si aucun a son
usage en une forest ou bois, et l'hostel de cellui se
devise en plusieurs branches, il n'aura ledit usage que
l'ainzné dudit hostel : et aussi prendroit l'en exemple
a plusieurs autres choses.

861. De prélat mettre le bénéfice en sa main.

Il est droit escript que le prélat puet mettre en sa
main les bénéfices de son évesqué jusques à tant que
cellui qu'il tient ait enformé de son tiltre.

862. De justicier mettre en sa main domaines de sa terre.

Le hault justicier puet mectre en sa main les
fiez et rerefiez de la chastellenie et autres demaines
jusques à tant que l'en l'ait informé de qui la chose
est tenue; et ce est coustume; et est hault justicier
en cest cas fondé de droit commun.

863. De vendre des choses du féage oultre les II pars.

Si aucun tient à foy et homage aucune chose d'un
seigneur, il puet vendre les deux pars des choses
estans soubz le féage par la coustume, et le tiers en
retendra pour servir le fié; et s'il vent plus des deux

1. Fo LXXIV, r°.

pars, le seigneur le puet aprocher et concluir à commission de féage ou autre amende.

864. De païer ventes et honneurs.

S'il àdvenoit qu'il vendist aucune chose dudit féage
et il y retenist aucun devoir dessus à païer de cellui
qui achateroit en cest cas, le seigneur du fié n'auroit
que ventes pour raison de la chose vendue. Et si la
vente estoit faicte de cellui qui tendroit la chose à
hommage sans y retenir aucun devoir dessus, il y
auroit en cest cas ventes et honneurs, et est coustume. Et la raison par quoy les ventes y sont est par
raison de la vente, et les honneurs par raison de ce
qu'il ne retient riens en la chose; ains sera tenu
du souverain seigneur.

865. De comectre ses biens.

Quant aucun homme se tue ou se née par despé-
rance, tous ses biens sont acquis à la justice : et est la
raison *quia scivit se ipsum* ce dit le droit, et se
commance la loy *de hiis qui sibi mortem con-
sciunt*[1] etc....

866. De église ou cimetière estre poluz.

Il est décrétalle que si aucun féroit un autre ou
cimetière ou en église et sanc en yssist, le cimetière
ou église sont poluz, et n'y puet nul chanter jusques

1. *ll.* 1 *et* 2. *C. de bonis eorum qui mortem sibi consciverunt,*
9, 50.

à tant qu'il soit réconcillié par l'évesque ou ses vi-
caires. Et si tost comme il vient à la notice des pres-
tres que il est poluz, ilz doivent cesser sans autre mandement actendre.

Et aussi si aucun homme fust marié ou non se couchoit en une femme en l'église ou en cimetière aussi
bien seroient poluz. Et doit cesser tout chappellain de
chanter puis qu'il vient à sa notice comme dessus est
dit.

Et si après ceste notificacion ou qu'il soit venu à la
congnoissance d'icellui curé que lesdiz église ou cimetière soient poluz et il chante en ladicte église, il
est yrégulier selon droit.

867. De tuteur transiger.

‖ ¹ Un tuteur puet transigier des choses des pupilles
ès choses occures et doubteuses selon droit.

868. De la manière de soy appléger.

Quant aucun fait applégement contre aucun d'au
cune chose, il convient qu'il donge plége à maintenir
son applégement et que le plége s'i establisse devant
le juge ou le sergent. Et vault cestui applégement fait
et le plégeage aussi en présence ou absence de partie.
Et si tost comme l'applégement est imtimé à la court
ou au sergent la [chose] chiet en la main de la court, et
est la partie dessaisie qui tenoit la chose. Et si l'autre
partie se vouloit contrappléger, il convient que son con-

1. Fo LXXVI, v°.

trapplégement soit fait assavoir et baillié à la justice dedens x jours après l'applégement fait de la partie. Et n'est nul besoing que dedens cellui.temps il soit fait assavoir qui ne ·veult à la partie applégant; mais le sergent en fera relacion au jour du plait si la partie s'est contrapplégée ou non dedens cellui temps. Et si elle est contrapplégée, droit en oultre entre les parties; et si non la partie applégant aura la saisine de la chose par la main de la justice par manière de requeste o plége. Et ne dure le temps de soy appléger par la coustume de Poitou que un an et 1 jour.

869. De non povoir guerpir la chose.

L'en pourroit dire de raison et aucuns tenent qu'il est coustume que puis que aucuns a tenu ou ceulx dont il a cause aucun demaine par xxx ans, il est seigneur de la chose à ceste fin qu'il ne la puet guerpir, etc... : et aucuns tenent du contraire que tousjours y vient l'en à temps par la coustume.

870. De allissemens faiz.

Qui auroit administré ou fait administrer les despens d'un cheval ou d'autre beste d'aucun home, telz alissemens sont privilégiez selon droit, et devroient estre païez avant que autres obligacions. Et bien pourroit l'en tenir le contraire.

871. De beste ou chien qui blece ou mort aucun.

Si un chien ou un cheval mordoit ou féroit un homme ou faisoit aucun dommage, cellui à qui il seroit en seroit quicte en le désadvouant, ou autrement il seroit tenu au dommage. Et si après le désadveu il reprenoit, il y seroit tenu comme dessus est dit.

872. De tuteur.

Si aucun a la tutelle d'aucun enfant soit filz ou fille, et le tuteur est appellé à la requeste d'aucun en jugement, et l'en li face demande par raison de la tutelle, si l'enfant a passé vii ans, il convient que l'enfant soit adjourné en l'auctorité de son tuteur, et que la demande et le procès soit mené en ledit enfant présent ledit tuteur comme dit est. Et qui feroit simplement la demande audit tuteur ou cas dessus dit il en excepteroit par droit, et ne seroit tenu de respondre.

Et si ledit enffans est au dessoubz de l'eage de vii ans, ledit tuteur est tenu de respondre : et se fera le procès avec li en cest cas sans ledit enfant.

Et s'il estoit en débat de l'eage de l'enfant, l'en doit · oïr les parreins et || [1] marreimes qui le tindrent sur fons s'ilz vivent, ou sinon le tuteur, et sur ce faire droit ; et ce veult droit : et puet le juge bien de son office s'il veult faire venir l'enfant en jugement pour veoir son eage, etc.... Et aucuns tennent le contraire de droit et de coustume.

Si sentence se donne contre le tuteur l'excepcion [2] se fera sur les biens de l'enfant, etc....

---

1. Fº LXXVII, rº.
2. *Sic*, ms. Il faut sans doute lire : *exécucion*.

873. Des hoirs faire demande d'injure dicte.

L'en tient de droit que si aucune injure est faicte à
aucun en son vivant et il en eust commancié à faire
demande en son temps, si la contestacion n'estoit au
temps de la mort de cellui, son hoir n'en pourroit pas
faire demande après sa mort : mais si ladicte contestacion estoit faicte, il pourroit faire demande, etc....

874. De feme estre hoir de son seigneur.

Il est droit que si aucun meurt sans qu'il ait nulz
hoirs la femme de cellui sera son hoir. Mais la coustume est contraire.

875. De leisse faicte, et la chose est mal spécifiée.

Une loy dit *quod falsa demonstracio non viciat le-
gatum*, c'est à entendre que si aucun avoit fait aucune
lesse ou donnaison d'aucune maison ou d'aucune autre chose à aucun et lectre en fust passée, et la chose
lessée fust malement spécifiée ou nommée par fraude
ou par vice, et en vérité de fait la chose fust lessée, elle
tendroit ; et en plusieurs autres manières l'en la pourroit enterprecter.

876. De personne soubz eage non estre tuteur.

Il est droit escript que nul ne puet avoir la tutelle ou
le bail d'aucun s'il n'a xxv ans passez, et justice ne
la li devroit pas bailler. Et est la raison ceste pour ce
qu'il n'auroit pas eage de la savoir gouverner.

877. De demandeur et deffendeur cheoir en fait contraire.

Si aucun fait demande à aucun d'aucune chose aussi comme d'une somme d'argent à lui prestée ou deue, et l'autre la li nye ou propose aucune excepcion contre la demande en disant que supposé qu'il li eust deu argent qui le quita de tout debte, ou en autre manière proposast son excepcion, et l'un et l'autre se chargast de preuve, et le demandeur ne preuve mie sa demande, le deffendeur doit estre absoubst par droit et raison de ladicte demande, supposé encores que le deffendeur ne prouvast rien de son excepcion; car puis qu'il ne preuve rien de sa demande, etc.... Mais le deffendeur s'il ne prouvoit rien il gaigeroit une amende à la court et despens à partie. Et bien pourroit l'en tenir le contraire quant aux despens.

878. De la vente de rente.

Il est droit escript que rentes qui sont vendues perpectuellement à aucun doivent estre vendues le denier xxx deniers selon qu'il vault par la coustume.

879. De tuteur respondre au fait du pupille.

Quant à ce qu'il parle en l'autre fueillet par delà[1] du tuteur qu'il n'est tenu respondre ou fait du pupille si le pupille n'est appellé en jugement si come dit est par delà, il fut sceu en jugement par les sages que il n'y a point de coustume en cest cas. Et de droit

1. § 872

fut dit par les sages que le tuteur en puet faire demande.

|| [1] 880. De coustumes.

Quant aucuns allèguent aucunes coustumes en jugement et sur ce s'apointent, le juge en doit enquerre
et sur ce faire droit. Et si coustume n'y est trouvée,
l'en ce doit raporter au droit et selon cellui juger.

881. De exoine non jurer.

La coustume d'Angolesme si est que nulle exoine
n'est jurée, mais cellui qui sera exonié au jour mectra
son exoinne en voir : mais si la partie le requiert le
juge doit faire jurer cellui qui l'aporte de la malice.

882. De eslire sa preuve sur procès contraires.

Aucuns tiennent par stille de pladoierie de court
laye que puis que aucunes parties se sont mises soubz
jugement d'aucuns moz pladoïez et jugement n'est
point coru dessus, et jour assigné à faire droit, que la
preuve doit venir puis que journée est passée par
preuve simple et non mie par recort de juge. Et aucuns tiennent le contraire que elle doit venir par le
recort du juge et le procès qui lors estoient. Il est ailleurs plus à plain [2] déclairé en cest livre.

883. De cellui qui doit appléger sa demande.

Quant aucun trait en cause un autre devant aucun

1. F° LXXVII, v°.
2. Ms. applain.

juge, si le demandeur n'a biens en la juridicion d'icellui juge devant qui il li fait demande, le deffendeur puet requerre le juge qu'il li face donner plége pour fournir son entencion et païer les despens de la partie s'il en deschoit, par droit par une loy qui se commance *sciendum*.

Et s'il n'a nulz biens, il convendra qu'il donge plége. Et s'il avoit biens en celle juridicion et débat en fust entre luy et un autre d'iceulx biens, si suffiroit puis qu'il en auroit la possession, par la loy dessus dicte *sciendum*, etc....

884. De l'action touchant meuble appartenant au mari.

Il est coustume que le mari puet demander et faire action de toutes choses touchant meuble appartenant à la femme par quelconque tiltre que ce soit ; et est entendue la coustume généralment à tous meubles.

885. De applégement qui doit estre leu à la partie.

L'en tien par la coustume d'Angomoiz que quant aucun se applége, que l'applégement doit estre leu à cellui contre qui l'en se applége un¹ s'il le requiert sans donner coppie. Et quant la partie s'est contrapplégée devant le sergent, le sergent puet donner coppie à l'un et à l'autre de l'applégement et contrapplégement s'ilz le requièrent. Mais en Poitou et en Saintonge le sergent n'en doit point donner ; mais le juge au jour du plait.

1. Trois fois?

886. De previlége et sauvegarde.

Quant aucun se veult aidier ou joïr du bénéfice d'aucun previlége comme de sauvegarde ou autre grace ou previlége à lui donné, il en doit enseigner avant toute evre, ou autrement l'en n'y est tenu de respondre. Mais l'en pourroit faire différance si cellui qui se vouloit aidier est || [1] personne de petit estat, ou autre personne notable à qui l'en deust donner foy : et y pourroit l'en moult traire de raisons pour cellui qui seroit personne souffisant et de tel estat comme dit est, en plusieurs cas il n'en seroit tenu à enseigner. Et si par aucune aventure aucune cause estoit entervenue par quoy l'en n'en peust si présentement enseigner du previlége qu'il fust arresté, empeschié ou perdu, l'en puet demander les dilacions que raison veult à enseigner : et aucuns dient le contraire que non. Et cellui qui telle dilacion demanderoit devroit faire protestacion de prouver son previlége par tesmoins et par le sergent qui le publia, ou cas que ledit previlége ne seroit trouvé.

887. De tesmoins.

Quant aucuns tesmoins sont traiz d'une partie et ilz sont absens pour aucun proufflit commun, le doit avoir dilacion pour l'absence de cellui selon la distance du lieu où il seroit allez : si la distillacion estoit demandée de l'avoir, le juge doit donner la dilacion que droit

1. F° LXXVIII, r°.

veult. Et aucuns tenent qu'il doit donner telle dilacion comme la coustume requiert à avoir autres tesmoins.

888. De retrait.

Quant aucun vent aucune chose inmeuble à rescousse
de certain temps, et au temps du contrait de la vente
la rescousse est donnée, le contrait n'est mie absolut,
et ne courroit point le temps de venir autour de cellui
qui seroit de lignage jusques à un an après ledit temps
failli. Mais si ladicte vente estoit faicte absolument et
puis après ladicte grace se octroyast, se seroit le contraire ou cas que cellui qui l'achapteroit en seroit
vestu. Et courroit le temps de l'an depuis ladicte
vente ainsi faicte.

889. De donnaison révoquée, et par quelle cause puet estre.

Quant aucun donne soy et ses biens à aucun, cellui
est tenu de li administrer ses vivres et neccessitez, espécialment quant il y a convenance; et s'il en deffail-
loit de le faire, l'autre puet requerre que ladicte donnacion soit révoquée, par une loy qui se commance
quociens, etc.... Et dit celle loy *quod revocacio conpe-
tit* en cest cas; mais il convient que ladicte révocacion
soit esclarcie en jugement.

Et aussi se révoqueroit ladicte donnacion par autre
cause si comme cellui qui se donrroit se mariast après
et sa femme eust enfans. En cest cas ladicte donnacion se révoqueroit; mais les enfans vivant le père ne
le pourroit pas opposer; ains tendroit vivant le père,
et en joïroit cellui à qui ladicte donnacion seroit faicte

tant come le'donneur vivroit, et lui mort ladicte
donnacion seroit estainte.

Item, Se révoqueroit ladicte donnacion en plusieurs
autres manières ; c'est assavoir si cellui mectoit mains
malicieusement en cellui qui se seroit donné à lui, et
en plusieurs autres manières[1].

890. De enseigner de tuterie et curaterie.

Si aucun se vante tuteur d'aucun meneur de eage, et
il vuéille faire || [2] demandes en jugement pour cause
de sa tutelle, il convient premièrement que il enseigne de sa tutelle, qu'il soit tuteur ou curateur donné,
ou autrement partie n'auroit que respondre. Et si celle
personne qui se diroit estre tuteur ou curateur avoit establi aucuns ses procureurs, telz procureurs ne devroient
pas estre receuz si premièrement n'apparessoit qu'il
fust tuteur ; car autrement il n'auroit pover de establir procureurs, et y pourroit l'en moult alléguer de
raisons. Mais aucuns pourroient tenir le contraire
quant au père et à la mère des enfans ; car la mère est
loyalz administreiz de ses enfans par la coustume, jusques elle soit convolée aux secondes noces : et en cest
cas plusieurs y pourroient dire de coustume que n'auroit que enseigner, et du père aussi. Mais de droit est
le contraire.

891. De coustume alléguée prouver.

Si aucun allègue aucune coustume en jugement et

---

1. *Tit. de revocandis donationibus, Cod.*, 8, 56, *per totum.*
2. F° LXXVIII, v°.

partie adverse la lui nye, il est tenu la prouver : mais
aucuns pourroient dire que à un advocat appartient à
alléguer et au juge à soy enquerre si la coustume est
telle ou i.on : et plusieurs tenent le contraire que
partie n'auroit que respondre à telle coustume allé-
guée, si la partie ne se chargoit de preuve.

892. De faire sa preuve sur baston et sur injure.

Si aucun a à prouver aucun baston de sang et de
plaie et il preuve le sanc, sa preuve vault puis que il
preuve le plus fort, et obtendra : et aussi pourroit
l'en dire d'aucunes injures dictes puis que la partie
en feroit preuve, par quoy la plus grant injure fust
prouvée. Mais aucuns tendroient le contraire quant à
injure ; car sanc et playe est le plus fort, et injures
pourroient estre esgaux : toutesvoiz par telles parties
comme l'en prouveroit par celle obtendroit l'en.

893. De juge ordonner et juger d'injure de prouvée.

Si ‑aucun preuve aucune injure dicte de desloy
contre aucun, le juge devant qui la preuve est faicte
ne doit mie déclairer par droit l'injure estre preuvé ;
car la partie seroit infame par droit : mais doit faire
gaigier l'amende à la partie ; et de l'injure prouver et
des dommages doit commectre à aucuns à en ordonner à certaine peine.

894. De faire enterrer aucun.

Si aucun qui n'ait nulz hoirs meurt et aucun de son
lignage ou autres estranges le font enterrer, jà pour

tant si autrement ne s'en héritassent aux biens ne
sont veuz héritiers d'icellui : mais si aucun se vouloit
garder de ceste doubte si feist protestacion qu'il
n'estoit son entencion de soy faire hoir d'icellui.

Non minor est virtus acquerere sed parta tueri :
c'est à dire qu'il est aussi grant vertu de deffendre ce
qui est acquis comme de acquerre.

895. De adnuller le procès.

La coustume de la conté d'Angolesme si est que
touteffoiz que aucun veult faire convenir en jugement
aucune personne, il convient que le premier adjournement soit fait en la personne d'icellui, ou autrement le procès qui s'ensuivroit ne vaudroit riens. Et
si cellui contre qui le procès seroit fait venoit et
|| ¹'voulsist débatre ledit procès, il y seroit oïz, et se
adnulleroit le procès. Et aucuns tennent le contraire;
et y pourroit l'en moult traire de raisons. Plusieurs
oppinions sont contraires que puis que l'adjournement est fait à personne capable d'ajournement qu'il
vault.

896. De tuteur et curateur.

La feme a la tutelle de ses enfans jusques à tant
qu'elle soit convolée aux secondes noces ; et elle convolée aux secondes noces, non.

Item, Si ladicte femme ne veult elle ne prendra
point la tutelle ou cas que telz mencurs d'eage n'ont
point de tuteur, justice de son office est tenue leur en

1. Fᵒ LXXIX, rᵒ.

pourveoir, c'est assavoir le meilleur et plus prouffitable de la partie du père par la coustume. Et s'il n'y
avoit aucun prouffitable devers le père, l'en li doit
donner devers la mère. Et s'il n'y avoit nulz prouffitable de l'une partie ne de l'autre, le juge doit donner
un autre estrange de son office selon droit, et l'appelle le droit tuteur datif *propter utilitatem paternitatem*. Il appartient au juge enquerre sur ce lequel est
le plus prouffitable, et cellui donner.

Droit appelle ceulx qui sont du lignage devers le
père *agnati*, et ceulx devers la mère *cognati*.

Si aucun se vouloit excepter de non prendre la
tutelle d'aucuns pour ce qu'il seroit empeschié d'autres négoces, il n'y seroit pas receu si n'estoit en certains cas de droit, c'est assavoir si come s'il estoit
malade de longue maladie et non curable; ou s'il
avoit v enfans en la province, *quinque pueros in pro-
vincia* dit la loy; ou s'il estoit sourt ou mut, ou fié-
vreux, ou autre empeschement non curable.

Si aucun home donne la tutelle de ses enfans à aucun et cellui s'en veult chargier, il n'est tenu de
rendre compte à nul en cest cas aux enfans, car par
l'amour et faveur qu'il avoit en lui la li a donné, et
pour ce n'en est relevé, etc.... Et plusieurs oppinions
sont contraires, et que ce ne s'entant fors en tant
comme appartient [à] ceulx à qui bail est donné des
nobles.

Ladicte tutelle dure par la coustume d'Anjou et de
Poitou des masles xxi an, et des femelles xiiii ans.
Par la coustume de la conté d'Angolesme et de Xain-
tonge, xiiii ans des masles, et des femelles xii ans.

Quant aucun se charge d'aucune tutelle, il doit faire

faire inventoire des biens meubles des pupilles, et la justice le doit faire de son office, et retenir coppie dudit inventoire.

Par droit se puet excepter un homme de non prendre la tutelle d'aucun enfant s'il est inpotent ou sourt, ou mut, ou furieux *id est furiosus* selon droit : et plusieurs autres causes de droit establies ailleurs déclairées en cest livre.

897. [De donner curateur aux biens d'un trespassé.]

Quant aucune personne est obligiée à aucun en aucunes sommes, et lui mort les créditeurs veullent faire faire exécucion sur les biens d'icellui, et il ‖ [1] n'y a nul qui se vueille faire hoir d'icellui, justice doit si partie le requiert faire adjourner tous ceulx que l'en cuideroit qui deussent estre hoirs d'icellui assavoir mon s'il se porteroit comme hoir, affin que excécucion se feist sur les biens; et s'il se fait hoir de cellui, droit doit estre fait en oultre entre les parties. Et s'il n'y a nul qui se vueille faire hoir de cellui, justice de son office si partie le requiert doit donner un curateur aux biens, ouquel curateur l'exécucion pourra prendre son cours aussi comme feroit contre les hoirs, etc.... Et seront les lectres leues audit curateur. Et s'il scet nulles causes par quoy l'excécucion ne se doye faire, il la doit dire et opposer aussi comme feroit cellui qui seroit obligié : et doit jurer en jugement qu'il gardera les biens et les deffendra bien et loïaulment, etc.... Et en fera inventoire, etc.... Si l'exécucion se fait elle prendra son cours, etc....

1. F° LXXIX, v°.

898. De former sa demande sur possession d'aucune rente.

Quant aucun a la saisine et possession d'aucune
rente au temps qu'il vait de vie à mort, et son hoir
après sa mort n'en ait eu point de possession de cellui
qui la doit et en trait l'autre en cause, il doit faire sa
demande telle qu'il doit dire que cellui dont il a cause
estoit en saisine et possession ou come au temps
qu'il morut, par soy ou par autre en nom de lui ou
autre, lui aiant ferme et estable, etc.... du droit d'avoir
et parcevoir chacun an ladicte rente, et que cellui
dont il a cause morut vestu et saisi du droit d'icelle
possession ou comme d'avoir et parcevoir ladicte
rente. Et quant à cest point plusieurs seroient d'oppinion qu'il n'est nul mestier de le dire : et doit conclurre estre receu à la possession et saisine de ladicte
rente sur le deffendeur et qu'il li soit condampné à li
paier d'ores en avant ladicte rente et les despens faiz
en la cause, etc... Et aussi pourroit l'en faire plusieurs
demandes à semblable fin.

899. De donner curateur par justice [1].

Quant aucun pupille est en la tutelle d'aucun, et
aucune personne veult faire aucune transacion ou
accort en icellui pupille d'aucune chose, il convient
que ce se face en le tuteur par l'assentement de justice · et si la justice et le tuteur voient que l'acort fust
préjudiciable au pupille ilz ne le doivent pas faire. Et
s'il y a aucunes causes que la court voye qui soient

1. Cette rubrique et la précédente sont interverties dans le ms.

prouffitables audit pupille par quoy l'accort doye estre
fait, desquelles causes la court soit en doubtes, en
cest cas la court s'en doit informer : et s'il est trouvé
lesdictes causes estre vrayes, l'acort doit estre acompli
au prouffit dudit pupille, et sur ce la justice donner
son décret. Et est tuteur donné à aucun pupille à toutes les choses et gouvernement dudit pupille. Et un curateur est *ad lites* ou à une chose ou articles. Et dure
la tutelle selon la coustume d'Anjou et de Poitou xxi an
des masles, et des feumelles xiiii ans : || [1] et selon Engo-
mois et Xaintonge, xiiii ans des masles, et de fumelles
xii ans : et cest temps passé ilz se puent obligier. Et
si l'acort estoit fait ou préjudice du pupille, il pourroit
demander restitucion quant il seroit en eage, etc....
Mais convendroit qu'il monstrast décepcion.

900. De tuteur et curateur.

Par droit et coustume tuteur ne puet estre donné à
aucun si n'est généralment à toutes choses; c'est au
corps et biens du pupille, et non mie à un article tant
seulement ou à une chose. Mais curateur puet bien
estre donné par le juge à soustenir une cause du pupille,
ou une chose, ou un article, etc....

901. De faire enqueste.

Si aucun juge souverain ou aucune justice prenoit
aucun homme par aucun meffait ou par autre cause
en la terre ou juridicion d'aucun, et cellui en quel

1. F° LXXX, r°.

juridicion seroit prins le requéroit, l'en devroit veoir
les lieux, afin, etc...: et pendant ce le juge souverain qui
le tendroit ne devroit pas recroire ledit home : car
ce seroit en préjudice de soy, etc.... Si l'home qui
seroit prins est aussi deffendant qu'il n'auroit mie esté
prins en la terre de cellui qui le requéroit, ne le
devroit l'en pas ce pendant délivrer audit justicier, etc....

902. De forcer pucelles.

Si aucun par sa male voulenté faisoit son povoir de
forcer une pucelle, il en seroit exécuté à mort par
droit; et se commance la loy *de hiis qui virgines ra-*
piunt[1]. Et feroit l'en distincion s'il la ravissoit ou me-
noit par force ou la trouvoit en certain lieu sans ravir;
et seroit plus griefve peine s'il l'avoit ravie, etc....
Et aucuns tendroient le contraire par la coustume
qu'il ne prendroit pas mort s'il n'avoit acompli
le fait.

903. De cellui qui robe par nuit.

Une loy dit *ut liceat unicuique sine licencia judicis se*
vindicare[2]. Ceste loy est entendue que si aucun venoit
de nuit en un hostel d'aucun ou autrement li touloit
ou roboit le sien à force de nuit, qu'il est chose leue
le tuer, si autrement bonnement ne li puet rescourre
la chose. Et pourroit l'en traire plusieurs raisons au
contraire.

---

1. *L. unic. C. de raptu virginum*, 9, 13.
2. *L. 1. C. quando liceat unicuique*, 3, 27.

904. De féauté d'home de foy.

Droit dit que tout homme de foy qui est en hommage de son seigneur et li jure féauté et loyauté, doit estre avecques sondit seigneur encontre tous ceulx ou qui il auroit à faire, *ecciam*, dit la loy, *filius contra patrem* : et une autre loy dit *excepto imperatore vel rege*, car ceulx en sont exceptez.

905. De chose deue à mesure.

Droit dit que toute chose qui est prestée ou deue comme blé ou vin ou autre chose qui doit estre baillée ou rendue à mesure, et cellui qui la doit met la chose en despost pour la solucion de cellui à qui il la doit, il ne s'ensuit mie s'il ne li met à mesure puis que c'est chose qui se mesure, par une loy qui se commance *qui decem, solicionibus*[1]. Et supposé que la chose se départist qui seroit ainsi déposée comme dit est, jà pour tant cellui qui l'auroit mis en dépost n'en pourroit excepter que pour la coulpe ou ||[2] demeure de l'autre la chose fust perdue. Et plusieurs raisons pourroient estre dictes au contraire ; et dit une loy *quod ultima mora nocet*.

906. De la conclusion de la demande par laquelle demande est réelle ou personnelle.

Si aucun fait aucune demande en jugement contre

1. La *l.* 72, *ff. de solutionibus*, 46, 3, commence par les mots *qui decem*, et peut servir à appuyer la solution du § 905.
2. F° LXXX, v°.

aucun en disant : « tu me promeis le quart ou le quinct
ou aucune partie de tous telz biens meubles et immeubles, requier que tu les me délivres, » ou en autre
manière face narracion en sa demande d'aucuns biens
immeubles, si la conclusion de la demande ne tient
à action réelle en quoy monstrée se doye asseoir, ou
par quoy la demande soit réelle; autrement ne puet
l'en dire que telle demande soit réelle; car les droiz
dient que par les conclusions des demandes puet
le juge veoir si les demandes sont réelles ou personnelles.   ‑

907. De office de juge.

Droit dit que à tout bon juge appartient enduire les
parties à bon actort. Et en oultre dit *quod interest
judici abreviare lites.*

908. De procès qui ne se puet soustenir.

Si aucunes parties pladoient ensemble et ilz chéent
en procès o qui soit compesible et qui ne soit mie
de la matière de la demande, le juge ne le doit pas
recevoir : et si partie en vouloit raporter aucun prouffit, il ne le devroit pas avoir de raison.

909. De juge interrogier les tesmoins d'office.

Touteffoiz que appert à tout bon juge que tesmoins
prouduiz ne sont examinez ne interrogiez articulière-
ment et singulièrement selon les poins de l'article, le
juge de son office les doit interrogier et examiner; et
est la raison ceste, que tout juge droiturier doit en-

cerchier et enquerre la vérité de la cause qui est par devant lui tant par confession de parties de tesmoins que autrement, affin qu'il puisse faire et dire bonne sentence, etc....

910. De mariage fait de personnes soubz eage.

Si aucune fille fiancoit aucun homme par parolle de présent ou de futur et la fille n'eust xii ans acompliz, jà pour tant selon droit le mariage ne se acompliroit si ladicte fille ne vouloit; car l'obligacion qu'elle feroit sur ce ne la peine aussi si peine y avoit ne vaudroit riens, car elle seroit soubz eage. Mais si le mariage est acompli entièrement, il vaudroit et tendroit.

Item, Si aucuns des amis de la fille avoient promis à certaine peine faire tenir et acomplir le mariage, jà pour tant ne leur en pourroit l'en demander selon droit, car l'obligacion qu'ilz auroient fait sur ce ne vaudroit rien puis que la fille seroit soubz eage. Et supposé que l'home eust fiancé la fille par parolle de présent, non obstant ce pourroit la fille prendre un autre elle venue en eage. Et convendroit que en cest cas quant la fille se voudroit repentir du mariage que quant elle auroit acompli son eage de xii ans qu'ilz venissent en jugement, et en jugement seroit discerné le mariage estre nul. Et pourroit la fille prendre autre home. Mais l'home ne se pourra marier en autre femme s'il n'avoit dispensacion du Pape; car tousjours seroit il liez. Mais si la fille avoit xii ans parffaiz et acompliz, elle ne se pourroit || ¹refuitir, et tendroit le

1 F° LXXXI, r°.

mariage. Et de l'home aussi s'il avoit xiiii ans parfaiz
et acompliz.

911. De mari qui ne puet faire demande des fruiz de l'héritage sa femme.

Si aucun homme qui soit marié et à sa femme soit
deu arréraiges de rentes de son héritaige cheuz par
avant que le mariage fust fait entre eulx, s'il avenoit
qu'elle morust avant le mari, le mari ne pourroit pas
avoir ne demander telz fruiz ne arréraiges estre siens,
si par espécial la feme ne les li avoit donnez. Et aussi
vivant la femme le mari n'en pourroit faire demande
en son nom, par la loy qui se commance *doctis fructus :*
ains appartendroit à la femme la demande. Mais par
la coustume l'en pourroit bien tenir le contraire pour
ce que le mari puet demander tous les meubles de sa
femme estre siens : et pour ce pourroit l'en dire que
par la coustume la demande li appartendroit.

912. De justicier qui puet corrigier et réparer son fait.

Si aucun justicier fait aucun arrest ou saisine sur
aucun de ses justiciables contre raison, et après ce il
corrige son erreur et met à estat ledit arrest ou saisine, si pour ce le souverain justicier l'en puet aprouchier affin de l'en corrigier, l'en pourroit arguer *pro*
et contra. Mais la vraye oppinion si est que hault justicier puet bien corrigier son erreur ès choses touchans le gouvernement de sa juridicion, come arrest,
ou saisines, ou autres cas simples indeuement faiz :
mais de gros cas qui bonnement ne se pourroit réparer

sans dommage ou diffame d'home, comme de mort, de mutilacion, de banissement, ou d'autres cas dont le souverain justicier par la faute dudit justicier pourroit raporter prouffit ou gaigner justice ou obéissance d'home, en cest cas l'en pourroit aprouchier et punir.

913. De choses obligées taisiblement pour loïer de maisons.

Si aucun bourgois ou citoyen d'une cité loue à aucun un sien herbergement ou maison en la cité, les choses estans en ladicte maison sont taisiblement obligées pour le loïer selon droit. Et est appellé tel loyer de maison en cité *predium urbanum*. Et se feroit exécucion sur iceulx biens pour le loïer dessus dit. Mais pour le loïer d'un herbergement ou maison estans hors de cité, comme en villes champestres ou en villages, les biens meubles ne sont pas obligiez ; ains demanderoit l'en le loïer par voye d'action. Et appelle le droit tel loïer de maison hors de cité *predium justicum.*[1]

914. De la cause et du procès déterminer selon raison.

Si aucun plait sourt entre parties et les parties sont de divers lieux en diverses provinces, le plait se mènera et le procès selon le stille de la court où le plait sera. Mais la cause principal se déterminera selon droit ou selon la coustume du lieu où les choses sont assises dont débat est et justiciable. Et droit dit en ses termes *quod quoad preparacionem cause*, c'est assavoir

---

1. *Sic.* ms. Il faut lire *rusticum.*

quant au procès qui se mènera selon le stille de ladicte court ; *et quantum ad dicisionem et determina-*
cionem cause, sentence se doit rendre selon la coustume du lieu où lesdictes choses sont.

915. De seigneur prendre les fruiz de son féage.

Quant aucun seigneur prent les fruiz d'aucuns féages qui meuvent de lui par faute d'home, quelz fruiz il
puet prendre, c'est entendu par la coustume des fruiz
qui sont lors au temps de la prinse et qui lors sont
deuz. Mais d'autres fruiz qui auroient esté levez par
l'home ou dont les termes seront à venir ‖ [1] au temps
que l'en fait son homage ou le serement de féauté, la
coustume ne s'i estant pas ; car puis que li sires n'a esté
diligent de prendre les fruiz qui estoient siens passez'
les xl jours jusques il eust homme, et l'home les a
prins à son prouffit ilz sont siens, et le sire ne lui en
puet faire demande.

916. De ceulx qui ne pueent estre tuteurs.

Prestre, diacre, ne soubz diacre, religieux ou moyne
ne puet avoir la tutelle ou la cure d'aucun pupille par
droit s'il n'estoit légitime, c'est à dire qu'il fust de
son lignage, et que la justice de sa voulenté le li donnast comme plus prouffitable ; et autrement ne pourroit estre donné, par la loy qui se commance *presbi-*
ter, diaconus et subdiaconus. Et droit l'appelle *tutor*
legitimus. Le plus prouchain du lignage doit estre tuteur.

1. Fº LXXXI, vº.

917. De non amplier sa garenne.

Quant aucun a garenne en un lieu il ne puet emplir
sa garenne sans congié et licence du souverain : et
s'il le faisoit il se mefferoit. Et aussi s'en pourroient
douloir les habitans d'environ pour ce que ce cherroit en leur préjudice. Et se estant une garenne par
la coustume oultre les bonnes et mectes anciennes de
ladicte garenne, c'est assavoir xL pas par la coustume
de Poitou en oultre ladicte garenne tout à l'entour, et
non plus : et hors les diz xL pas l'en puet chassier aux
lièvres, et lest à chacun y chassier de droit commun.

Item, Tout gentilhomme ou rupturier se pourroit
opposer encontre qui auroit faite garenne de nouveau
ou l'auroit emplée ou préjudice de lui.

918. De faire ses raisons et les bailler.

Tout homme qui veult bailler ses raisons à certaine
fin contre aucun fait de la partie adverse contre aucuns obgiez ou raisons baillées contre le fait principal doit ainsi dire : « Affin que à vous tel juge, appa-
roisse et soit dit par vostre bon jugement que les
obgiez bailliez par escript de partie de tel contre certains tesmoins produiz lui et leur déposicion en certaine cause esmeue et pendant par devant vous entre
les dessus dénommez ne sont mie recevables ne responsables, ains sont impertinens, et n'est ledit tel tenu
d'en respondre, sauve d'en respondre ou cas que vous
esgarderiez par vostre bon jugement que seroient responsables, et que l'en doit donner foy à leur tesmoignage et déposicion, dit et propose ledit tel les faiz

et raisons qui s'ensuivent, en protestacion et sauvacion que pour riens qu'il die il n'entent à confesser
riens de l'entencion de la partie adverse, sauve de
prouver de ses faiz qu'il li souffira non mie à soy
estraingnant autour, etc.... Et premièrement quant à
ce que la partie dit contre tel tesmoing, et telz obgiez,
etc.... »

919. De ceulx que droit déboute de porter tesmoignage.

Tout home doit estre receu en tesmoingnage s'il n'est
tel que lui ou son tesmoingnage doye estre débouté par
droit, par raison et par coustume de païs.

Item, Si aucun vouloit débatre ou impugner le tes-
moingnage d'aucun pour ce qu'il || [1] diroit qu'il estoit
son ennemi mortel et qu'il l'avoit villenné et batu et fait
son povoir de le tuer, ou qu'il le tenist en agait, etc....
· il ne seroit pas receu à débatre ledit tesmoingnage s'il
ne maintenoit que il eust cause de crime esmeue contre eulx, ou de tous leurs biens, ou de la greigneur
partie de leurs biens, ou de l'estat de leurs personnes.
Et ce dit droit en plusieurs loys, *codice, testibus autem,*
etc... : et une autre loy *si testis, etc...* : et jouste loy
quum liberi, C. de testis [2].

920. De non estre quicte de la debte pour monstrer la lectre
de la debte.

Si aucun est tenu et obligié envers aucun en aucune
some d'argent ou autre chose, et lectre en estance, et

1. F° LXXXII, r°.
2. *De Testibus, Dig.* 22,5. *Cod.* 4,20.

cellui qui est obligié se vueille aidier et estre quicte de
la debte pour monstrer la lectre de l'obligacion, jà
pour tant ne seroit quictes s'il ne monstroit qu'il l'eust
eue de la voulenté du créditeur, par droit par une
loy qui se commance *cirographum nisi de voluntate
partis restituntur* [1], *etc* ... Mais l'en pourroit bien faire
aucune distincion si cellui qui l'auroit eue devers soy
est personne estrange ou de la famille du créditeur :
car aucuns pourroient dire que s'il estoit de famille
ou acointé du créditeur qu'il en devroit bien faire
preuve, etc...; mais s'il estoit estrange non ; car ne
seroit pas présumpcion qu'il l'eust emblée ne eue indeuement : et y trairoit l'en moult de raisons. Mais la
vraye oppinion de droit si n'est que par rigour preuve
en devroit estre faicte, etc....

9²1. De père donner aucun tuteur a son enffaut.

Quant aucun home donne en son testament ou dernière voulenté à sa femme ou à aucun la tutelle ou
l'administracion de son enfant, ilz sont tenuz de droit
faire inventoire des biens meubles de l'enfant solemp-
pnellement devant un notaire publiq et savent [2] la justice à qui assavoir ceste tutelle ; et justice y doit estre
et avoir coppie de l'inventoire et retenir par devers
soy : car les pupilles sont de droit en la sauvegarde
de la justice et femmes vefves, etc.... Et justice est
tenue leur garder leurs biens, etc.... Mais de coustume les tuteurs qui sont donnez par le père en son

1. *ll* 14 *et* 15. *C. de solutionibius*, 8,43.
2. *Savet*, ou *savec*, ms.

testament, soit la feme ou autre, n'est point tenu faire
inventoire : mais justice les doit faire jurer si comme
plusieurs tennent.

922. De faire son inventoire dedens le temps ordonné.

Ceulx qui la prennent de leur voulenté ou justice la
leur donne, sont tenuz de faire inventoire des biens du
pupille devant justice dedens lx jours par droit, et
doivent commancier dedens xxx jours à la faire, et
l'achever dedens les autres xxx jours : et justice doit
avoir coppie dudit inventoire. Et toutesvoiz soit
donné du père ou non si doivent ilz faire le serement
à la justice de gouverner bien et loyaulment les corps
et les biens des pupilles. Et ou cas qu'ilz ne feroient
ledit inventoire dedens le temps dessus dit, et se fussent enhers ausdiz biens, ilz se seroient meffaiz selon
droit, et en cherroient || [1] en paine et amende envers la
court, et auroient commis furt selon droit. Et convient
que ceste solempnité y soit gardée.

923. De la mère non faire inventoire.

Si le mari ne donne à la femme la tutelle, et elle
tiengne la tutelle de son enfant par le bénéfice de la
coustume qui la li donne jusques à tant que elle soit
convolée aux secondes noces, ou soit royal adminis-
treur de son enfant, comme si est jusques elle soit
convolée aux secondes noces, elle n'est point tenue
faire inventoire : mais le serement dessus dit par la

1. F° LXXXII, v°

coustume. Plusieurs tennent le contraire ; et est le plus certain faire ledit inventoire.

924. De la mère qui est usuffructière.

Si le mari avoit donné à la femme aucunes parties de ses biens en son testament, ou l'eust faicte dame et gouverneresse ou usuffructeresse de ses biens, jà pour tant ne se devroient prendre les biens du pupille sans inventoire : car tous les biens ne seroient pas siens : et y pourroit l'en moult traire de raisons : et aucuns tendroient le contraire.

925. De rendre compte des biens du pupille.

Quant à rendre compte des biens du pupille, ceulx dessus nommez qui sont tenuz faire ledit inventoire comme dessus est dit sont tenuz rendre compte devant justice des biens du pupille lui venu en eage ; et dure la tutelle par droit et par la coustume d'Anjou et de Poitou jusques à xxi an des masles, et des femelles xiiii ans : et en Saintonge et en Engomoiz xiiii ans des masles, et des femelles xii ans.

926. De devoir non paié.

Il est coustume que tout home de qui une chose est tenue gentilment peut mectre la chose en sa main pour son devoir non païé et pour autre juste cause : et s'il requiert la justice souveraine de y mectre sa main en reconfortant, la justice le doit faire ; car si cellui qui ce requerra requéroit mal et à tort, il en descherroit et paieroit les despens à la partie et amende à la court. Mais si cellui qui y mectroit n'avoit nulz biens en la juridicion, il devroit pléger à la justice si cellui sur qui la chose est saisie en requerroit délivrance à cellui qui l'auroit saisi ou à la justice souveraine et offrist pléges convenables : sur ce l'en doit lever la main, et puis l'autre doit poursuivre sa cause : et s'il en déchéoit l'en se prendroit aux pléges.

Item, Puet li sires mectre telz choses en[1] sa main pour ventes ou honneurs deuz de la chose, etc....

Item, Puet estre plége clerc marié en court laye par la coustume.

927. De preuve de possession.

Si aucun se vantoit avoir la possession d'une chose qu'il maintenist qui appartenoit à droit et à domaine et il se chargast de preuve, s'il prouvoit la possession et ne prouvast le domaine, sa preuve ne seroit pas convenable par droit et raison.

928. De fille soubz eage.

Il est droit escript que un homme ne puet prendre à femme une fille si elle n'a XI ans acompliz ou XII, ou environ, *vel circa*, dit la loy, soit par parolle de présant ou de futur. Et si le mariage estoit acompli si seroit il nul par droit, et pourroit la fille si elle vouloit expouser un autre || [2], si l'home ne s'estoit couchié avec elle, *et habuerat carnalem cum ipsa*, dit la loy :

1. Men, ms.
2. F° LXXXIII, r°.

car en cest cas ne se pourroit deffaire. Et de telles filles qui n'ont pas ʌɪɪ ans acompliz ou environ, dit la loy *quod malicia supplet etatem*, ce n'est pas à dire que elle soit malicieuse, mais est l'entente de la loy *quod ipsa sit potens a viros amplexus, et habeat potenciam cocohendi :* c'est l'entente qu'elle soit vertueuse de obtenir compaignie d'home : et se commance la loy *de illis, etc....* [1]

La loy à quoy femme doit renuncier par espécial en aucun contrait si est appellée *lex senatus consulti Velleyano et legi Julie et Quilie* [2].

929. De mari povoir demander les fruiz de l'héritaige sa femme.

Si mariage estoit fait entre aucun home et une fille qui n'eust mie eage, si comme devant est dit, le mari ne pourroit pas demander en son nom les debtes deues à la fille pour la raison du mariage qui seroit nul comme par devant est dit; ains convendroit que le mari comme curateur donné en jugement *ad lites* ou un autre estrange qui seroit donné curateur les demandast. Et bien pourroit l'en faire et establir telz curateurs procureurs en leur nom à demander les debtes. Et bien pourroit l'en maintenir en court laye que le mari pourroit demander en son nom les debtes par la coustume; car les meubles sont au mari, et le mariagé est présumpcieux puis qu'il tient. Et y pourroit l'en traire plusieurs raisons sur ce.

1. V. le titre des décrétales *De desponsatione impuberum*, 4, 2.
2. V. l'Introduction, page 184, et la note.

930. De home non povoir demander les fruiz de l'héritaige sa femme.

L'en pourroit opposer de raison que arréraiges deuz de rentes de une femme par avant que mariage fust fait entre elle et son seigneur ne seroit pas meuble, car seroient yssuz et cheuz des héritaiges et biens immeubles de la feme, et que l'home n'en pourroit pas faire demande en son nom, mais la femme, par la loy qui se commance *dotis fructus*[1]. Mais la coustume tient le contraire.

931. De réparer donnaison excessive.

Si aucunes donnaisons estoient faictes d'aucune personne à aucun, et la donnaison fust excessive et telle que ne se pueust soustenir par droit ou par coustume, la donnaison ne se anéantera pas pour tant du tout; mais se restraindra et mectra à estat selon droit ou la coustume en tant et en telle partie comme pourra voloir.

932. De impugner le tesmoignage.

Si aucun vouloit impugner ou débatre le tesmoingnage d'aucun pour ce qu'il diroit que cellui qui tesmoingneroit auroit pourchacé que celle cause fust meue, ou qu'il avoit donné ou donnoit conseil, aide et confort à conduire la cause, ce ne seroit pas responsable, ne ne débouteroit jà pour tant le tesmoingnage s'il ne maintenoit que ledit tesmoing fust parcon-

1. *l. 7 ff. De jure dotium*, 23, 3.

nier ou deust avoir prouffit ou dommage en la cause, par la loy *codice, de testibus*, etc…; car chacun est receu en tesmoingnage s'il n'est débouté et deffendu par les loys come dessus est déclairé. Et nul n'est deffendu ne débouté de porter tesmoingnage pour aide ne faveur ou conseil qu'il donge l'un à l'autre, si non advocaz ou procureurs en la cause.

Item, Si aucun vouloit impugner la desposicion dudit tesmoing pour cause de haines, malivolance, bastons, injures faictes, ou causes devant déclairées, ou par autres causes || [1] qui fussent raisonnables, si au temps du tesmoingnage le tesmoing et partie contre qui il seroit trait fussent réconcilliez ensemble et eussent fait leur paix, ce ne seroit pas recevable ne responsable. Et est veu que nul homme de bonne foy ne doit dampner son ame pour porter mauves tesmoingnage contre aucun : et dit droit en ces termes, *quia nemo presumitur esse inmemor salutis eterne.*

933. De non respondre à fait inpertinent et proposer ses raisons.

Si aucun advocat propose contre aucune demande aucune excepcion ou fait qui ne soit pas recevable ou qui ne soit mie de la matière de la demande, la partie adverse n'y est tenue de respondre, et doit dire qu'il offre bien à respondre à celle excepcion ou fait en tant comme seroit responsable et qu'il seroit regardé par jugement que seroit responsable, mais qu'il est impertinent et non responsable : et doit dire raisons pour quoy il est impertinent et non responsable. Et en

1. Fo LXXXIII, vo.

oultre doit dire que aille avant de ce que, ou cas que seroit dit et esgardé par jugement que seroit responsable et recevable, de dire et maintenir autre fait s'il a contraire à ladicte excepcion ou fait proposé, et le doit proposer et offrir à prouver se mestier est. Mais premièrement avant que preuve y soit ajugée sur ce l'en doit aller avant sur l'excepcion, s'il est responsable ou non, et puis procéder en oultre.

Item, Doit l'en dire et proposer contre aucuns faiz ou raisons baillées ou proposées par aucune partie, par manière de obgiez ou autrement comme aucun tesmoingnage, ou en plusieurs autres manières à exemple.

934. De obligacion expresse.

Ilz sont deux manières d'obligacions, c'est assavoir obligacion expresse et obligacion taisible. Obligacion expresse si est quant aucun est obligié par espécial envers aucun en aucune some d'argent ou autre chose à laquelle paier il oblige soy et ses biens.

Obligacion taisible si est, si come les biens de l'home sont obligiez taisiblement à la feme pour son mariage ou pour son ouele païer; et est ouscle c'est le tiers denier de ce que son mary ot en mariage d'elle en argent et meuble que la femme doit prendre sur les biens de l'home après sa mort par la coustume; et en plusieurs autres manières sont obligacions taisibles. Mais les expresses sont meilleurs et préalables en plusieurs cas selon droit.

935. De hault justicier prendre par faute d'home.

Fiscus, id est le prince ou le baron est plus previlégié en plusieurs manières que un privé. Et si aucun est mort sans hoir de sa char et il n'i eust nulz qui se voulissent faire hoirs de li, en cest cas les meubles appartendroient au hault justicier. Et s'il y avoit créditeurs à qui le mort fust obligié, l'en pourroit dire en cest cas en faveur du seigneur exécucion se devroit faire premièrement sur les héritaiges et biens immeubles, et non mie sur les meubles, pour le previlége dessus dit.

Item, Si les héritaiges estoient || [1] tenuz d'autres seigneurs que des hauls justiciers, non pour tant hault justicier ou le prince pourroit prendre en sa main tous les biens du-mort, meubles et immeubles. Et si aucun de qui fussent tenuz les héritaiges il vendroit à demander au seigneur par manière de requeste les choses qui mouveroient d'eulx et ce qui seroit tenu d'eulx, le souverain leur devroit délivrer, supposé encores qu'il y eust plusieurs créditeurs qui eussent obligacion dessus, non pour tant le seigneur le prendra en sa main, et les créditeurs vendront par requeste affin de estre païez de leurs obligacions.

936. De qui doit prouver son mariage avoir esté païé.

Si aucun homme confessoit avoir eu durant le mariage de li et de sa femme aucune somme d'argent à lui donnée en mariage, et la femme après la mort son

1. F° LXXXIV, r°.

mari deist que la somme avoit est épaïée et la vousist recouvrer sur les biens des hoirs, si les hoirs du mort sont en deffence que la somme ne fut oncques païée au mari, il convendroit de droit que la feme ou ses hoirs monstrassent que ladicte somme fust païée au mari corporellement, c'est à dire que les deniers fussent comptez; car en faveur de la femme le mari pourroit avoir faicte la confession dessus dicte : et c'est la vraye oppinion du droit, combien que l'en pourroit arguer au contraire. Et plusieurs tiennent que ce a lieu après la mort du mari quant à ses hoirs, en requérant la feme dedens deux ans, et autrement non.

937. De mari faire demande des biens meubles.

Si à aucune femme estoit donné certaine some d'argent ou autre chose meublau par avant que mariage fust fait entre elle et son seigneur, si le mari en vouloit faire demande en son nom, il convient faire cession de la debte ou donnaison, et qu'il en enseigne avant toute hevre. Mais contre la donnaison pourroit l'en opposer moult de raisons que ne vaudroit pas, pour ce que l'en pourroit dire que donnaison faicte durant le mariage ne vaudroit pas, etc.:... Mais si la somme de quoy demande estoit faicte estoit de petite quantité, l'en pourroit opposer eu regart à la coustume que la demande seroit responsable. Mais qui déclereroit sa demande sans parler de cession ou donnaison, et se fondast par la coustume, la demande seroit bonne en court laye. combien que l'en s'opposast au contraire.

938. De obligacion de biens.

Si aucun home doit aucune chose à aucun et après ceste debte il met ses biens en communauté ou aucuns, l'en pourroit opposer *pro et contra* que les biens tous communs lui seroient obligiez, et y trairoit l'en moult de raisons de sà et de là. Mais la justice pourroit commander que exécucion se feist sur la partie des biens de cellui qui seroit obligié.

939. De droit et coustume contraires.

Toute femme voulant avoir la tutelle et administracion de son enfant || [1] tout avant qu'elle preigne riens des biens de l'enfant pour cause de ladicte tutelle, elle doit jurer que bien et loiaulment gouvernera et administrera les choses du pupille et sur l'obligacion de tous ses biens; et doit faire inventoire de tous les biens du pupille. Et ladicte tutelle doit prendre de juge ordinaire et en figure de jugement, et renuncier à la loy *senatus*, etc.... Et si autrement le fait, elle encourt les peines de droit et se meffait, et ce dit droit. Mais de la coustume l'en pourroit dire le contraire que elle ne chaudroit jà que elle alast à justice; car elle seroit légitimee par la coustume.

940. De ceulx qui sont obligiez au pupille.

Si le seigneur d'aucune femme en son testament ou derrenière voulenté lui avoit fait aucune donnaison

1. F° LXXXIV, v°.

de ses biens, ou l'eust establie dame ou usuffructière
de ses biens, jà pour tant droit ne l'excepte qu'elle
ne deust faire l'inventoire; car plus grant souspecon
seroit à elle de vouloir usurper les biens du pupille
soubz umbre de la dicte donaison que autrement.
Et pour ce devroit faire inventoire pour oster la souspecon, etc...; et plusieurs autres raisons y pourroit
l'en traire; et en oultre pourroit l'en dire que elle
ne devroit pas estre donnée en cest cas tutriz à son
enfant pour cause de ladicte donnaison, etc.... Et aussi
pourroit l'en dire d'autre personne qui seroit obligée
au pupille, ou le pupille à lui.

Item, Supposé que aucun home face femme après
sa mort dame ou usuffrutière de ses biens à vie, jà
pour tant n'est forcluse dudit inventoire faire; car
elle n'est que usuffrutière ès biens, et à l'enfant est
la propriété, et y pourroit l'en traire plusieurs raisons.
Et est la femme tenue en [ce] cas donner caucion de bien
user et garder les biens, sauve le droit de la propriété;
et avant ne doit riens prendre des biens, ou elle se
mefferoit.

Item, Si aucun se vouloit excepter et dire qu'il n'a-
voit peu faire inventoire des biens du pupille pour
aucun cas d'empeschement de maladie ou d'autre empeschement, ce ne le excuseroit pas; car il doit faire
assavoir à justice l'empeschement affin que justice y
pourveist de remède au prouffit du pupille : et se
pourroit faire l'inventoire par procureur, ou la licence
de justice, et en un tabellion.

Item, Si aucune feme se vouloit sauver et dire que
par ignorance elle avoit laissié faire ledit inventoire,
ignorance ne la sauveroit mie en cest cas; car c'est

délit, *id est delictum* selon droit : et ce n'est pas cas du droit la relève de ignorance.

Et tout home ou feme qui prent les biens du pupille commet furt selon droit.

941. De meffait contre la roïal majesté.

Si aucune personne fust clerc ou prestre ou religieux, de quelconque estat qu'il soit et condicion, commectoit aucun crime ou délit contre la royal majesté, come traison, ou machinacion, ou autre délit touchant l'estat royal, il en respondroit et en seroit puniz par le prince non obstant tout privilége, par la loy ‖ [1] *de criminibus lege majestatis.*

942. De la différance de acusacion, inquisicion et dénunciacion.

Droit dit qu'il a différance entre accusacion, inquisicion et dénunciacion. Accusacion si est quant aucun accuse autre de crime et s'en fait partie, en cest cas convient que applége et se soubzmecte à telle peine dit la loy *ad penam talionis.*

Inquisicion si est quant le juge enquiert de son office; et convient *quod fama precedat* selon droit, avant que justice de son office se entermecte, *fama precedente* dit la loy.

Dénunciacion si est quant aucun dénunce contre autre aucun cas affin de restitucion de son chatel pour le recourer : et en cest cas doit faire protestacion que il ne tent point contre partie à fin[1] criminelle, mais à fin[2] de restitucion dé son chatel.

1. F° LXXXV, r°.
2. Ms., affin.

943. De justice poursuivre de son office ceulx qui délinquissent.

Si aucun est souspeconné d'aucun cas criminel et
justice l'en sent coulpable, l'en le doit prendre et pu-
gnir selon la qualité du meffait. Et si cellui qui se sent
accusé s'en sent ignorant, il doit requerre à justice
que l'en le mecte en procès sur ledit cas affin de avoir
absolucion du fait. Et doit estre la manière du procès telle que justice doit déclairer le fait en jugement
par manière de demande contre lui et tendre affin de
punicion s'il le confesse; et s'il le nie doit offiir à en
faire la preuve que raison voudra. Et cellui qui est
accusé doit proposer ses raisons et justificacions et
s'en chargier de preuve se mestier[1] est. Et sur ce sur les
faiz proposer et bailler de cà et de là pour donner
ses tesmoings et faire les enquestes, et puis droit en
oultre. Et doit l'en procéder plus meurement et en
délibéracion en tel cas où pent l'estat d'un homme que
en autres causes.

944. De soý faire hoir en bénéfice d'inventoire, et des hoirs composer.

Si aucun se fait hoir d'aucun et cellui de qui il sera
hoir soit obligié en certaines obligacions qui se puent
monter plus que les biens du mort, s'il se fait hoir absolument sauz bénéfice d'inventoire, il est tenu païer
les debtes tant comme les biens du mort et les siens
mesmes monteront. Mais s'il se veult garder de
ceste doubte, face soy hoir du mort en bénéfice
d'inventoire, et en tant en faisant deuement et sol-

1. Mest, ms.

lempnement son inventoire des biens du mort, ne sera tenu païer des debtes mais tant comme monteront les biens du mort.

Item, Si aucun qui ne se voudroit mie faire hoir pour doubte de la charge des obligacions vouloit composer envers aucun des créditeurs d'aucunes debtes et se vousist garder de doubte des autres créditeurs, il pourroit faire ladicte composicion ou finance par aucune personne estrange qui transsigeroit sur celle somme envers le créditeur, et le créditeur li cesseroit le droit de son obligacion, ou cellui mesmes composeroit envers le créditeur, et il li seroit le droit de son obligacion : et ainsi pourroit estre hors de doubte des autres créditeurs.

945. De guerpir le censif et l'homage deu au seigneur.

|| [1] Il est différance entre la guerpizon d'aucune chose tenue à rupture, et des choses tenues gentilment à foy et à hommage. Choses tenues à rupture se puent guerpir en la solempnité que coustume veult : et choses tenues à foy et hommaige ou serement pourroit l'en arguer que ne se pourroient guerpir pour le serement de féauté que l'home doit au seigneur à sa vie, combien que la vraie oppinion si est que l'en pourroit bien déleisser et guerpir au seigneur les choses et le droit de l'hommage, et ainsi ne li devroit plus serement de féauté. Et si pourroit l'en bien raisonner au contraire.

1. F° LXXXV, v°.

946. De requerre la court d'avoir les choses cheues en main
de court par applégement.

Si applégement et contrapplégement pent entre aucunes parties, la partie applégant doit faire adjourner
l'autre en cause d'applégement et contrapplégement
si tel puet estre dit. Et y convient adjournement formal; et au jour il doit retenir son applégement à la
court et doit requerre que la main de la court [soit]
levée à son prouffit en protestacion de conclurre
contre partie, etc.... Et si l'adjournement avoit esté
fait que le contrapplégant fust adjourné en cause
de requeste, c'est assavoir à veoir faire délivrance des
biens à l'applégeant ou dire cause, etc..., l'en pourroit dire que tel adjournement ne seroit mie valable
que le procès qui s'en seroit ensuiz, et en pourroit l'en
décliner, etc.... Et aussi pourroit l'en traire plusieurs
raisons au contraire, et que en cest cas l'en ne procéderoit que sur la requeste; et en oultre, si l'adjournement est fait à procéder en cause d'applégement et
de contrapplégement.

947. De formes d'applégement.

Ilz sont iii manières d'applégemens, c'est assavoir
applégement de nouvelle eschoete; et en telz applégemens met l'en en jeu et en fait possession de propriecté.

948. De tort et de force.

Le second applégement si est de tort et de force
faiz d'aucune personne, en prenant ou en portant au-

cunes choses ou les fruiz d'icelle dont il avoit la possession. Et en tel applégement ne met l'en en jeu mais
la possession : car supposé qu'il cheist de son applégement, jà pour tant ne perdroit le droit qu'il avoit
sur la propriété qu'il ne la peust demander par voye
d'action. Et cestui applégement puet estre dit entre
les nobles qui font exploiz l'un sur l'autre par force en
armes.

949. *Item*, Autre en turbanture.

Le tiers applégement si est en turbanture, si comme
un home eust la possession d'aucune chose et l'en la
li empeschast de nouvel; et aussi en telz applégemens
les applégemens ne se font mais sur la possession ne le
plait qui s'ensuit. Et cestui applégement puet l'en
dire estre accessoire aux dessus diz applégemens.

950. De débatre le fondement du procureur.

|| ' Si aucune partie fust pour l'applégement ou con-
trapplégement se vouloit fonder procureur à la court,
la court le doit faire fonder; et doit premièrement
débatre le fondement la partie s'il n'est mie recevable, et dire la cause pour quoy, en protestacion qu'il
doit dire qu'il ne preuve de riens à partie, et que le
juge ne le doit recevoir à empeschier sa requeste. Et
s'il faisoit aucun procès en partie, l'en pourroit dire
qu'il l'avoit aprouvé à partie, et que premièrement
avant toute evre il doit débatre le fondement; et ce
qu'il dira il doit dire au juge en protestacion devant
dicte.

1. F° LXXXVI, r°.

951. De ellection de feme à avoir son ouscle par la coustume.

Il est coustume que quant argent est donné à feme
en mariage après la mort de son seigneur, elle a le
tiers denier en oultre selon que la some monte en ouscle : et en cestui ouscle elle n'aura que sa vie ; et elle
morte est tenue le rendre aux hoirs du mari. Mais la
femme par la coustume puet eslire ou avoir ledit ouscle à vie, ou la moitié à héritaige dudit ouscle : et ceste
ellection puet elle faire, etc.... Et oppinions sont contraires que ou cas que le mari li fait donnaison de
meubles et acquestz, qu'elle ne doit point prendre ledit douaire : et autres oppinions sont contraires que
les gentilzfemes ne prennent point tel douaire en
deniers.

952. De meneur provoquer à division.

Droit dit *quod pupilus potest provocari et non pro-
vocare*, c'est à dire que si aucun a aucunes choses
communes en aucun meneur d'eage, il puet bien provocquer et requerre le pupille en l'auctorité de son
tuteur que li parte et devise les choses qui sont communes entre eulx : et se pourroit faire en l'auctorité et
le décret du juge sur ce donné : et vaudra la division
qui se fera par le tuteur dudit pupille. Mais le pupille
ne puet provocquer ne requerre division. Et est la
raison ceste : si le meneur requéroit division et les
choses communes se divisoient, il feroit aliénacion
par la division de la chose qui se partiroit; et s'il est
déceuz il en pourroit demander restitucion par droit,
et s'il estoit provoqué non, etc....

Or est assavoir que veult dire *animo novandi,* c'est assavoir quant d'aucune obligacion ou contrait[1] l'en fait aucun nouvel contrait ou obligacion nouvelle.

953. De actions en quoy gariment ne siet mie.

Si aucun fait demande à un autre d'aucune action personnelle, si comme 'l disoit que il li devoit aucune somme d'argent, ou eust fait avecques li aucune convenance ou contrait qui touchast la personne de li, et il voulist hucher garieur simplement sur celle demande, sans dire que cellui qu'il hucheroit à garieur lui eust mis aucun empeschement ou sans proposer aucun fait nouvellement entre eulx parquoy gariment s'i deust asseoir, il ne seroit mie receu à tel gariment demander ou avoir ; car en telles demandes personnelles n'appartient point de gariment, etc...., si nouvel fait n'y estoit survenu.

954. De héritaige jazant que aucun occuppe.

|| [2]Droit dit que quant aucun héritaige ou chose meublau est vacant que ce est héritaige jacent. Et qui en prendroit la possession de tel héritaige jacent il auroit expillé le droit héritaige, *id est* usurpé, et est à dire en latin *quod expillavit hereditatem, id est usurpavit* selon droit. Et répute le droit meubles vacans en telz cas pour héritaige : et pourroit l'en dire samblable chose que dessus, et en seroient puniz comme de héritaige robé selon droit.

1. Ou trait, ms.
2. F° LXXXVI, v°.

955. De faire assiete par la coustume.

La coustume d'Anjou, de Poitou et d'Angomoiz et de plusieurs autres contez si est que de rente de blé, de vin, vaut à rente de deniers et à assiete, c'est assavoir le denier III ob. par la coustume.

956. De excepter contre la demande.

Toutes manières d'excepcions qui sont proposées contre les demandes doivent estre telles et de telle nature comme sont les demandes; car autrement ne seroient pas recevables. Et pour ce dit droit *quod excepcio est exclusio actionis*. Et si aucun disoit qu'il avoit possidé aucune chose meublau par an et par jour que un autre demandast, aucuns pourroient dire que telle excepcion ne seroit pas recevable s'il ne maintenoit que par III ans l'avoir usecapuis par droit, etc.... Et en oultre quant aucun veult nyer la demande d'aucun et veult proposer aucune excepcion ou fait contraire à la demande, il doit dire qu'il met en fait, ou cas que l'autre prouveroit riens de sa demande, son fait ou excepcion qu'il doit dire, et l'offrir à prouver, etc.... Et tout premièrement doit tout advocat débatre la demande d'aucun avant qu'il se mecte en jugement, ou l'excepcion qui seroit proposée contre ladicte demande, etc.... Mais de la coustume souffiroit d'an et jour en tiltre.

957. De chose arentée perpectuellement.

Emphitos veult dire selon droit quant aucun baille

et arente aucune chose ou héritaige à aucun perpectuellement à certaine rente, et entrées en sont baillées.

958. De chose déguerpie acquise, etc....

Droit dit *quod si aliquid habetur pro derelicto occu-
panti conceditur;* c'est à dire que si un home avoit
un sien cheval ou autre chose meublau et il la dé-
guerpist en disant qu'il n'avoit evre d'icelle chose,
cellui qui plus tost la prendra et l'occupera la chose
sera à cellui qui l'occupe, etc....

959. De soy faire hoir.

Si aucun comme hoir d'aucun qui soit mort se
enherdist aux biens du mort, il se fait hoir de cellui,
et convient qu'il paie les debtes de cellui pour celle
partie comme il sera hoir; car si tost comme il s'est
enhers aux biens du mort il se fait hoir, etc.... Et si
aucun se vouloit garder de ceste doubte, et qu'il cuidast que les debtes de cellui de qui il devroit estre
hoir montassent plus que les biens du mort ne vaudroient, il se devroit faire hoir en bénéfice d'inventoire, c'est assavoir que il devroit dire devant un
notaire publicque ou par devant garens dignes de foy
que il se fait hoir du mort en bénéfice d'inventoire :
et doit faire mectre par inventoire tous les biens
meubles et immeubles du mort; et en cestui cas il ne
sera tenu à païer les debtes du mort, mais tant comme
les || ¹ biens du mort monteront et vaudront, et pourra

1. Fº LXXXVII, rº.

lessier les biens aux créditeurs sans ce qu'il en paie riens autrement. Et s'il se faisoit hoir sans bénéfice d'inventoire comme dit est, il seroit tenu païer les debtes par la manière dessus déclairée. Et si a un an de soy adviser assavoir mon s'il sera hoir du mort ou non ; et durant ledit an, les créditeurs ne puent faire faire exécucion sur les biens du mort : et ce dit droit en icelle loy; mais il a ellection de lessier les choses du mort, ou païer les debtes jusques à la value. Et doit commancier son inventoire après ce qu'il se fait hoir dedens xxx jours, et finer dedens autres xxx jours.

960. De différance d'homage lige et hommage plain, et de faire ses homages et les devoirs aux seigneurs.

Il est différance entre home lige et homme plain; car home lige est plus estraint et obligié à son seigneur que home plain.

Et pert le fié l'home lige en plusieurs manières : c'est assavoir s'il mectoit mains en son seigneur premier malicieusement; ou s'il aloit sur li en guerre ou en chevauchée ou gens qui riens ne li appartenissent de char; ou s'il oïoit appeller son seigneur de traïson ou d'autre cas criminel dont bataille peust estre, et ledit home ne l'offrist à deffendre; ou s'il se couchoit ou la feme de son seigneur, ou en sa fille par quoy elle fust pucelle; ou si li sires li avoit baillié une pucelle en garde de son lignage et il la despucellast : et en plusieurs autres manières commectroit l'home lige le fié vers son seigneur.

Un home plain n'est mie estraint au cas dessus diz.

Et si est le devoir d'un home lige de x s. selon la coustume qu'il doit païer au seigneur à muance de seigneur ou de vassal. Et convient que se montent les choses comprises en fié L s. de rente; et au dessoubz de L s. ne feroit l'en que homage plain. Et est le devoir de hommaige plain de v s. : et convient que le féage vaille xxx s. de rente. Et au dessoubz de xxx s. ne feroit l'en point d'hommage, mais autre devoir d'uns gans blans ou autre devoir selon ce qu'il seroit devisé.

Et si aucun doit faire hommage à son seigneur il convient qu'il le face dedens XL jours, ou li sires puet prendre les fruiz du fié jusques à tant qu'il ait home, et li enjoindra li sires que li baille le fié par escript dedens XL jours après. Et li doit rendre l'home le devoir du fié dedens x jours après. Et cellui qui baille le fié par escript le doit bailler en les protestacions et sauvacions contenues ou féage, et li sires le doit juger du fié qu'il baille, et le prendre en les sauvacions du contraire.

Et n'est pas l'home tenu à aller faire l'homaige à son seigneur au dehors de la chastellenie ou de la juridicion où le féage est : mais il doit venir au chastellain ou à cellui qui garde la terre pour le seigneur dedens les XL jours et soy présenter. Et doit faire le serement de féauté; et jurera qu'il sera féaux et loyaux à son seigneur, et qu'il gardera son secret, et eschivera son domage. Et ledit gouverneur de la terre le doit recevoir audit serement et le faire jurer par la manière dessus dicte, et le mectre en la souffrance du seigneur || ¹jusques à la venue du seigneur : et li doit enjoindre

1. Fº LXXXVII, vº.

que si tost qu'il saura que le seigneur sera au païs qu'il
vienge pour lui faire homage : et convendra qu'il
baille le féage par escript dedens xl jours, et le devoir
dedens x jours. Et s'il ne le faisoit, ledit gouverneur
pourra mectre le fié en la main du seigneur. Et si
l'home baille le féage au gouverneur de la terre, il le
doit prendre en les protestacions et sauvacions dessus
dictes, et le juger aussi.

Et quant li sires prendra l'homage de son homme
lige il se puet seoir ; et l'home se desceindra, et ostera
son chapperon, et se agenoillera, et joindra ses mains,
et fera l'homage. Et li sires le doit recevoir sauve son
droit et l'autrui, et le beisier. Et l'home plain ne fera
que besier, etc....

Et quant il vient à la notice des homes de foy que
leur seigneur vient nouvellement à terre après la possession prinse d'icelle par le seigneur ou son certain
commandement, lesdiz homes sont tenuz xl jours
après ce venir au séneschal ou chastellain et faire son
offre comme dessus est dit, ou cas que le seigneur ne
sera en la terre personnellement : et s'il ne le faisoient,
le gouverneur de la terre puet assener audit féage
comme dit est.

Et aucuns coustumiers tiennent qu'il convendroit
que ceulx en qui il vait en guerre ou en chevauchée
comme dit est fussent père, mère, frère, seur, cousin
germain, oncle ou neveu, et autres non.

961. De sentence donnée pour franchise.

De sentence comment elle doit estre donnée pour
franchise : quant aucun est appellé de servage, ou de

murtre, ou d'autre cas criminel quant aucun dit sur
soy deffendant il l'a faictes et preuves en sont faictes
d'une partie et d'autre, sentence doit estre donnée
plus tost pour le deffendeur que pour l'autre partie;
car les droiz sont plus prestz et plus favorables à ab-
soudre que à condempner.

962. De aller avant par vertu de commission en la cause.

De juge qui vait en la cause par vertu de commission l'en doit ordonner ses actes et son procès, et faire
mencion de la commission, ou autrement l'en n'est
pas tenu de respondre.

963. De appel fait d'aucun juge.

Cellui qui appelle au séneschal du juge du Roy qui
n'est pas fermier il n'est pas tenu d'applégier son
appeau : mais il doit faire semondre lui et la partie à
la saisine première à aler avant en cause d'appel. Et
si le juge est fermier, il se doit applégier comme de un
autre juge. Et si bien cellui juge ne vient avant pour
soustenir son jugement mesmement le pourra soustenir la partie contre qui il fut appellé si elle veult :
et ce fut jugié à Monmorillon en l'assise. Et aussi si
la partie ne venoit, la pourra soustenir le juge en tant
comme touche le droit son seigneur.

964. De avoir appellé du séneschal le Roy.

De ceulx qui ont appellé de séneschal royal ilz ne
sont pas pour ce hors de son obéissance des autres

cas; || [1] ains des autres cas sont tenuz d'obéir devant li. Mais il seroit le contraire qui appelleroit d'un justicier au séneschal royal; car il en seroit hors pendant la cause d'appel.

965. De comun usurier.

Usurier comun les meubles sont au Roy par la coustume quant il murt.

966. De jurée de païz.

Entre vavasseurs ne vient point jurée de païz : mais elle vient entre Roy et baron, ou entre les barons.

967. De deffautes de la court le Roy nul n'en porte court.

Le comandement le Roy ou de Royne ou de prince, l'en le doit sans délay acomplir quant il vault jugement, s'il n'est rappellé par un autre nouveau commandement; et sur ce ne doit point avoir de plait.

Nul qui soit malade ne doit rendre houst ne chevauchée si la maladie estoit incurable.

Gentilhome quant il brise la saisine le Roy pert ses meubles s'il n'ose jurer qu'il ne la seust; et s'il le jure si s'en passera en restitucion.

968. De obéissance demander.

Nul ne trait court de fons de terre de la court le

1. F° LXXXVIII, r°.

Roy jusques après monstrée, le vavasseur de la court au baron, ne le baron de la court le Roy.

Nul n'enporte court de meffait qui est fait ou chemin le Roy.

969. De non souffrir ausmosner en son fié.

Nul ne doit souffrir aumosner en son fié en manières que fié ne ses reddevances amenuisent; c'est nouveau comandement le Roy.

Chose qui est monstrée en la court la monstrée vault en autres cours, et ne rent la court le Roy point de court jusques après monstrée des choses dont monstrée appartient : ne le baron aussi ne rent pas la court à ses vavasseurs jusques après monstrée, et que soit certain que la chose vient de lui.

970. De ceulx qui se font sergens et ne le sont pas, la punicion.

Quant aucun se fait sergent le Roy, et use d'office de sergent, et ne l'est pas, si pour ce il est prins, tout soit il prins en présent ou trouvé congnoissant du fait en la terre à aucun seigneur qui bien a toute justice, non pour tant la justice ne la punicion n'en est pas à lui à faire, mais aux gens le Roy.

971. De soy plaindre de son seigneur.

Cellui qui se clame de son seigneur en la court le Roy jà pour tant n'en fera droit ne amende au seigneur. Et si son seigneur l'en pladoïet il le amenderoit au Roy, et l'en feroient les gens le Roy cesser.

Le ber n'a mie en la court le Roy la court de son

homme des fautes faictes en ladicte court, mais des choses congneues l'en lirent à entérigner; et s'il ne le faisoit les gens le Roy le feroient, et n'auroit plus la court.

972. De amendement de jugement.

Toutes manières de gens puent demander amendement de jugement en la court le Roy : mais en autre court nul ne la puet demander ; ains convient qu'il en appelle ou le tienge pour bon.

Nul ne puet demander amendement de jugement en la court le Roy si ne le demande cellui jour || [1] mesmes que le jugement est fait. Et si aucun en demandoit amendement, le baillif li en doit mectre jour et faire semondre des hommes le Roy et de ceulx qui furent au jugement faire, et des autres sages qui saichent droit et raison, et doivent regarder si le jugement est bon ou non. Et s'il est bon il estera, et cellui qui en demande amendement en gaigera ses meubles s'il est gentilhome et home le Roy. Et si le jugement n'est bon, si le doit l'en amender.

Et si le baillif ne vouloit faire l'amendement, cellui en puet appeler devant le Roy, ou en Parlement à Paris. Et s'il est trouvé que le jugement soit bon, si estera, et en fera cellui l'amende dessus dicte. Et s'il n'estoit bon le Roy le fera réparer à rendre au baillif tous coustz et dommaiges que le gentilhome en aura faiz et soustenuz.

1. F° LXXXVIII, v°.

973. De faire distribucion de conseil.

Si aucun advocat se fonde procureur en aucune cause, il ne le doit pas choir en distribucion. Mais si après ce un autre procureur se fondoit en la cause et il y fust receu, et cellui procureur qui avoit esté par devant font conteur de la querelle en laissast l'office de la procuracion, il cherroit en distribucion, car il auroit mué office, etc.... Et quant aucune distribucion se fait à une journée des présans, et puis après à autres journées autres advocaz surviennent, distribucion se fera aussi des survenuz; et la partie qui ne prent pas dernièrement choisira premier par raison et coustume.

974. De faire monstrée.

Quant aucune journée est assignée à faire aucune monstrée, et l'une des parties n'y puet vacquer, il convient qu'il face assavoir son exoine à l'autre partie et à la justice par avant ladicte journée, ou autrement seroit tenu à desdomagier la partie. Et bien pourroit l'en tenir qu'il souffist mais que la partie le face assavoir à la justice.

975. De non estre fondé sanz la procuracion.

Si aucun prieur qui a le gouvernement d'aucun prieuré commis par son souverain faisoit aucunes demandes réelles par raison des choses de son prieuré appartenans, et veult fonder jugement soit en demandant ou en deffendant, il convient qu'il ait espécial

povoir de son prélat quant à ce; car supposé que
aucun religieux ait le gouvernement d'aucun prieuré
ou bénéfice, jà pour tant ne s'ensuit qu'il puisse demander ne poursuivre les choses réelles de son
prieuré sans procuracion de son prélat et du convent.
Mais quant aux fruiz de son bénéfice pourroit bien
apparoistre si comme tenent plusieurs sages pour ce
que les fruiz sont siens; et y pourroit l'en traire
moult de raisons. Et dit droit en termes *quod ille
qui non potest rem alienare non potest eam deducere
in judicio*, etc.... Et si ainsi estoit qu'il n'eust procuracion aux choses et demandes réelles, il ne pourroit '
fonder jugement ne le procès ne vaudroit pas.
Mais le rector d'une église sans povoir ou procuracion
de son prélat le pourroit bien faire; car un chappellain n'est de rien ou povoir ‖ ¹ de son prélat quant à ce,
et religieux est ou pover de son prélat, etc.

976. De païer les despens qui déchiet de gariment.

Si aucun prent le gariment d'aucune chose et puis
il déchiet de l'amende, il paiera les despens de la
cause, ceulx qui ont esté faiz en li, et les autres aussi
faiz par avant; car il représante la personne de l'autre
par le gariment prins.

977. De domage donné en chose tenue gentilment ou à rupture.

Cellui qui treuve bestes donnans domaiges en la
chose tenue gentilment il y a xv s. ı d. d'amende. Et

1. Fº LXXXIX, rº.

en chose tenue à rupture n'a point telle amende se
n'est à la justice ; mais tant seulement le domaige à la
partie qu'il convient qu'il mecte en voir si la partie
en est en deffence. Et bien pourroit l'en faire différance de chose tenue gentilment si ce estoit chose[1]
deffensable, l'en pourroit dire que telle amende n'y
pourroit estre : mais en chose deffensable comme garenne ou boys ou autre chose deffensable, y seroit
comme dessus est dit. Et tant comme l'en pourroit
faire demande à cellui à qui les bestes seroient, l'en
ne devroit pas faire au varlet ou message qui les gar-
deroit ; car il convendroit qu'ilz en feroit demande
que l'en se chargast de trop grant preuve, c'est assavoir qu'il se fust chargié de les garder, etc....

L'en fait différance de raison de domage donné par
aucun en aucune chose fructueuse ou chose frouste,
comme vigne ou champ frouste, etc....

978. De prouffit de faire son offre.

Le prouffit de faire son offre devant justice avant
que l'en requière le retrait devant justice, si est que
ou cas que autre y vendroit qui seroit en mesme
degré, cellui qui se seroit offert en auroit la moitié et
les despens si la partie le refusoit ou cas que le retrait
lui seroit adjugié.

979. De ceulx qui sont en mesme degré avoir le retrait.

Si deux parties se offrent au retrait d'une chose, s'ilz

---

1. Il faut probablement ajouter ici une négation.

sont en un mesme degré chacun aura la moitié par
quoy viengent à temps. Mais si l'une des parties
avoit esté receues en jugement deuement, l'autre n'y
auroit riens. Mais grant distincion pourroit estre
faicte si la partie avoit esté receue au tour par fraude
sans plait ne sans procès pour oster le droit du tour
au lignagier, ou avoit esté receu en pladoïant et en
querallant : et y pourroit l'en traire moult de raisons
de sà et de là. Et tousjours aura le tour de la chose
le plus prouchain, par quoy ilz viengue avant la récepcion et en temps convenable.

980. De ceulx qui tiennent enfans sur fons ensemble.

Si aucunes personnes tiennent un enfant l'un de
l'autre sur fons, ou encores tenissent ensemble autre
enfant à baptesme de saincte église, la décrétalle les
appelle *compater et commater*, et dit qu'ilz ne se
pueent conjundre par mariage; et s'ilz le fasoient ilz
devroient estre séparez par saincte église, et les enfans qui seroient nez durant le mariage seront champis,
etc.... Et se commance la décrétalle *de hiis qui cum-
paternitatem contraxerunt.*[1]

981. De faire donnaison sur le censif tenu du seigneur.

Si aucun tient aucun cessau à rupture d'aucun ou
autrement gentilment, || [2] et sur cellui censil li sire ait
VI d. de cens ou autre plus grant devoir de rente,

1. v. le titre *de Cognatione spirituali, Decr.*, 4, 11.
2. F° LXXXIX, v°.

aucuns pourroient tenir que cellui à qui est le censil ne
puet donner rentes dessus ou la vendre, car ce seroit
en préjudice de son seigneur, et pour plusieurs autres
causes que l'en y pourroit alléguer : mais la vraye déterminacion est que si puet bien vendre ou donner
rente dessus en préjudice de soy, etc.... Et à propos
dit la loy qui se commance *facit ff. id est digestis, de
pugnoribus, lege, lex vetagaly secundo in lege peto, in
parafo predium enim, si domus cadat in commissum
stabit cessabit solucio ultimi census*[1], etc.... Aussi
pourroit l'en dire à propos que pour faulte de solucion
la chose pourroit estre commise au seigneur qui a le
cens premier sur la chose qui y a son revenchement :
et en cest cas cesseroit la solucion du dernier cens ou
charge. Et pour ce ne seroit point en préjudice du
seigneur, etc.... Mais l'en pourroit faire distincion de
chose tenue à rupture et gentilment à hommage ; car
en cest cas par la coustume l'en en puet allienner les
deux pars, etc....

982. De non ratiffier en son testament la donnaison.

Aucuns en leur vivant donnent de leur bonne voulenté à aucun aucune chose du leur à prendre après
leur mort, et puis après ceste donnaison cellui en sa
dernière voulenté fait son testament ou autrement

1. Cette citation singulière me paroît se rapporter à la *l. lex
vectigali fundo*, 31 *ff. de pignoribus*, 20,1 qui décide que quand
un fond soumis à un cens a été donné en gage, ce gage tombe quand
le fonds retourne aux mains du propriétaire à defaut de payement
du cens (*vectigal, pensio*) pendant le temps stipulé dans l'acte de
concession.

ordonne de ses choses, et ne fait nulle mencion ou ratifficacion de ladicte donnaison, savoir mon se pour tant est veu qu'il soit rappellée : droit dit que non; car veu est puis qu'il la fist de son gré et ne la rappella qu'il l'avoit agréable, *Codice, de donacionibus inter virum et uxorem, in lege donaciones, et ff. eod. in l. cum in status in p. id est propartibus, scilicet ubi, etc....*[1]

983. De eschoetes à bourgois ès choses tenues gentilment.

Si aucun bourgois a enfans soient filz ou filles et il ait choses tenues gentilment, comme rentes ou héritaiges, l'ainsné ou l'ainznée fille aura avantaige[2] par la coustume de Poitou ès choses tenues gentilment, c'est assavoir le quint ès choses tenues gentilment comme dessus est dit, et garra aux autres en parage. Mais si le père en son temps en avoit ordonné et fust de la voulenté des enfants ou non, plusieurs saiges tendroient que en cest cas n'auroit point d'avantage; combien que plusieurs raisons y pourroit l'en traire au contraire.

984. De chose arentée à aucun perpectuellement.

Si aucun avoit aucun demaine, maison ou autre héritaige, et le baille à aucun perpectuellement à au-

---

1. Le premier des deux textes cités est la *l.* 25, *C.*, *De don. int. vir. et ux.*, 5, 16, qui contient une décision analogue à celle du paragraphe. Le second est probablement la *l. cum hic status*, 32, *pr. et §§* 1, 2 *et* 3, *ff. eod.*, 24, 1, mais dont l'analogie est plus éloignée.

2. Ms. Antaige *ou* Autaige.

cune rente perpectuelle, et en oultre en prant aucun prouffit pectunière d'entrée, l'en pourroit dire et tenir que en telz contraiz tornier y seroit receu, puis que le prouffit pécuniel habonderoit plus et monteroit plus que le devoir de la rente au denier xii d. Et par la coustume et bien pourroit l'en tenir le contraire puis que rente ‖ [1] auroit l'en retenu desur la chose, lequel n'auroit pas gité la chose hors de sa main et qu'il n'auroit point de retrait, et plusieurs autres, etc....

985. De adjournement fait en la personne de l'exonieur.

L'en tient de coustume que quant aucun se fait exonier en court laye qu'il puet estre adjourné en la personne de cellui qui aporte l'exoine, si n'estoit que l'exoine fust apportée en cas de maladie ; en tel cas il ne puet estre adjourné s'il n'estoit trouvé hors d'exoine. Et sur ce pourroit l'en traire moult de raisons de cà et de là.

986. De personnes laisser aler.

Si aucun sergent qui a en garde prisonniers les lessoit aler par sa coulpe, il en devroit souffrir samblable peine que les prisonniers par rigour de droit ; et dit droit en termes *quod quandem* [2] *penam debet pati.* Mais la justice li pourroit bien mitigier la peine s'il vouloit et mectre à amende arbitraire. Mais ou cas que ce ne seroit mie sa faulte, il n'en devroit mie

---

1. F° XC, r°.
2. *Sic,* Ms. Il faut probablement lire *eamdem.*

porter telle peine. Et si la justice estoit en doubte de
ce si se estoit la faute du sergent ou non, si pourroît
faire enqueste sur ce. Et si mestier estoit si autrement
n'en povoit savoir la vérité et le cas le requeist, l'en le
pourroit mectre en question, et puis droit en oultre.

987. De povoir prendre choses comunes.

Si aucuns sont communs en biens, durant la communauté chacun est sire des biens communs et en puet
prendre sans commectre furt ou cas criminel : et dit
la loy à propos *quod jure communi quilibet dominus
est.*

Droit dit *quod generalis renunciacio non valet nisi
de jure fuerit expressa.* Mais si aucun se vouloit garder
de ceste doubte, il pourroit mectre ès renunciacions
d'aucun contrait que la partie renuncioit par espécial,
*juri dicenti renunciacionem generalem non vallere, nisi
de jure fuerit expressa.*

988. [De voerie.]

Voerie est appellée, quant aucun a en la justice ou
juridicion de hault justicier droit de bailler mesures
de blez et vins, et congnoissance de sang et de playe et
autrement jusques à LX s.

989. Les renunciacions de droit.

*Renunciaciones super promissis et promissa tam
gentibus quibus in solidum omni renunciacioni generali et speciali, doli mali et in factum, excepcionem*

de duobus reis debendi, deindedarum[1] *actionum, et autentice presente, espistole Divi Driani, de uno acto et alio scripto, omni circonvencioni, omni machinacioni, omni lesioni levi et enormi, omni previlegio crucis sumpte vel sumende, omni statuto castri ville loci seu patrie, regio vel papali edito vel edendo pro terra sancta seu guerra, omni excepcioni juri et facti, et omni juri et racioni, consuetudini canonici et civilis, per que possent venire contra promissa vel aliquid promissarum, et per que presentes littere in toto seu in parte seu in aliquo possent obici, destrui, cassari, adnullari vel infrigi, et juri dicenti generalem renunciacionem non valere nisi de jure fuerit expressa juri super hoc, etc....*

990. De enfant qui ist hors de bail par diverses coustumes.

|| [2] Si aucun enfant mineur d'eage est en bail d'aucun et l'enfant ait son principal herbergement en une juridicion et sa terre appartenant aussi, come en la conté d'Angolesme ou en la séneschaucie de Poitou, et il ait autre terre en autre juridicion, et les coustumes des juridicions soient diverses du temps de l'enfant devra estre en bail ou en tutelle, comme en la conte d'Angolesme est de xiiii ans, et en la séneschaucie de Poitou de xxi an, ledit enfant entrera en la tutelle, et li sera baillié tuteur par le juge en qui juridicion sera son principal herbergement, et par telle justice s'en saudra hors du bail, etc.... Et c'est coustume en

1. *Sic, Ms. Il faut sans doute lire* de cedendarum.
2. F° XC, v°.

Poitou, etc.... Et plusieurs tenent que le tuteur tendra les biens en sa main par la coustume de Poitou jusques il soit hors du bail, etc.... combien que ceste oppinion cesse.

991. De ceulx qui deffaillent de cuire leur pain au four et leur blé au moulin de leur seigneur.

La coustume de Poitou si est que si aucun qui soit monnanz d'un moulin vait mouldre son blé à autre moulin, l'en puet prendre la farine ou chemin en venant d'autre moulin ou le pain[1] tout cuit d'icelle farine à l'hostel. Et qui cuiroit son pain à autre four que à cellui dont il seroit cuisant, l'en pourroit aussi prendre le pain tout cuit. Et n'est tenu le monnant ou cuisant mouldre ou cuire son pain au moulin ou au four jusques à tant que son seigneur li ait fait amender le dommage à son serement, etc....

992. De faire exécucion sur l'obligié et ou sur ses hoirs.

Il est coustume que vivant le créditeur il se puet faire païer par manière de excécucion de debte dont il appert obligacion sur cellui qui se obliga principalment envers lui s'il vit ou sur ses hoirs. Mais les hoirs du créditeur ne se pourroient pas faire païer de celle debte dessus dicte par manière d'exécucion : ains convendroit qu'ilz la demandassent par voye d'action ; et pourroit l'en arguer de raison que là cause par quoy le créditeur se pourroit faire païer sur cellui qui seroit obligié ou sur ses hoirs, pour ce que il et ses hoirs

1. Ms., pait.

sont obligiez envers lui. Et tousjours puis que le créditeur[1] seroit mort, l'obligacion auroit sa vertu pour
les biens et hoirs qu'il obliga. Mais si le créditeur
estoit mort à qui l'obligacion estoit faicte principalment, l'obligacion seroit estainte, et n'en pourroit requerre son hoir exécucion, car n'estoit pas obligié
principalment en leur chief.

993. De eslire sa debte à demander

Le créditeur selon droit ne se pourroit pas faire
païer sur le plége tant comme le principal debteur
seroit solvable. Mais par la coustume a ellection de
demander auquel qui veult.

994. De non demander sa debte par action ypothéquaire.

Le créditeur ou ses hoirs selon droit ne pourroient
pas demander par action ypothécaire à aucun les
choses obligées, tant comme le principal debteur vive
s'il est solvable.

Item, Selon droit le créditeur ou ses hoirs se pueent
faire païer sur cellui qui est obligié ou sur ses hoirs par
voye d'exécucion qui apparestra par obligacion, et
mesmement quant il oblige soy et ses hoirs. Mais si
les hoirs du créditeur vouloient, il pourroient de-
mander ||[2] la debte par voye d'action.

---

1. *Sic* ms. Il faut lire *débiteur*.
2. F° XCI, r°.

995. De peine de droit qui mutille aucun.

Si aucun home par son oulstrage ou autrement indeuement trait l'ueil à aucun, ou il li coppoit un de ses menbres, aucuns docteurs dient en droit qu'il doit souffrir mesme peine, *equalem debet pati* dit la loy. Mais le juge de voulenté de partie li puet bien mitigier la peine. Et aucuns autres docteurs dient qu'il doit estre puniz à arbitrage de juge, et amender les domaiges à partie.

Et si aucun trait l'ueil à un autre qui n'eust que un bon oeil, il seroit puniz selon droit; car il l'auroit mis comme à mort, *quia cecare videtur* dit la loy.

996. De faire homage par faute de son parsonnier.

Plusieurs tiennent qu'il est coustume que s'ilz sont plusieurs personniers qui aient aucunes choses comunes qui doient foy et homaige, que pour la négligence de cellui qui devra faire l'homage, l'autre le doit faire, et le seigneur le doit recevoir. Et quant aucuns domaines doivent estre tenuz à foy et homage ou autre recongnoissance, et l'en est en que les choses puent valoir, l'en doit compter les domaines à ce que la coustume les ordonne. Et aucuns tennent que ceste coustume ne se estant mais entre frères ou cohéritiers.

997. D'armes porter et de soy deffendre[1].

Droit dit *quod licitum est portare arma ad deffen-*

---

1. Ms. *D'armes et de soy deffendre porter.*

sionem corporis sui dit la loy : mais droit deffent *exercitum armorum, nisi in casibus licitis ad deffencionem corporis.*

L'en pourroit arguer se un homme vouloit férir un autre ou le féroit du poing ou d'un baston, il li est lieu soy revenchier; et dit la loy *quod licitum est ei se vindicare cum moderamine;* mais non pour tant il ne doit pas férir l'autre de glaive, ne le traire aussi, si bonnement il se puet autrement rescourre de li, ou revenchier, ou li eschapper sans dommage.

Et s'il avait trait indeuement et sans cause espée ou coustel ou autre glaive sur l'autre qui n'eust sur soy glaive de quoy il le peust endommagier, l'en pourroit dire *quod ipse erat in culpa* de l'avoir trait, et que si sur cest point l'autre avoit esté blécié par quelcunque guise qu'il en seroit en coulpe.

L'en pourroit arguer de raison escripte que si un homme qui seroit de grant force, *id est robustus* selon droit, et vouloit férir un autre home de son poing ou d'un baston qui seroit de maindre force, ou maladeux, ou en tel estat que bonnement il ne peust actendre le coup sans péril de son corps, et si bonnement il ne puet eschiver le coup, en cest cas il li est bien leue chose traire son glaive et le mectre au devant du coup de l'autre, et de s'en deffendre levement.

998. De la différance d'un servitut corporel et discontinue.

Droit dit qu'il est différance entre aucun servitut corporel et servitut discontinue. Servitut corporel si est quant posside ou explecte aucun demaine ou héritaige comme maison, vigne, terre ou autre héritaige qui puet appartenir, savant ou povent savoir cellui qui y pourroit avoir droit : et tel servitut et possession de telle chose corporelle porte préjudice d'un privé à autre entre || [1] présans de x ans selon droit en juste tiltre, et entre absens de xxx ans ; et d'an et jour par la coustume quant à tenir la possession. Mais d'un subgiet contre son seigneur justicier *id est* contre *fiscum*, convendroit en cest cas avoir tenu xl ans; car raison veult que le seigneur soit plus previlégié que un privé.

Droit appelle servitut discontinue d'une chose non corporelle que l'en pourroit possider en aucuns temps, et qui ne se continue pas, comme l'en pourroit dire si aucuns subgiez d'un seigneur justicier qui deussent estre ses monnans se voulissent aidier comme [2] leur seigneur qu'ilz estoient frans de aller à autre moulin, ou que cellui à qui ilz se diroient monnans se voulist aidier contre le seigneur qu'ilz estoient ses monnans, et qu'il avoit eu possession d'eulx : en cest cas en telz servituz discontinuez, convient que l'en ait eu possession de monnans, ou les monnans auroit esté frans contre le seigneur xl ans continuellement après la requeste faicte à eulx du seigneur ou après le temps qu'il les en aura mis en cause. Et d'un privé à autre de xxx ans. Et ailleurs dit droit que contre le seigneur convient que l'en ait eu possession de xl ans : mais ce est entendu là où ledit seigneur n'en fait point requeste.

---

1. F° XCI, v°.
2. *Sic* ms. Il faut sans doute lire : *contre.*

999. De personnes de sainte église non faire acquestz ès fiez nobles.

Quant aucune personne de sainte église fait aucuns acquestz ès fiez et rerefiez du Roy ou du baron, ou d'autre qui tient gentilment, li sires en qui féage sont les choses acquises tenues ne le souffrera pas s'il ne veult que l'église se acroisse en ses fiez et rerefiez. Et est la cause et la raison principal; car li sires ne se pourroit pas revenchier sur l'église ne prendre la chose en sa main, ne les fruiz de la chose aussi comme il feroit sur une personne sécullière.

1000. D'avoir la chose acquise.

S'il advenoit que les personnes de l'église se acroissent par acquestz ou autrement ès fiez et rerefiez dessus diz, li sires leur puet enjoindre qu'ilz gitent les choses hors de leur main acquises dedens an et jour : et s'il ne le font, li sires puet et doit prendre les choses en sa main et les'fruiz faire siens par les establissemens de France. Mais durant l'an et le jour ilz les pueent mectre en autre main et faire leur prouffit.

Item, Puet bien li sires s'il lui plaist amortir la chose à l'église en prouffit ou sans prouffit par la manière que li plaira : et en cellui cas l'église puet tenir la chose en sa main comme son demaine.

1001. De allienner le fié en autres mains.

Li sires puet enchaucer et faire demande à son home de foy que li déclaire et monstre combien il [a] aliéné du féage, à ceste fin que s'il en a allienné plus

des deux pars li sires puet faire demande et conclurre
à commission de fié ou à autre amende s'il veult ;
mais ou cas que l'home en retendra la tierce partie
pour servir ‖ [1] le fié , li sires ne li en puet riens demander.

L'home de foy puet bien vendre ou donner des
choses de son féage à personne sécullière, sans ce que
le sire l'en puisse enchaucer de le mectre hors de sa
main.

1002. De vente faicte à personnes d'église général.

Si ledit home de foy vendoit à personne de saincte
église aucune rente généralment sur tous ses biens,
li sires en quel féage il tendra s'en puet doloir, et pourroit dire que le droit qu'il auroient ainsi généralment
sur tous les biens il getassent de leur main; car ce
pourroit porter préjudice au seigneur; car ilz se pourroient revenchier et faire prendre les choses tenues
à homage : et aussi pourroient avoir tant la possession
d'icelle rente général par la main du receveur qu'ilz
pourroient dire eulx avoir perscript par leur obligacion
générallement contre le seigneur. L'en pourroit arguer
moult au contraire et que li sires par telle vente général ne s'en pourroit douloir; car l'en ne pourroit pas
dire qu'ilz tenissent corporellement par icelle rente
général aucunes des choses du féage, et que li sires
pour ce ne s'en pourroit douloir.

1. F° XCII, r°.

1oo3. De eschanges faiz des choses féodaux à personnes d'église [1].

Si l'home de foy avoit aucunes choses, rentes ou demaines sur personnes d'église qu'il tenist du seigneur, et il les vendist ou eschangast en autres choses et personnes d'église, li sires s'en pourroit douloir, etc....

1oo4. De prisonnier condempné à mort et appelle au souverain juge.

Si aucun par ses meffaiz estoit condempné à mort et il en appelle, ou un autre pour lui, etc.... savoir mon si le justicier qui l'auroit condempné devroit estre dessaisi du corps du prisonnier pendant ladicte cause de l'appel : l'en pourroit arguer que non; car grant présumpcion seroit que pour eschiver et fuir à la mort il eust appellé, et que l'en doit présumer que tout bon juge doit donner sentence juste en tel cas, etc.... Et au contraire pourroit l'en arguer que puis qu'il est exemps de sa juridicion et seroit en autres causes civilles par la coustume, par plus forte raison pourroit et devroit estre exemps et hors de sa prison en tel cas, pour la souspecton de le mal traicter pour l'appel, etc.... Mais de raison y pourroit l'en faire dinstincion, et remédier le juge souverain d'office; car s'il y venoit contre le juge aucun cas ou couleur de souspecon contre le prisonnier, ou que le prisonnier pour fuir et retarder à la mort eust appellé, en cest cas le juge souverain y devroit remédier: mais de

1. Cette rubrique et la précédente sont interverties dans le ms.

rigour par la coustume, le prisonnier seroit hors de la
prison du justicier pendant la cause de l'appel.

1005. De curateur non povoir obliger les biens du pupille.

Si aucun fait demande à aucun meneur d'eage, et
curateur soit donné à la cause au pupille et sentence
soit donnée contre le pupille, ou que l'en regarde par
droit le pupille estre tenu en aucune chose, le juge
doit regarder et esclarcir par jugement et dire le pu-
pille estre tenu en telle || ¹ chose, et le condempner en
celle chose en la personne du curateur. Or est assavoir si le curateur puet obligier les biens du pupille :
aucuns diroient que non, et pourroit l'en arguer que
si seroit. Mais la vraye oppinion est que non; car un
curateur n'est donné que aux causes, *id est ad lites,
etc....* Mais tuteur puet bien obligier les biens du
pupille.

1006. De mandement de prince.

Mortuo mandatore expirat mandatum, c'est assavoir que si le prince ou baron ou autre justicier man-
doit ou commectoit aucune chose à aucun ou faisoit
aucune grace, et avant que le mandement fust exécuté
le mandeour morust, le mandement ou grace seroient
de nulle valleur.

1007. De cellui qui tient par tiltre singulier la chose.

Droit dit *quod ille qui tenet aliqua bona titulo sin-
gulari non tenetur solvere debita, etc....* C'est à dire

1. Fº XCII, vº.

que la feme d'aucun home ou autre à qui il auroit baillié de ses biens ou les tendroit par tiltre singulier n'est tenu paier les debtes de cellui, mais son hoir, s'il n'y avoit cause, etc.... Et si demande en vouloit faire par ypothéquaire qu'il devroit premièrement aprocher les hoirs.

1008. De tuteur datif non donner plége.

Cellui qui est donné tuteur à aucun meneur se le justice le pourforce de l'estre, et seroit en cest cas datif, tel tuteur ne doit point donner de plége; et bien pourroit l'en arguer au contraire, etc.... Par la vraye oppinion doit donner plége affin que en faveur du pupille il soit plus obligié et diligent de son prouffit : et aussi pourroit l'en dire de tous autres tuteurs ou curateurs ou bail aïans.

1009. De saisine ordinaire et extraordinaire.

Quant justice met aucune chose en sa main à requeste d'aucun sans jugié ou sans cause par quoy la main n'y doye estre mise, la justice doit prendre plége de cellui qui requiert, et que le plége soit d'icelle juridicion. Si cellui sur qui justice saisist requiert à justice que il lève la main de ses biens, justice ne le puet pas faire de raison sans appeller partie puis que à sa requeste y a mise la main : et convient que la partie soit adjournée à venir débatre la requeste ou dire cause, etc.... L'on pourroit bien arguer que si partie à qui requeste ce estoit fait estoit présent devant le juge et la partie fait sa requeste, il ne devroit point avoir

d'autre jour à la débatre; car en telz saisines faictes
par justice ne sont pas faictes selon l'ordinaire aussi
come s'il y eust jugié ou mémorial, etc.... En tel
cas convient que l'en se gouvernast et menast l'en le
procès par adjournement fait et ordinairement : mais
puis que la saisine estoit extraordinaire l'en pourroit
dire qu'il n'y convendroit point d'ajournement comme
en autres causes, combien que l'en pourroit bien arguer
du contraire. Mais la vraye oppinion si est qu'il y
convient adjournement.

Quant la partie fait sa requeste à la court, il doit
dire qu'il avoit la saisine et possession de la chose, et
que la court la li a empeschiée : et se puet taiser la
partie de dire s'il veult à quel requeste ce a esté fait.
Mais doit requerre la court que la || ¹main soit levée : la
justice doit dire à la partie pour qui la saisine a esté
faicte que deffende la court, et cellui doit deffendre la
court, et dire la cause pour quoy il a fait faire la saisine, et puis droit en oultre.

1010. De cellui qui est huchié garieur et demande jour d'avis.

Si aucun huche à garieur aucun sur aucune chose
cellui doit voir la chose, et s'il en doubte il en doit
demander jour d'advis; et bien puet l'en dire qu'il
n'en doit point avoir si ce est de chose meublau;
car il en doit estre tout advisié. L'en pourroit arguer
que si cellui qui seroit huché garieur estoit de hors de
la juridicion et ne veult prendre le gariment et
l'eust promis, l'en pourroit dire qu'il seroit tenu le

1. F° XCIII, r°.

prendre et faire; et bien pourroit dire du contraire; car gariment est voluntaire, et ce est la vraie oppinion.

1011. De procès qui doit cesser quant la chose est conjuncte.

Si aucun fait demande à autres d'aucunes choses qui soit conjuncte, comme s'il disoit qu'il fust en possession d'aucunes rentes par non devis d'eulx, si l'un des deffendeurs se deffent, la cause cessera pour ce que la demande est conjuncte et le procès aussi ; car la possession qu'il maintient est indivisible, *id est* possession *indivisibilis* selon droit. Mais l'esmolument de la possession pourroit bien estre divisié.

1012. De soy appléger et contrappléger.

Quant aucun applégement se fait contre aucun, il se doit baillier à justice, et la justice le doit faire assavoir à partie, et seeller de son seel, et mectre en escript le jour, et le jour qu'il le fera assavoir. Et cellui qui se applége doit donner plége qui soit de la juridicion. Et qui seroit en doubte que le plége ne fust souffisant, l'applégeant ou contrapplégeant pourroit obligier ses biens.

Item, Quant la partie se contrapplége, il se doit contrappléger dedens x jours après l'applégement fait, et doit faire[1] faire protestacion en son contrapplégement qu'il n'entent aprouver la partie en partie applégant, et en les autres protestacions neccessaires

1. Fait, ms.

à son contrapplégement former et soustenir, etc..., si comme il est plus plainement spécifié ailleurs en cest livre, etc.... Et doit la justice faire assavoir le contrapplégement à partie s'il veult, ou s'il ne veult au jour du plait; et doit adjourner les parties à aller avant en cause d'applégement et contrapplégement.

Et en Saintonge le sergent puet bailler coppie aux parties de l'applégement et contrapplégement : mais en Poitou et en Engomoiz non jusques en jugement qui se donnent par le juge.

1013. De gurpizon à qui appartient.

Si aucun demaine ou censau que aucun tient de deux parties, c'est assavoir que chacune partie ait rente dessus, la gurpison de la chose appartient au seigneur féodal de qui la chose est tenue, c'est assavoir à cellui qui a seigneurie et revengement sur la chose, et qui en auroit ventes et honneurs se la chose estoit vendue. Et quant gurpizon se fait de la chose elle se doit faire audit seigneur selon que la coustume le requiert. Et doit noctiffier à l'autre partie qui a rente sur la chose la gurpison. Et bien pourroit || [1] arguer qu'il ne seroit nul mestier de li noctiffier la gurpizon.

1014. De requerre la délivrance des fruiz.

Si aucun tient à foy et hommage d'aucun seigneur aucunes choses qui soient en autre juridicion que de cellui dont il l'advoera à tenir, aussi comme aucu-

1. FXCIII, v °.

neffoiz les féages sont enclavez en plusieurs juridicions,
et li sires en qui juridicion les choses sont veult savoir
de qui les choses sont tenues, si l'home advoe à tenir
d'autre seigneur et requiert la délivrance ou recréance
des yssus de la chose en plége mectant, li sires la li
doit par la coustume faire délivrer : et puis après la
délivrance faicte, li sires l'en doit mener par plait et
baillier jour en sa court ou la court du souverain ; et
l'home doit hucher son garieur cellui dont il tendra la
chose, en protestant de deffendre son domaine s'il li
failloit de gariment et de user de ses autres deffenses
et raisons. Et se li sires estoit refusant de li en faire
délivrance ou recréance comme dit est, l'home s'en
pourroit appeller de deffaut de droit et sur reffus de
pléges.

1015. De rupturiers avoir avantage ès choses tenues gentilment.

Si aucun rupturier lui mort il lesse à ses hoirs
rentes ou autres domaines qui sont tenues à foy et
homaige, savoir se l'ainzné des hoirs aura point d'a-
vantage ne d'annéage ès choses dessus dictes par la
coustume : l'en pourroit arguer que si auroit, et y
traire plusieurs raisons ; et plusieurs tennent le contraire : car la coustume ne se estant mais aux nobles,
et fut entroduite en faveur des nobles ; et sur ce
pourroit l'en traire plusieurs raisons. Et si avantaige y
devoit avoir, plusieurs coustumiers tiennent qu'il n'auroit pas l'avantage que les nobles ont du quint et du
herbergement ; mais le quint en avantage de l'homage
principal pour faire le service au seigneur.

1016. De faire atestacions de tesmoins.

Si débat estoit entre aucuns justiciers ou entre aucunes parties de juridicion ou d'autre demaine ou d'autre chose, et les parties eussent de sà et de là aucuns tesmoins qui leur fussent neccessaires à prouver leur entencion, les quielx tesmoins fussent vieulz, maladieux ou feibles, ou deussent aler hors du païs, ou autre cause par quoy s'ilz n'estoient examinez briefment leur droit se pourroit dépérir et la preuve de leur droit retarder; en cest cas le juge à requeste de partie de l'une ou de l'autre les pourroit faire examiner d'office, appellé et présente la partie ou son procureur à les voir jurer, et leurs atestacions mectre en escript soubz le seel de la justice : et les parties de leur voulenté sans parler à justice les pourroient faire examiner par certains commissaires de sà et de là sur les articles que chacune partie baudroit, et les enquestes qui se feroient pourroient de commun assentement estre scellées soubz leurs seaulx des commissaires, doublées et baillées aux parties pour les garder jusques à tant qu'elles ‖ [1] fussent ouvertes. Et les comissaires en pourroient et devroient autant retenir devers eulx. Et pourroient telz atestacions de tesmoins faictes de assentement de parties ou par office de juge valoir et tenir à perpetuelle mémoire. Et quant les tesmoins se recevroient, chacune partie pourroit faire protestacion de dire reproches contre les tesmoins et sauve du soustenir : et aussi pourroient d'assentement

---

1. Fᵒ XCIV, rᵒ.

en examiner certain nombre de sà et de là. Et par telles enquestes pourroient les parties esclarcir leur droit par voye d'accord, ou par icelles prendre droit en jugement aveques autres enquestes qui se pourroient faire de autres tesmoins produiz en jugement qui les auroit.

Droit dit *quod possessorium et petitorium nichil habent commune*.

1017. De former sa demande sur possessoire et sur petitoire.

Si aucun faisoit aucune demande sur pocessoire d'une chose, si comme s'il disoit : « Tu m'as dessaisi d'un b[1] de blé de rente en cessant de païer de tel an, et requier que tu me continues ma possession, » et il fait mencion en sa demande du pétitoire, *id est* de la propriecté, et sa demande li fust niée, et il ne prouvast riens de la possession tout prouvast le pétitoire, il décherroit de sa demande ; car puis qu'il conclut sur possession et ne la preuve il déchiet. Mes s'il met en jeu l'un et l'autre, par telle partie comme il prouvera obtendra ; car s'il prouvoit sur propriecté, si auroit en tant sentence comme toucheroit la propriecté : mais s'il faisoit mencion en sa demande qu'il ne mectoit point la propriété en jeu, mais pour conforter sa possession, et prouvast la propriété et non pas la possession, sa preuve ne vaudroit mie, et n'auroit pas sentence. Et bien pourroit l'en arguer plusieurs raisons au contraire.

1. Probablement : *boisseau.*

1018. De preuve sur possession d'aucune rente.

Si aucun prent à prouver qu'il a eu la possession d'aucune rente, il convient qu'il preuve qu'il a eu la possession de la chose par ii ou par iii tesmoins d'icelle rente païée en i jour : car si les tesmoins estoient singuliers, c'est à dire qu'il desposassent l'un qu'il vit païer celle rente à un jour, et l'autre à un autre, sa preuve ne vaudroit pas. Et plusieurs raisons pourroit l'en arguer de cà et de là.

1019. De débatre la demande qui pesche en matière.

L'en pourroit arguer que puis que contestacion est faicte en une cause, que l'en ne pourroit pas dire encontre la demande puis que la partie est tant allée avant. Mais la vraye oppinion est que si feroit l'en encontre la partie de la cause.

1020. De sentence de droit et de fait.

L'en pourroit dire que si sentence estoit donnée sur une demande qui péchast en matière que la sentence vaudroit quant au prouffit de la partie; mais combien de droit ne vaudroit pas.

1021. De la peine de droit qui prent chose par force.

Si aucun est en possession d'aucune chose, come d'un cheval ou d'autre chose meublau, et aucun qui cuidast avoir droit en icelle chose la prent de || [1] sa vou-

---

1. F° XCIV, v°.

lenté chiez cellui à qui elle estoit oultre sa voulenté,
ou la li rescoust, il pert par droit le droit qu'il y
pourroit avoir en icelle chose, puis qu'il la print de
son auctorité sans licence ou auctorité de justice; car
il devroit cellui qui l'auroit fait faire convenir en jugement et non pas prendre de son auctorité. Et en
oultre si aucun avoit débouté par force aucun de la
possession d'une maison ou d'un herbergement qui
fust sien, il perdroit par droit le droit qu'il y avoit
par la raison dessus dicte, et perdroit par la loy qui se
commance *si quis in tantam*, etc.... *codice*, et y pourroit l'en traire moult de raisons de cà et de là. Mais
bien pourroit l'en arguer au contraire, mesmement si
cellui avoit prins la chose meublau chiez l'autre en
absence de l'autre come soe, etc....

1022. De demandes sur possession.

Les demandes que l'en fait en court laye sur possessoire d'aucune rente dont on demande les arréraiges, telles demandes ne naissent ne ne sont pas par
raison des personnes à qui l'en fait les demandes; car
en païz ne sont pas les personnes serves, mais celles
demandes sont par raison des censaux et domaines
que l'en tient.

1023. De non chargier son article.

Quant aucun fait aucune demande contre aucun
sur possessoire, il ne doit chargier sa demande ne son
article mais le moins qu'il pourra; car quant plus est
chargié son article plus a à prouver.

1024. De publier l'enqueste.

Quant enqueste est faicte en une cause et publica- ^
cion et jour à faire droit selon l'enqueste, il gist en
la teste du juge si par l'enqueste l'en preuve ou non :
et doit le juge esgarder et faire droit. Et si aucuns
reprouches ou obgiez sont proposez encontre les
tesmoings, et raisons proposées encontre de la partie
pour les soustenir, de ce doit l'en faire droit avant que
sur l'enqueste.

1025. De prendre gariment présentement.

Si aucun faisoit demande contre aucunes personnes,
et maintenist que ceulx avoient prins aucune chose
du sien ou fait autre dommaige, et les deffendeurs
fussent présens en jugement, et l'un eust fait la chose
par le commandement de l'autre, il le pourroit ilec
mesme huchier garieur s'il estoit présent en jugement,
et pourroit l'un prendre le gariment.

1026. De faire sa demande sur la propriété et possession d'aucune rente.

Si aucune demande est faicte à aucun d'aucune
rente laquelle l'en li demande comme hoir d'aucun
autre, et l'en maintient en sa demande que l'en a eu
la possession du mort dont le deffendeur a cause, et
en continuant que l'en a eu possession dudit deffendeur, et l'en fait sa conclusion affin de estre restabli à
la possession et les arréraiges, etc.., et la demande est
niée, et le demandeur preuve que cellui dont le def-

fendeur a cause en eust la possession, et il ne preuve
riens que il en son nom en eust eu possession, sa preuve
ne vaudroit pas, ne condempnacion ne s'en devroit
pas faire contre le deffendeur à continuer la possession ; car raison ne veult pas que nul continue possession à autre s'il en sa personne n'a eu possession de
la chose : et pourroit l'en moult traire de raisons sur
ce. Mais quant aucun qui est hoir d'aucun ou a le
droit d'autre veult demander aucune || [1] rente dont
cellui dont il a cause avoit la possession de la chose,
il doit dire en sa demande que si cellui dont il a cause
avoit la possession de la chose, que il soit dit et déclairé le deffendeur estre tenu envers lui en icelle
rente et condempné à la païer et les arréraiges, etc....
Et si la demande estoit faicte autrement, l'en pourroit
dire que pécheroit en matière, et proposer plusieurs
raisons.

1027. De la demande où monstrée n'appartient point.

Si aucun fait demande sur aucune rente qu'il maintient qui lui est deue par certains lieux qu'il offre à
monstrer, monstrée se doit faire au deffendeur : et si
la demande est niée, l'en pourroit arguer que monstrée se devroit faire de la chose aux tesmoins. Mais la
vraye oppinion est que non pour plusieurs causes que
l'en ne contient pas la chose monstrée, et plusieurs
autres raisons. Mais sur une chose meublau qui seroit
vindiquée en jugement comme un cheval ou beuf
seroit mestier qu'il fust monstrée aux tesmoins.

1. F° XCV, r°.

1028. De oustillemens de hostel non cheoir en obligacion général.

Droit dit en la matière *de obligatorie generali*, que si un home oblige généralment à aucun tous ses biens pour aucune debte, en telle obligacion général *supertilia id est* biens meubles, comme chaudières, paelles, poz de cuivre, landiers, draps et autres oustillemens de hostel ne chéent point en telle obligacion général, *nisi expresse et specialiter obligantur* dit la loy. Et pourroit l'en excepter aucun qui auroit eu telz biens meubles de cellui qui seroit aussi obligié qui li en feroit demande par action ypothécaire ou autrement[1].

1029. De débat de justiciers.

Si débat sourdoit entre aucuns justiciers de juridicion ou autrement d'aucune chose, qui voudroit mectre la chose à fin[2] par voye amiable pour eschiver plaiz et débaz, l'en s'en pourroit mectre en arbitres sur aucuns preudomes esleuz d'une partie et d'autre et à peinne, etc.... Et pour savoir la vérité qui auroit droit en la chose dont le débat seroit, l'en pourroit eslire et ordonner d'une partie et d'autre deux sages pour enquérir et faire enqueste du droit des parties, et l'enqueste aporter soubz leurs seaulz ausdiz arbitres, affin qu'ilz peussent et sceussent plus clerement ordonner et discerner du droit des parties, etc....

1. V. *ll.* 6, 7 *et* 8, *ff. De pignoribus et hypothecis*, 20, 1.
2. Ms., affin.

1030. D'arbitres.

Qui veult faire seurement un arbitrage l'en y doit
mectre peinne et serement, et doit l'en dire que les
arbitres puissent ordonner et déterminer de la chose
en séant ou en estant de jour à autre, ordre de plait
gardé ou non gardé, et que l'en ne puisse appeller ne
réclamer, etc....

1031. De justicier fondé de droit commun.

Le baron ou hault justicier d'une chastellenie est
fondé de droit commun d'avoir haulte justice, moïenne
et basse, *mixtum et merum imperium* dit droit, sur
tous les lieux et habitans estans dedens les mectes de
la chastellenie, qui ne voudroit monstrer droit espécial.

1032. De non perscrire contre hault justicier.

Si aucun qui seroit home de foy au seigneur hault
justicier ou son justiciable veult perscrire contre le
seigneur d'aucune chose dont le seigneur li feist demande touchant héritaige, il convendroit qu'il allégast
perscripcion du temps que le seigneur ou ses prédécesseurs l'en traient en sa cause ou les prédécesseurs de
li d'icelle chose || [1] et que après ce il l'eust tenu paisi-
blement XL ans selon droit par la loy qui se commance
comparit; et dit la loy *quod a tempore contradicionis*
que l'home contredit la chose la perscripcion commance à courre : car l'home ou justicier d'un sei-

1. F° XCV, v°.

gneur ne perscript pas ainsi contre son seigneur
come un privé contre autre.

*De jure communi judicio castri et castellanie ad do-
minum spectare debeat et in solidum* dit la loy.

1o33. De division entre frères.

Droit dit que si frères sont communs en biens et
divisent leurs choses, et la division faicte entre eulx
l'un donne lectre de quiptance à l'autre que l'en ne
demandera jamais à l'autre aucune chose des biens
qui estoient communs, et que chacun s'en tient pour
content; si après ce non obstant ladicte quiptance l'un
desdiz frères vouloit monstrer que l'autre avoit recélé
des biens communs au temps de la division celle chose
qu'il monstreroit ou qui seroit trouvée cherroit en partaige. Et se commance la loy *tres fratres erant, etc....*

1o34. De soy passer d'adjournement.

Si aucun est enchaucié d'adjournement que l'en
dit qu'il aura esté fait en jugement, et que il est tenu
de respondre sans estre receu à esgart, il s'en passera
par esgart, si la partie maintient que l'adjournement
fust fait en jugement pladoïant et contreplaidoïant
entre eulx.

1o35. De qui est ou povoir d'autrui.

Si aucun marie sa fille à aucun home et le père ne
la mancipe point, et elle demeure en la compaignie du
père ou dehors en la compaignie et hostel de son mari,
selon droit elle ne puet faire donnaison ne avantaige

à son seigneur puis qu'il ne l'a mancipée; car personne qui est ou povoir d'autruy ne puet faire testament ne donnacions sans la voulenté de cellui de qui il est ou povoir, *quia tenetur et est filius familas, etc....* Mais aucuns tennent de coustume que quant père marie sa fille, et elle demeure après le mariage hors de la compaignie de son père et en la compaignie et hostel de son mary et elle y ait demouré an et jour, la coustume la répute estre hors du povoir du père et en cellui de son mary; et pourroit faire donnacion à son seigneur : et bien pourroit l'en arguer au contraire; car nul selon droit n'est hors du pover du père s'il n'est mancipé et qu'il requière au père mancipacion.

1036. De débat de hauls justiciers mectre affin.

Si aucun débat sourdoit entre aucuns seigneurs hauls justiciers ou autres personnes de juridicion, l'en pourroit mectre le débat à fin[1] par voie amiable en la manière qui s'ensuit, c'est assavoir les seigneurs en leurs personnes ou leurs procureurs pour eulx aïans povoir à ce se pourroient compromectre en certains preudomes qu'ilz esliront par la que ci après est contenu en l'arbitrage qui jadis fut prins entre monsieur de Craon et le comandeur de la maison du mas Dieu de Loubert sur le débat de la juridicion dudit lieu : *tandem multis alternacionibus habitis super premissis hinc et inde composuerunt, etc....*

1. Ms., affin.

FIN.

TABLE

ALPHABÉTIQUE ET ANALYTIQUE

DES MATIÈRES.

Les numéros renvoyent aux paragraphes du texte.

A

Abandon des animaux qui ont causé le dommage libère le propriétaire; à quelles conditions, 228.

Abbé. Voy. Couvent, Prélats; — de Mille, 67; — de Saint-Remy, 364; — doit consentir les emprunts ou pléges d'un religieux, 193; — commis nominativement, son successeur ne l'est pas, 303; — doit avoir lettres de son chapitre pour ester en justice en son nom, 320.

Abeilles qui s'en vont hors de leur bournaz peuvent être réclamées par leur propriétaire; à quelles conditions, 126.

Absence; de celui qui se retire après les mots plaidoyés n'empêche pas le jugement, 67; — du diocèse ou de la comté interrompt le tènement, 77; — de témoins, quel délai on doit avoir pour les entendre, 887.

Absent. Voy. Enfants absents; — du diocèse pour juste cause n'éprouve pas préjudice de dénonciation faite contre lui, 44; — dépouillé peut intenter ac-

tion en restitution; sous quelle distinction, 144; — son procureur doit avoir terme avenant pour l'informer s'il doit prendre ou quitter le plait, 318; — si le délai du retrait court contre lui, 557.

Absolution doit être donnée aux témoins entendus par le juge d'église, 767.

Absolution (acquittement) plus favorable que la condamnation, 767.

Accessoire compris dans la délégation du principal, 277.

Accusateur; doit se présenter, 252; — doit nommer les faits constituant la trahison, 326; — qui succombe dans son accusation est puni suivant la coutume du pays, 322; — et accusé doivent être détenus tous deux en cas de crime emportant perte de vie ou de membre; ne peuvent être délivrés par pléges, 257; — et accusé qui le requièrent peuvent être mis en liberté provisoire; en appel aussi, 326.

Accusation; inutile quand le méfait est appert à tous, 293 ; — ne peut être recommencée après acquittement, 359 ; — pour un fait doit être jugée avant la dénonciation pour le même fait, 366 ; — ce que c'est ; l'accusateur doit s'appléger, 942.

Accusé ; absous ne peut être remis en jugement pour le même fait, 225 ; — de grand crime, quelle procédure on suit, 251 ; — mis en liberté provisoire, à quelles conditions ; doit se présenter aux assises, 252 ; — de crime ne peut être procureur, 320 ; — ne doit pas défaillir ; doit répondre sans délai ; doit réserver ses raisons ; qui défaut peut être réputé atteint du fait ; doit se réclamer de son seigneur s'il l'a ; ne doit pas faire fausse advouerie, 325 ; — doit tourner après sa défense pour proposer ses raisons, 330 ; — ne peut défaillir à peine d'être atteint du cas, 331 ; — qui se défaut en autre chastellenie reste le justiciable de son seigneur ; doit commencer par requérir son renvoi, 332 ; — par justice, quand et comment peut être délivré, 337 ; — en prison pour crime ne peut plaider pour autre jusqu'à ce qu'il s'en soit purgé, 338 ; — de crime capital qui s'évade, prouvé du fait et pendu, 353 ; — doit se défendre en la chastellenie où il est appelé ; en la cour du baron où il est pris en présent méfait, 355 ; — de crime ne peut porter témoignage ni intenter accusation, 368 ; — qui confesse ne peut plus nier ; doit être jugé de sa confession, 579 ; — comment affranchi de la peine par la cession de biens, 820 ; — comment peut être poursuivi par justice ; peut requerir qu'on le mette en procès ; doit proposer ses raisons, 943.

Achat ; comment celui qui achète doit faire la foi, 386.

Acheteur ; de chose emblée doit la rendre ; comment en est dispensé, 324 ; — quelle part doit payer des ventes, 571 ; — doit être saisi par son vendeur, 544 ; — doit notifier son achat au seigneur dans les 40 jours, 618 ; — mis le premier en possession de la chose la conserve, 671, 673.

Acquéreur peut posséder par son vendeur, 483.

Acquêts. V. Femme adultère, Retour des acquêts ; — faits par l'enfant naturel ou né *ex damnato coïtu* appartiennent aux héritiers, sauf preuve de l'origine des deniers à faire par l'enfant, 771, 792 ; — faits au fief peuvent être repris par l'aîné au puîné en remboursant le prix, 412, 418 ; — faits en fief ou arrière-fief, le baron ou sire qui les fait tenu de récompenser, de manière que le seigneur de qui ils sont tenus ne perde rien de ses devoir et obéissance, 463 ; — affranchis de toute demande du seigneur après 5 ans, 711 ; — entre époux, sont communs entre eux, qu'ils soient nobles ou roturiers, 548, 549, 828 ; — peuvent être vendus par le mari ; si la femme doit consentir a l'aliénation, 184, 829 ; — sont partagés entre communs, même ne demeurant pas ensemble, 722 ; — si la fille mariée peut avoir part à ceux qui sont faits en compagnie, 643 ; — peuvent être donnés à celui de ses enfants que l'on veut, 412 ; — le roturier peut en disposer, 656.

Acquisition ; de bourse marchande frereschaux entre frères, 105 ; — ne peut être faite par fils au pouvoir de son père, 556.

Acte ; entre deux personnes ne nuit pas aux autres, 208 ; — d'un juge incompétent ne porte pas préjudice à la partie, 301 ; — écrit et scellé nécessaire pour prouver le commandement de

Adultérin. Voy. Enfant né *ex damnato coitu*

Advouerie fausse peut porter dommage à celui qui la fait; entraîne la perte du fief, 387.

Affiage quand doit être donné au juge séculier, 826.

Affin mis par la femme sur son mari l'autorise à demander ses héritages ou à défendre à une demande, 581.

Age. Voy. Défaut d'âge, Droit âge; — de 60 ans et 1 jour permet de se changer pour combattre en appelant ou en défendant, 357; — de la fin du bail, 420, — de la tutelle, 405, 450, 833; — d'un enfant, comment doit être prouvé, 450, 872; — pour être tuteur ou bail, 876.

Aide; de loi ne peut être requise par ceux qui ont méfait contre elle, 207; — donnée aux auteurs du dommage oblige à le reparer, 228; — faite au seigneur doit être faite au gentilhomme par ses hommes coutumiers; tel service tel aide, 402; — due par les parageurs; doivent être semons pour la faire, 431.

Aîné; prend les deux tiers et l'herbergement principal en Anjou; son préciput en Poitou; prend tous les meubles du père décédé intestat, à la charge de payer les dettes et les legs; qui prend les deux tiers et l'herbergement garantit les puisnés en parage; doit faire les parts justes, 412; — a l'herbergement et un quartier de terre dans les fiefs en herbergement, 406; — des puisnés prend le fief entérin s'il existe et garantit les autres en parage, 412; — des frères nobles a toutes les écheoites qui arrivent après la mort du père, 423; — de la gentilfemme qui a épousé un vilain garantit aux autres en parage; son avantage, 425; — seul héritier de baronnie; ses obligations, 426; — a en Poitou tous les herbergements principaux dans tous les fiefs; n'en a qu'un et un chieste à Saint-Maixent, 750; — a son avantage dans les choses tenues gentilment dans la succession d'un bourgeois, 983; — a seul l'usage en bois ou forêt attaché à l'hôtel, 860; — roturier, s'il a avantage ès choses tenues gentilment, 1015; — doit conserver les titres communs aux héritiers, 808.

Aînée. Voy. Fille aînée.

Aînesse. Voy. Fille aînée. Si elle a lieu entre filles, 750, 838.

Ajourné; hors jugement comment peut se défendre, 13; — o jugement comment peut nier les jours simples; amendera s'il ne veut jurer qu'il n'entendit, 15; — qui s'en va tout ajourné de la cour, doit y comparoître à peine de défaut; peut ajourner son adversaire, 492, 632; — en cas de crime, convaincu s'il se défaut de jour o jugement, 519.

Ajournement; donné à autre qu'a la personne du défendeur, comment doit être prouvé, 16; — à quelles personnes peut être donné, 17; — en cour souveraine fait cesser le plait en la cour inférieure, 18; — spécial nécessaire pour répondre de méfait dedans termes, 24; — donné au seigneur par le sujet sur méfait en sa demande, 30; — devant le souverain, motif d'excuse devant le juge inférieur; on doit d'abord y obéir, 33; — donné par chacune des parties à l'autre, on va avant du premier donné, et ensuite de l'autre, 162; — spécial en cas de crime, 330; — fait par commandement de cour doit être justifié par acte écrit et scellé, 490; — pour autrui, 502; — pour empêchement ou arrêt de denrées ou meubles, 503; — nouveau nécessaire pour procéder devant un juge changé quand son prédé-

cesseur a été désigne par son
nom, 508; — personnel et péremptoire devant le juge d'église
n'est pas cause d'exoine, 573;
— dans quel délai doit être
donné en action réelle et personnelle, 584; — décliné, si
état se prend, 598; — en cause
de gariment pris, quand doit
avoir lieu, 535; — confessé, le
sergent est cru de la manière,
567; — fait à la femme comment
on peut s'en défendre, 566; —
en cas d'appel, ses effets, 606;
— n'est pas nécessaire pour répondre a dit de cour, 627; —
dont on se déporte à la requête
d'un tiers; si le demandeur peut
le reprendre, 638; — quand on
doit en enseigner devant juge
incompétent, 687; — spécial,
en quels cas doit avoir lieu, 692;
— au juge ou au seigneur en
cas d'appel; dans quel delai et
comment doit être donné, 858;
— le premier, à Angoulême,
doit être donné à la personne
du défendeur, 895; — en cause
de requête, 946; — à l'exonié,
donné à celui qui apporte
l'exoine, 985; — doit être
donné en demande de main-
levée de saisie faite sans jugé et
sans cause, 1009; — en cas
d'applégement et contrapplégement donné par justice, 1012;
— fait en jugement, on peut y
répondre sans être reçu à esgart,
1034.

Ajournement formel; quand on
fait requête à la cour d'aucune
chose, 732; — nécessaire en cas
d'appel, 797; — en cause d'ap-
plegement et contrapplégement,
946

Ajournement péremptoire et personnel; cause d'exoine; a pu
être donné d'office ou à requête
de partie; comment doit être
proposé, 539.

Ajourneur, quand n'est pas ouï,
15.

Aliénation; de choses ou de droits
litigieux interdite, 44; — d'héritage ne peut avoir lieu en
fraude des droits de ceux qui
peuvent y réclamer quelque
chose; ne peut avoir lieu en
fraude de patron; faite a titre
lucratif, le patron doit avoir les
deux tiers, 166.
Aliénation à rente perpétuelle, si
tornier en est dû, 984.
Aliénation de fief, permise jusqu'a
concurrence des deux tiers, 1001.
Allissements, ce que c'est, s'ils sont
privilégiés, 870.
Aloe. Voy. Certain aloe.
Allongement de terme. Voy. Terme.
Amende. Voy. Gage. Taux des
amendes en général. 547; —
n'est pas due pour jour nié et
puis connu, 32; — de celui qui
refuse de jurer quand il defaut
en cause d'héritage, 34; — due
par celui qui chet de sa demande, 78; — de 60 s. due par
le porteur de fausses marchandises, 69; — due par celui qui
est trouvé eu néance et en connoissance d'une même chose;
qui défend ce dont il est enchaucé, 96; — par le demandeur d'une dette qui chet de sa
demande, 78, 97; — par celui
qui mène bêtes en la chose défensable d'autrui, 98; — de
60 s. pour bataille perdue, 109;
— pour méfait dedans termes,
112; — due par celui qui mène
un animal méchant, 119; —
pour chaque terme passé de
rente non payée appartient au
justicier si le créancier ne la
demande pas, 124; — pour enquête délaissée, 129; — pour
saisine brisée, 256; — pour accusateur ou accusé mis en liberté
qui ne se représente point, 257;
— par l'excommunié, 258; —
pour faux draps et fausses marchandises, 260; — pour ventes
célées, 261; — de c. s. et 1 d.
en cas d'appel de crime; à justice

n'est pas tenu de conclure à la fois contre la partie, et contre le seigneur ou son juge, 797; — exempt pendant l'appel de la juridiction du juge dont il appelle; ce qu'il doit faire, 858; — d'un sénechal royal n'est pas exempt de sa juridiction; celui d'un justicier en est exempt, 964; — condamné à mort, s'il doit rester dans la prison du premier juge, 1004.

Appelé sur héritage doit avoir jour de XV°, 26; — celui qui est défendeur en appel peut comparoître par procureur sans grâce, 626.

Appelé de crime. Voy. Accusé.

Appellatif (Juge), 507.

Applégeant, ou appléguer; doit assigner le contrapplégeur; ne peut confesser applégement jusqu'a ce que la cour en soit certaine, 521; — peut bailler plusieurs applégements dans les 10 jours; ne peut confesser partie que la cour n'en soit informée, 667; — comment doit ajourner le contrapplégeant; comment peut avoir les choses en main de cour, 946.

Applégement; contre l'exécution de lettres obligatoires, 263; — au souverain en cas de refus de plége et de vée de droit, 475; — sur appel a lieu en Saintonge; non en Poitou et Angoumois, 626; — si l'on doit s'appléguer en cas d'exoine devant sergent qui fait monstrée, 636; — comment a lieu en cas d'appel, 703; — formules, 739, 740, 741, 742, 743, 744, 746; — de nouvelle eschoete, 740; — de tort et de force sur nouvelle dessaisine, 741; — en cas de crime fait simplement; corps pour corps et avoir pour avoir, 793; — et contrapplégement fait devant juge ou sergent, la chose est mise en main de cour; par qui copie en doit être donnée aux parties, 824; — sur turbanture peut être fait par le mari pour les choses de sa femme, 840; — en matière de succession ne peut être demandé que par les héritiers du sang, 855; — en cas d'appel; fait par l'appelant et par le juge ou son seigneur, 858; — peut être fait présent ou absent l'adversaire; doit être notifié à la cour ou au sergent; dessaisit l'adversaire qui ne se contrapplége pas; dans quel délai doit être fait, 868; — en Angoumois doit être lu par le sergent; quand il peut en donner copie, 885; — de nouvelle eschoete, 947; — de tort et de force; ne met en jeu que la possession; peut avoir lieu pour violences entre nobles, 948; — en turbanture, 949; — ne met en cause que la possession, 947, 948, 949; — en cas d'appel d'un juge royal, 963; — se baille à justice, et justice le fait savoir à partie; celui qui le fait doit donner plége ou obligations sur ses biens, 1012.

Apports; comment femme noble ou roturière peut les reprendre, 548, 549; — en argent de la femme repris par elle, 663.

Arbitrage; qui ne peut prendre fin par l'empêchement des arbitres ne permet pas de reprendre le procès sur les anciens errements, 491; — pendant sa durée, l'une des parties ne peut faire aucune demande à l'autre; est une exception; comment on y renonce, 493; — ne peut être résolu que du consentement des parties; perte du procès de celui qui assigne devant la cour malgré l'arbitrage, 540; — confirmé par peine stipulee et serment, 1030; — peut intervenir pour juger les difficultés touchant la juridiction, 1029, 1036.

Arbitres. Voy. Compromis; — peuvent remuer les termes sans la

seil. Voy. Conseil; — ne peut être demandée par celui contre qui juge est requis à mettre à exécution, 53 ; — ni par le défendeur qui est informé pleinement de la demande, 210; — d'être chevalier peut être demandée en cause d'heritage par baron ou chevalier ; dure an et jour, 449.

Aubain qui n'a pas d enfants, ses biens sont au seigneur en la justice duquel il meurt, 376.

Aumosne. Voy. Causes de mariage ; Legs;—due par l'héritier des meubles, 412; — ne peut être faite de choses venues par usure ou mauvais contrat, 167; — ne peut être faite de telle manière que le fief ou ses redevances soient diminués, 969.

Autorisation, quand est inutile pour répondre en justice, 629.

Autorité de la chose jugee. Voy. Chose jugée.

Autorité maritale, quand n'est pas nécessaire, 554.

Avantage; de l'aîné en Poitou, 412; — de la fille aînée, 838; — s'il appartient à l'aîné dans les fiefs dépendants de la succession d'un roturier, 1015.

Avestizon. Voy. Vestizon.

Aveu. Voy. Confession; — de l'inculpé dispensé d'autre preuve ; nécessaire pour prononcer la peine de mort, 322, 323; — de la partie en cas de demande faite par un autre en son nom, 502; — doit être fait par la partie de ce que dit son avocat ; est présumé quand parties ont couru sur jugement 533; — resulte de ce que l'avocat se met sous jugement de mots plaidés, 652, 666.

Avis de juge, peut être débattu par l'avocat, 678.

Avocat. Voy. Attente d'avocat. Conseil, — doit requérir jugement des raisons qu'il a proposées; doit proposer profitablement et courtoisement les raisons de sa partie; ce qu'il dit, elle pré-

sente, est aussi stable que si elle le disoit, 39; — quelles personnes ne peuvent l'être, 40 ; — clerc d'un juge, 303; — ce qu'il dit dans la cause contre sa partie doit être avoué par elle, 533; — ne peut enchaucer partie d'aucun fait ou procès nouveau sans être avoué par elle, 666; — peut débattre par serment l'avis du juge, 678; — doit faire protestation du contraire à toute protestation faite par son adversaire, 734, — ne peut profiter des raisons de son adversaire qui blâme le fait de sa partie, 754;—ne peut être temoin en la cause de celui dont il est le conseil, 841, 932 ; — comment doit débattre la demande ou exception, 956; — fondé procureur, quand peut cheoir en distribution de conseil, 973.

Avouer, on doit se faire avouer avant de faire avouer autre, 599.

B

Bail; ne peut demander pour les enfants en bail ou répondre pour eux que des choses dont le père est mort ensaisiné; ne peut demander quand le père est mort en plait pendant; ni eschoete depuis la mort du père, 450; — n'est pas tenu de compter le lignage des enfants qu'il a en bail; d'enfants parageurs tient au point que leur père tenoit quand il mourut, 452 ; — n'a pas la garde des enfants qui n'ont ni père ni mère, 466 ; — doit le rachat, 406 ; — doit tenir les choses en bon état, a peine de perte du bail, 420; — quand est tenu de donner provision au mineur, 768; — doit avoir 25 ans, 876 ; — doit donner plege, 1008 ; — celui qui le prend doit le rendre quitte, à moins

C

ce n'est en cause pitoyable ou dans sa propre cause, 40.

Chapelain. Voy. Recteur d'une église ; s'il est tenu des dettes de son prédécesseur, 809.

Chapitre. Voy. Abbé ; peut constituer procureur, et comment, 317.

Charieur, responsable du vin qu'il charrie, 777.

Chasse ; en la garenne du seigneur punie de perte de meubles, 437; — dans quelles limites on peut chasser hors de la garenne, 917.

Chastelain ; juge appellatif, 507;— quand peut recevoir l'hommage lige pour le seigneur, 960.

Chastellenie, laquelle doit avoir le malfaiteur, à quelles conditions, 430.

Chaude suite ou sixte, 430, 727; — ne peut être abandonnée a peine de perdre la justice du malfaiteur, 268; — ce que c'est 262 ; — a son effet a l'egard des gens du Roy, 327.

Chef parageur ; peut forcer son parageur à compter lignage, 451 ; — qui dégaste sa partie ou la vend tenu de faire rente à ses parageurs pour que le service soit assuré au seigneur, 468.

Chemin ; péageau, le vavasseur ne peut en requérir la cour, 429;— le Roy, a qui est la cour du méfait qui y est commis, 968.

Cheptel, ses conditions, droits de celui qui baille la bête, 676.

Chevalier; demandeur en cas criminel contre vilain doit combattre à pied ; à cheval s'il est défendeur, 352 ;—doit amende de LX livres pour chevauchées, 385; — peut être procureur en la cause de son seigneur, 389 ; — celui qui ne l'est pas et est défendeur en cause d'héritage peut demander an et jour pour l'être, 449.

Chevauchée. Voy. Guerre, Ost ; défendues par le Roy sur les terres avouées de lui, 385 ; —

faite par homme de foi sur le seigneur punie de la perte du fief, 435.

Chiste ou Chieste, ce que c'est ; dû à la fille aînée, 398, 750.

Choisie de serment baillée du demandeur au defendeur ; ses effets, 57.

Chose d'autrui. Voy. Donation entre vifs, Legs de la chose d'autrui.

— en main de cour. Voy. Délivrance, Justice.

— tenues en gage. Voy. Gage.

— trespassées. Voy. Coustitution.

— a garder privéement il n'y a pas de bataille en cas de dénégation ; preuve par serment ou enquête, 94.

— abandonnées, au premier occupant, 958.

— commune ; peut être réparée par l'un des propriétaires sans le consentement de l'autre; si elle est acquise à celui qui a fait les réparations si l'autre ne veut en rembourser sa part ; à quelles conditions, 639; — le parsonnier qui en prend ne commet ni furt, ni cas criminel, 987.

— connues; le vavasseur ne peut en requerir la cour, 429.

— d'église ; le fief ne peut être vendu sans le consentement du seigneur, 177.

— défensable; on ne peut y mener bêtes sous peine d'amende, 98.

— déposée en nef ou hôtellerie; perte à la charge du sire de la nef ou hôtellerie, encore que la faute soit à un sergent amené par le propriétaire de la chose et pris par ledit seigneur a son service; excepté quand le sergent est au service des deux, perte pour les deux, 152; — la perte n'est pas a la charge du seigneur de nef ou hôtellerie quand il a fait protestation avant de la recevoir, 153.

— en main de cour; comment on en peut avoir la délivrance, 474;

— comment l'applégeant peut les avoir, 946.

— établies solennellement n'ont pas besoin d'être notifiées spécialement à chacun, 274.

— faites par force ou par peur ne sont pas valables, 188.

— immorale ou impossible ne peut
. produire d'obligation, 187.

— jugée ; en matière de freresche ou dette pour chose située en un fief est jugée pour tout ce qui est situé en autres fiefs, 95 ; — résulte du jugement rendu avec autre que le vrai propriétaire quand le demandeur a perdu le procès qu'il lui a intenté en connoissance de cause, 151 ; — il n'y a pas lieu à recréance, 237 ; — comment doit être entérinée, 248 ;—tourne en simple demande par la novation, 679 ; — ne peut plus être demandée quand on s'est mis devant arbitres 681.

— litigieuse ; celle pour laquelle on a fait demande ; ne peut être aliénée ; litigieuse quand la demande est faite ou le libelle donné, 44 ; — tenue en main de justice, à moins que l'une des parties n'en ait la possession, 247.

— motées et demandées qui ne sont défendues demeurent connues, 70.

— mandées sans distinction, il suffit que l'une soit prouvée, 270.

— niees et prouvées, on doit tous les dépens, 110.

— obligée vendue sur le débiteur et qu'il rescout reste obligée, 698.

— prises par jugé de cour entériner délivrées avec plége si le défendeur nie le jugé ; secus s'il le connoit, 241 ; — dont on réclame être ressaisi doit être nommée, 242.

— roturières ou tenues à cens ; peuvent être grevées au préjudice du seigneur ; comment le seigneur qui a le premier cens

peut se revenger en cas de non payement des deniers cens, 981 ; — tenues de deux, à qui la gurpizon (déguerpissement) en doit être faite, 1013.

— saisie ; à l instance de pa tie comment doit être délivrée, 240 ; — par le seigneur, comment le vassal en peut avoir délivrance, 475.

— suivie comme emblée perdue par celui qui l'achète ; remise à celui qui la suit s'il est de bonne renommée, 109.

— tenues a hommage ; peuvent être guerpies au seigneur, 945 ; — on en peut aliéner les deux tiers, 981.

Cimetière pollu doit être réconcilié par l'évêque, 866.

Clavier peut recevoir les ajournements pour son seigneur, 17.

Clerc. Voy Constitution faite par lais, Prêtre ; — ordonné sous-diacre ne peut être avocat ; exception, 40 ; — ne peut se soumettre a la juridiction séculière, 157 ; — ne doivent pas faire l'usure, 205 ; — ne peut être traduit devant un juge séculier, 230 ; — quand leurs biens meubles peuvent être saisis 244 ; — quand doit être renvoyé a son juge, 254 ; — qui offre ou accepte bataille doit être déposé ; peut en être dispensé par son évêque pourvu qu'il n'y ait pas perte de vie ou membre, 363 ; — marié justiciable de cour laye ; exception, 647 ; — marié ne répond pas de ses délits devant le juge séculier, 700 ; — non marié peut élire son juge, 701 ; — pris par la justice laye comment doit être rendu au juge d'église, 702 ; — qui commet faux, comment est puni, 819 ; — marié justiciable de cour séculière ; non marié justiciable de cour d'église ; ne peut donner juridiction sur lui 821 ; — comment justiciable de la cour séculière dont il est clerc, 8¼4 ; — n'est pas bigame quand il épouse une femme qu'il a dépucelee, 836 ; — marié peut être plége, 939.

Codicile, les femmes ne peuvent y être témoins, 784.

Cognomen, nom propre de l'homme, 773.

Cohéritier peut agir pour le tout quand son cohéritier se désiste, 766.

Combat par champions, 356, 357.

Commandements ; de droit, quels ils sont, § *oretim*.; — d'un preud'homme mort ou absent se prouve par garants jurés, 87 ; du Roy ne peut faire tort à personne ; doit être conforme au droit ou à la coutume, 374 ; — de cour doit être justifié par acte écrit et scellé, 490 ; — du Roy etc.... quand doit être exécuté sans délai, 967.

Commise ; peut avoir lieu au préjudice des creanciers, 625 ; — du droit d'un des propriétaires sur la chose commune, 639 ; — de censive pour cens non payés doit être prononcée par jugement, 853 ; — encourue par celui qui vend plus des deux tiers de son féage, 863.

Commission ; ne donne pas juridiction au juge qui n'est pas celui de la partie, 301 ; — faite nominativement à un religieux, abbé prieur, n'est pas faite à son successeur ; donnée par le Pape ou l'Empereur annulle quand il meurt les choses entières ; de cause, en quels cas la partie peut refuser de s'y soumettre ; les doutes qu'elle fait naître doivent être jugés par celui qui l'a donnée, 303 ; — ne peut être dépassée par le juge ; par fausses lettres emporte nullité de ce qui est fait en exécution, 304 ; — de juge doit être mentionnée dans tous les actes et procès, 962.

Communauté. Voy. Chapitre.

— par an et par jour, 93 ; — cause de reproche contre les témoins, 501 ; — par mariage ou en hôtel, par an et jour à même feu et lieu ; ce qu'elle comprend ; comment elle se partage, 526 ; — la fille mariée qui reste en la maison de son père avec son mari ne fait pas chef de compagnie s'il ne lui a été promis, 643 ; — entre freres et sœurs par convention, ce qu'elle comprend ; par an et jour ne comprend que les acquêts, 749 ; — comment doivent être comptés les gésines et dons faits pour gésines, 755 ; — d'acquêts a lieu entre époux, 828 ; — de biens est obligé par les dettes antérieures de l'un des communs, 938.

Communs en biens. Voy. Parsonniers ; — ne peuvent être témoins l'un contre l'autre, 589 ; — ne peuvent recevoir l'un sans l'autre le retour des acquêts, 607 ; — peuvent demander chacun la portion du dommage causé aux biens communs, 609 ; — partagent également les acquêts quand même ils ne demeurent pas ensemble, 722.

Compagnie ; avec les enfants d'autrui par an et jour, comment se partage, 93 ; — comment prend fin l'égard de la fille mariée, 1035.

Comparage, cause de nullité de mariage, 773.

Compère et commère ne peuvent contracter mariage ensemble, 980.

Compétence, 550, 717.

Complice, puni des mêmes peines que l'auteur principal, 347.

Complicité, 229 Voy. Méfait ; — n'est pas prouvée par la dénonciation d'un malfaiteur, 348.

Compromis. Voy. Arbitrage ; — en cas de crime, n'a d'effet qu'entre les parties, 329 ; — ne vaut pas sans peine et sans serment ;

pourquoi; comment et à quelles conditions on en peut exciper contre une demande, 510; — ou ne peut s'en départir sans amende, 606.

Compteur de la querelle ne doit pas cheoir en distribution, 708.

Comté d'Angoulême, 895, 896.

Conclusion de demande réelle doit demander monstrée, 906.

Condamnation, ne peut être prononcée en vertu d'une preuve inquisitive, 476; — a mort ne peut être prononcée que s'il y a confession de l'accusé et garant; quand peut être sursis a l'exécution, 644; — pour le payement d'une rente due par plusieurs n'est pas solidaire, 789.

Condamné à mort. Voy Appel; — peut appeler devant le juge supérieur, ou son lignager pour lui; doit être mis dans la prison du juge d'appel, 585; — pendant l'appel reste ès mains du juge, 644; — s'il doit y rester, 1004.

Confession; faite devant le juge qui n'est pas le sien ne vaut rien, 296, 301; — faite avant aveu ne tourne point au préjudice de la partie, 533; — nécessaire pour motiver une condamnation à mort, 644; — du défendeur résulte de ce qu'il huche garieur sur la demande sans faire protestation, 661; — ne peut être faite par le père au profit de l'enfant né *ex damnato coïtu*; peut l'être au profit d'autres personnes, 770; — quand doit être faite en présence de partie ou de son procureur, 842; — du mari ne fait pas preuve suffisante que le mariage de la femme a été payé, 936.

Confiscation; de chalant et marchandises pour péage emblé, 259; — au haut justicier en la justice de qui sont les biens confisqués; cas dans lesquels elle a lieu, 368.

Confrérie; son baillidie ne peut demander ses dettes sans un pouvoir spécial, 602; — ne peut être faite sans l'autorisation du prelat, 761.

Confrontation vaut monstrée en demande réelle faite devant le juge d'église, 816.

Confusion n'a pas lieu pour la créance du mari qui épouse la fille de son débiteur, 748.

Congrégation ne peut avoir lieu sans le consentement du prince ou baron, 761.

Connexité, le jugement de l'une des deux choses connexes est le même que de l'autre, 175.

Connaissance; faite en jugement vaut chose jugée, 322; — nécessaire pour prononcer la peine de mort, 323.

Conquêts. Voy. Acquêts; — faits par un justice en sa baillie appartiennent au seigneur, 266.

Conseil. Voy. Distribution de conseil, 530; Terme de conseil; — terme ou attente de conseil, quand peut être refusé, 488; — fait déchoir de ses exceptions préliminaires celui qui y admet son adversaire sans réserves, 490; — choisie en distribution, 530.

Consentement; du second mari nécessaire pour que la femme puisse plaider de son douaire du premier, 76; — du mari necessaire à la femme pour avoir réponse en cour laye, 122.

Conservateurs donnés par le Pape peuvent appeler et défendre des apertes violences; ne peuvent rien faire qui requière enquête judiciaire, 283.

Constitution; nouvelle, ne casse rien avant qu'elle soit connue, 174; — faite par lais ne peut régir les choses d'église ou de clercs, 177; — se peut étendre aux choses trespassées continuées par non, 179.

Constructions sur le fonds d'autrui ; si celui qui les a faites en doit être indemnisé ; distinction s'il est de bonne ou de mauvaise foi, 689 ; — acquises au propriétaire ; à quelles conditions, 762 ; — peuvent être détruites par le propriétaire sans autorité de justice ; excepté quand elles sont faites en lieu saint, 704.

Contens. Voy. Procès ; — sur héritage doit être prouvé par les jurés du pays, 245.

Contestation en cause ; doit précéder le jugement du principal, 296 ; — on ne peut révoquer le procureur après, 318, 319 ; — emporte approbation du juge et de sa juridiction ; rend non-recevable à demander l'obéissance d'une cour, et à user de péremptoire, 105, 646.

Contradiction nécessaire pour faire courir la prescription contre le haut justicier, 1032.

Contrainte par corps n'a pas lieu contre un homme franc, 218.

Contrapplégeant, ou contrapplégeur ; ne peut confesser contrapplégement jusqu'à ce que la cour en soit certaine, 521 ; — ne peut confesser partie que la cour n'en soit informée ; doit bailler copie de son contrapplégement, 667 ; — comment doit être ajourné par l'applegeant, 946.

Contrapplégement. Voy. Applégement, Copie ; — doit être fait dans les x jours de l'applégement, 521 ; — formules, 743, 745, 747 ; — dans quel délai doit être fait ; justice le fait savoir à partie ; ce qu'il doit contenir, 1012 ; — doit être fait dans les dix jours de l'applégement ; n'a pas besoin d'être notifié ; doit être relaté par le sergent, 868 — quand on en peut donner copie, 885.

Contrat. Voy. Lettres ; — de bonne foi, le demandeur est cru jusqu'a cinq ans par son serment ;

homme de bonne renommée cru sans autres témoins, 482 ; — ne donne pas juridiction au juge qui n'est pas celui de la partie, 301 ; — nul entre le père et le fils non émancipé ; fait avec un étranger par le fils non émancipé n'est valable qu'après la mort du père, 805 ; — interprété par l'intention et la volonté des contractants, 841.

Contumace. Voy. Absence.

Convenances de mariage d'enfants qui ne sont pas en âge, 121.

Convenant ; n'a d'effet que quand il est vestu ; ne l'est que par obligation ou tradition du prix de la chose ; ne donne lieu qu'à une exception, av. 132 ; — vestu, peut être annulé par les parties, les choses entières ; ne peut l'être au préjudice d'autrui, 132.

Convention ; comment peut rendre un juge compétent, 550 ; — rend compétent celui dans la juridiction duquel elle a été faite, 717 ; — peut être prouvée autre que la constatent les écrits, 832 ; — sur succession future n'est pas valable sans le consentement du de cujus, 847.

Copropriétaires. Voy. Chose commune.

Copie ; d'instrument doit être baillée devant le juge d'une partie à l'autre, 290 ; — de l'applégement ou contrapplégement, par qui doit être donnée aux parties, 824.

Corps de gens ne peut être fait sans le consentement du prince ou baron, 761.

Coups et blessures, comment la preuve en peut être faite, 892.

Cour ; celui qui est enchaucé de dit de cour peut s'en passer par son serment, 55 ; — rendue quand bataille doit avoir lieu, 340 ; — dans quels cas on s'en va tout ajourné de la cour, 492 ; — peut demander l'obéissance d'action

porter témoignage, 213 ; — doit autoriser le prieur ou l'abbé à plaider ; comment, 802 ; — doit autoriser l'exercice des actions réelles qui le concernent, 975.

Crainte. Voy. Peur ;—cause de nullité d'une donation ; quelle elle doit être, 145.

Créances ; sont meubles ; si elles peuvent être demandées par le mari d'une femme non âgée, 929.

Créancier ; ne peut demander les usures qu'on lui a promises, 42 ; — ne peut être tuteur de son débiteur, 140 ; — ne peut agir contre le plége tant que le débiteur principal est solvable ; comment ses héritiers peuvent agir contre le débiteur principal ou ses héritiers, 620 ; — comment lui ou ses héritiers peuvent agir en cour laye contre les détenteurs hypothécaires ; ne le peut en cour d'église tant que le débiteur est vivant et solvable, 621 ; — qui a reçu d'un débiteur solidaire n'est pas forclus de demander à l'autre le surplus, 622 ; — ne peut demander au seigneur par action hypothécaire la chose qu'il prend en sa main pour devoirs non payés, 625 ;— peut demander l'exécution de l'obligation aux héritiers du débiteur, 640 ; — ce qu'il doit demander, 641 ; — perd son hypothèque par la vente de la chose hypothéquée sans protestation, 690 ; — de cens qui n'a pas de justice peut mettre l'huis de la maison au travers, 725 ;— s'il peut exiger son payement malgré la cession ou délégation, 760 ; — quand tenu de se faire payer sur les immeubles avant les meubles, 935 ; — du pupille, s'il peut être tuteur, 940 ; — peut réclamer sa dette par voie d'exécution contre le débiteur ou ses héritiers, 992, 993 ; — a droit d'agir à son choix contre le débiteur et le plége, 993.

Crime ; grief et appert excepte de l'exemption de juridiction en cas d'appel, 299 ; — donne lieu à bataille, 322 ; — défaut de jour o jugement emporte conviction, 519 ; — non appert ou privé, justice ne peut en accuser sans partie ou promoteur, 600 ; — prescrit par vingt ans sans poursuites, 822 ; — de lèse-majesté puni par le prince quel que soit le coupable, 941.

Culture des vignes, comment son défaut peut amener la perte de la vigne, 566.

Curateur. Voy. Tuteur ; — ce que c'est ; doit prêter serment ; prouvé par lettres, 718 ; — nommé pour chose déterminée, 899, 900 ; — ne peut obliger les biens du pupille, 1005 ; — doit donner plége, 1008.

Curateur à succession vacante ; dans quelle forme doit être donné ; doit prêter serment faire inventaire ; quels pouvoirs il a, 897.

Curé. Voy. Eglise ; — peut ester en justice pour son église sans mandat ou procuration de son prélat ; pourquoi, 846.

D

Dame qui a hoir mâle n'est que bail de son héritage, et ne peut en disposer au détriment de ses hoirs. 446.

Dation d'un immeuble en payement est tenu pour vente, 577.

Débat, de monstrée non faite, 61 ; — de procès, et preuves à faire à ce sujet, 476 ;— d'avis de juge par l'avocat, 678 ; — de juridiction peut être jugé par arbitres, 1029, 1036.

Débiteur ; ne peut être tuteur de son créancier, 140 ; — n'est pas tenu de payer son créancier excommunié ; s'il veut se libérer, doit **consigner en main de justice,**

Défaut d'âge interrompt le tènement, 77.
Défautes ; le vavasseur ne peut en
requérir la cour, 429 ; — avant
monstrée, on doit tous les dépens, 110.
Défaute de droit. Voy. Appel de
défaute de droit ; — entraîne la
perte de l'obéissancedel'homme,
438 ; — contre justice qui ne
veut rendre cequ'elle a saisi sans
connoissance de cause, 695 ; —
pour refus de recréance, 1014.
— d'homme ; après les quarante
jours pour faire la foi, 386 ; —
quand peut entraîner la perte des
fruits, 447.
Défendeur ; perd la saisine quand
il défaut après monstrée, 4 ; —
peut être assigné en la personne
de sa femme ou de son certain
aloe, 16 ; — en action personnelle qui se défaut doit être semons o jugement; quels ajournements doivent lui être donnés;
ne peut après les défauts empê-
cher le demandeur d'avoir la
saisine, 24 ; — qui perd saisine
ne perd pas pour cela son droit
de propriété, 35 ; — ne peut
faire convenir le demandeur de-
vaut le juge de la cause s'il ne
peut être le juge du demandeur,
44 ; — qui fait le serment en
cas de choisie, absous de la demande, 57 ; — peut demander
que justice lui soit faite sur
plainte délaissée par le demandeur, 100 ; — informé par semonse ou par lettres n'a pas
jour pour se conseiller, 210 ; —
peut se changer s'il a soixante
ans et un jour, ou est mauhaigné, 357 ; — qui après avoir ouï
la demande, demande attente de
conseil et confesse ensuite la demande, doit amende et dépens,
487 ; — comment renonce à l'exception d'arbitrage, 493 ; — conjoint, le défaut de l'un fait cesser la cause, 497 ; — qui répond
à la demande en faisant procès,

522 ; — ne doit pas répondre à
demande de fait nouveau en
procès sur saisine, 523 ; — quand
peut constituer procureur sans
grâce, 551 ; — devient demandeur en posant exception, 730,
734 ; — quand et comment peut
faire dessevreure ou déclaration, 752 ; — ne peut céder la
chose litigieuse, 758 ; — qui
huche garieur confesse la demande, 661 ; — renvoyé quand
le défendeur ne prouve pas sa
demande ; est tenu de prouver
son exception ; sous quelle peine,
877 ; — doit à Angoulême être
ajourné en sa personne par le
premier ajournement, 895 ; —
en appel peut soutenir l'appel
malgré l'absence du juge, 963.
Défens. Voy. Chose défensable.
Défense ; par tènement d'an et jour ;
quelle preuve on doit faire, 102 ;
— a lieu quand on est appelé
de touste, 339 ; — par néance
quand peut avoir lieu, 527 ; —
à la demande doit être proposée
avant la néance, 616 ; —personnelle, comment on doit la faire ;
à quelles conditions permet de
tirer son épée, 997.
Deforest (P.), 529.
Déguerpissement. Voy. Gurpizon.
Délai ; du retrait, s'il court contre
les absents et les mineurs, 557 ;
— pour faire entre les témoins
absents, 887.
Délaissement, peut être demandé
par les héritiers du possesseur
à quelque degré que ce soit,
619.
Délégation. Voy. Commission ; —
au juge d'une affaire entraîne la
délégation des accessoires pour
arriver à la solution, 277 ; — du
souverain pour une cause emporte délégation de tout ce qui
tient à la cause, 294 ; — faite
nominativement a religieux, abbé
ou prieur n'est pas faite à son
successeur, 303.
— de créance, ce que c'est, ses

effets, différence avec la cession, 760.

Délivrance; de ce qui est en main de cour doit être demandée avant de prendre jugement sur la querelle; à peine de plaider dessaisi, 25; — de son corps; cas où la femme a réponse en cour sans le consentement de son mari, 122; — comment peut être demandée par celui sur qui on a saisi faute d'homme, 235; — comment doit être obtenue de chose saisie à l'instance de partie, 240; — de choses prises pour jugé de cour entériner, 241; — de choses en main de justice doit être obtenue par le propriétaire, 246; — faite par le seigneur ne peut être révoquée par lui, 249; — des choses de celui qui est asséné à son fief, 387; — des choses mises en main de cour, comment peut être obtenue, 474; — des choses saisies par le seigneur peut être demandée par le vassal la cause défendant et avec plége, 475; — de denrées arrêtées ou empêchées, comment doit être demandée, 503; — des revenus du fief, comment doit être faite au seigneur, 693.

Demande; ouverte en cour, le demandeur en cas de défaut peut poursuivre sa demande ou délaisser, 3; — on peut y ajouter jusqu'au jugement, 39; — celui qui en a plusieurs à faire doit faire protestation de les faire avant de prendre jugement sur la première, 64; — ne peut plus être faite contre le seigneur quand celui qui a voulu réclamer la chose contre autre que lui a perdu son procès, 151; — on n'est pas tenu d'y répondre pour voyage à Rome pour cause expresse, 161; — ne peut être formée entre parties soumises à des arbitres, 493; — à laquelle le défendeur répond en faisant procès, 522; — quand peut être faite par femme mariée ou contre elle sans l'autorité de son mari, 554; — deffective qui pèche en forme ou en matière; on peut n'y pas répondre; si la demande peut être renouvelée quand elle est déclarée non-valable, distinction suivant qu'elle est jugée de suite, ou à l'assise à jour nommé, 637; — comment peut être amendée jusqu'au jugement; ne peut l'être après journée passée; pourquoi, 649, 665; — faite pour un autre quand ne peut plus être changée, 502; — en justice interrompt la prescription, 766; — comment doit cesser quand elle est de chose conjuncte, 1011; — qui pèche en matière peut être débattue même après contestation en cause, 1019; — sentence rendue sur elle est valable, 1020; — doit contenir offre de prouver, 512, 513, 514, 515, 516; — faite conjointement contre plusieurs cesse par le défaut de l'un d'eux, 497.

— sur dessaisine de meubles, ce qu'elle doit contenir; si la propriété doit y être mentionnée, 731.

— de dette; comment doit être faite, 513; — de dette aux héritiers du débiteur peut être faite sans qu'il la leur ait déclarée, 120.

— pour dommage causé est personnelle, 684.

— sur empêchement de passage ou servitude, 516.

— de freresche ou dette de choses situées en divers fiefs ne doit pas être portée devant chacun des seigneurs dont les choses meuvent, 95.

— sur fruits pris et levés sur le domaine d'autrui, 595.

— pour injures et bâtons, 512; — quand peut être faite séparément ou cumulativement, 592;

— d'injures doit déclarer l'amende que l'on veut avoir; doit être modérée par le juge si elle est excessive; d'injures de desloy; comment le demandeur est cru par son serment, 653.

— faite à lignage qui a des droits égaux n'a d'effet que pour la partie du demandeur, 80.

— litigieuse, quand la contestation est faite; le demandeur ne peut l'aliéner à peine de nullité et de perte de sa demande, 44.

— mobilière, comment peut être transformée en action réelle, 131.

— nouvelle. Voy. Fait ou néance; — quand ne peut plus être faite que par nouvel ajournement, 502.

— de pétitoire, comment peut être jointe à demande de possessoire, 1017.

— de possession de rentes, par qui et comment doit être faite, 898; — sur possession d'une rente faite à raison des choses qui la doivent, 1022; — de possession et propriété d'une rente, comment peut être faite en justice, 1026.

— réelle ou d'héritage, celle où il peut y avoir monstrée, 906; — défense par tènement d'an et jour, 102.

— reconventionnelle portée devant le juge qui connoît de l'action nonobstant privilége de juridiction, 160.

— en restitution de chose baillée doit contenir la cause, 623.

— de retrait, ce qu'elle doit contenir, 511.

— en revendication contre celui qui occupe le domaine d'autrui, 514.

— faite sur la saisine en cas de troubles, 496.

— simple, on y procède par voie ordinaire, 732.

— de succession ou de partage comment doit être faite; ce qu'elle doit contenir; offre de rapporter, 597, 655.

— universelle peut être portée devant le juge saisi d'action réelle, 719.

Demander ce que l'on auroit eu d'aucun à tort, 134.

Demandeur; qui délaisse sa plainte. Voy. Plainte délaissée; — qui défaut après monstrée perd poursuite de querelle ou annullement de procès, 4; — qui a obtenu la mise en possession des biens du défendeur doit mettre sa demande en état, 11; — qui se défaut de sa demande doit être ajourné en jugement pour la poursuivre ou délaisser; perd sa cause s'il se défaut de jour o jugement, 31; — doit déclarer sa demande au jour jugé, 23; — obtient la saisine de la chose quand le défendeur se défaut après monstrée; doit déclarer à celui qui est enchaucé de défauts quel profit il demande; aura ses dommages à son serment, 35; — qui fait le serment en cas de choisie payé sans délai, 57; — qui chet de sa demande doit amende, 78, 97, 547; — doit spécifier le dommage dont il demande réparation, 103; — qui ne prouve pas sa demande doit être débouté, 215; — qui cite un clerc devant juge séculier perd son procès, 230; — qui perd sur instance condamné aux dépens; peut revenir par nouvelle instance, 563; — doit fonder le premier, 582; — quand et comment peut faire dessevreure ou déclaration, 752; — ne peut céder la chose litigieuse, 758; — doit prouver la filiation et la qualité d'héritier du défendeur; et comment, 764; — doit prouver sa demande, 877; — quand peut être tenu de donner plége à l'appui de sa demande, 883; — au possessoire, ne doit pas charger son article, 1023.

imparfaite de la chose donnée. 875, — révoquée pour inexécution des conditions, ingratitude, survenance d'enfants mais à l'égard des enfants seulement, 889; — excessives sont simplement réductibles, 931, — faite à prendre après la mort du donateur, valable quoique non mentionnée dans son testament, 982.

Douaire. Voy. Causes de mariage; —de la femme du bâtard après sa mort retourne au seigneur, 92; — ne s'étend pas aux choses données au mari et à ses hoirs par Roy, baron, ou autre pour son service, 115; — de la femme ne se prend que sur les choses dont son mari a possession au temps de sa mort; *secus* selon droit, 127; — promis purement et simplement par le père à sa fille est à la charge du père seul, 138; — perdu par l'adultère de la femme, 199, 773; — de la femme ne peut être perdu par les faits du mari; ni par les obligations qu'il contracte, 192; — ce que c'est, 200; — ne peut être aliéné par le mari sans le consentement de la femme, 214; — doit être donné à pucelle par celui qui a compagnie avec elle s'il ne l'épouse, 226; — comment doit être assis à la femme lorsqu'elle le demande; biens sur lesquels elle le réclame mis en main de cour en cas de contestation, 234; — ne peut être amoindri par le mari, 404; — l'année du rachat n'est pas délivré à la femme quand le seigneur prend l'année de la terre; rendu l'année suivante à la femme par les héritiers avec les fruits de l'année du rachat; délivré à la femme aussitôt le décès quand il n'y a pas de rachat, 411; — en Anjou ne peut être réclamé par femme hoir de terre, 417; — de gentilfemme, en quoi il con-

siste, 418, 548; — doit être tenu en bon état à peine de perte du douaire, 419; — on peut en plaider devant la cour laye ou celle d'Église, 421; — s'étend sur tout ce qui est échu au mari de son vivant, alors qu'il auroit eu ses père, mère, ayeuls, etc..., vivants au jour de son mariage, 423; — de la femme qui a apporté de l'argent, égal au tiers dudit argent, 663; — doit être pris sur la terre avant tous partages, 839; — la femme ne peut y renoncer, 849.

Doute, interprété en faveur de l'accusé, 961.

Droit (commandements de), § *prélim.*; — on ne doit pas laisser débattre son droit en jugement sans protester, 48; — on doit appliquer celui du lieu où les choses sont assises, 914.

Droit âge du mineur à quatorze ans, 62. Voy Mineur, Tutelle.

Droit civil veut rigueur et justice, 659.

— commun Voy. Coutume;—veut l'équité, 659.

— de tiers, 659.

— de tenue; la connoissance en appartient au juge ecclésiastique, 771.

— du sang n'est pas transporté à l'acquéreur de droits successifs, 855.

— écrit, appliqué à défaut de coutume, 880.

— naturel. Voy. Coutume.

— sur plainte délaissée. Voyez Plainte délaissée.

Droites avenues se partagent également entre frères nobles, 423.

Droits litigieux ne peuvent être cédés; sous quelle peine, 758

— successifs; l'acquéreur ne représente pas le cédant; ne peut demander la succession par voie d'applégement, 855.

Dubrueil (P.), 529.

Dubruil (P.), 129.

Duellum, gage de bataille, 758.

E

Eau à passer, exoine raisonnable, 118.

— courante; on ne peut défendre d'y pécher sans le consentement du baron ou de ses vavasseurs, 469.

Echange; en fiefs étrangers donne ouverture à ventes; non, quand c'est échange de lignage, 81; — ne donne pas lieu à retrait, 124; — ne donne pas lieu à vente si les terres échangées sont d'un seul fief et d'une seule seigneurie; y donne lieu dans le cas contraire, 474; — en un même fief ne donne pas lieu à ventes; pourquoi, 507; — quand donne lieu à retrait, 572; — de meubles contre héritage est tenu pour vente, 577; — quand ne peut être fait entre l'église et le vassal, 1003.

Écrits. Voy. Acte; — faux, celui qui le présente doit être arrêté; on ne doit pas y avoir égard, 285.

Eessalier; le seigneur peut y appeler quand il ne peut plus suivre de vestizon par réception de cens, 615.

Effet cesse en même temps que la cause, 208.

Église. Voy. Gens d'église, Juge d'église; — peut réclamer les usures promises par serment quand le débiteur ne s'est pas fait délier de son serment, 42; — lésée par mauvais gouvernement peut demander à être restitué, 43; — ne peut préjudicier du forfait de la personne, 172; — constitution faite par lais, 177; — de Rome soumise seulement à la prescription de cent ans, 208; — on doit lui rendre la femme coupable d'infanticide pour la première fois, 349; — le fondateur et le curé

peuvent seuls y être enterrés, 691; — n'est tenue des emprunts faits par son administrateur que s'ils ont tourné à son bénéfice, 809; — quand est pollue; on ne peut plus y chanter; doit être réconciliée par l'évêque, 866; — peut être autorisée à posséder des fiefs, 1000; — ne peut acquérir rente générale sur tous les biens d'un vendeur, 1003.

Egrier. Voy Terrage.

Election de demande faite contre autre que le seigneur rend en cas de perte de cause non-recevable à former ensuite sa demande contre le vrai seigneur, 151.

Émancipation; du fils au pouvoir de son père, 556; — par séjour d'an et jour hors la maison, 643; — nécessaire pour que le père se puisse démettre de ses biens, 806; — des filles, si et comment elle a lieu par mariage, 1035.

Empêchement à la chose de l'adversaire. Voy. Procuré à arrêter; — de juge délégué par le Pape; dans quel cas il est valable; son effet, 272; — de denrées ou meubles, comment on en peut demander la cessation, 503; — de passage ou servitude; formule de l'action, 516.

Empereur, commission qu'il a donnée annulée par sa mort arrivée les choses entières, 303.

Emphytéose, en quoi elle consiste, 957.

Empoisonnement, de quelle peine est puni, 823.

Emprunteur, tenu de la faute très-légère; quand est tenu de rendre la chose empruntée, 216.

Enchaucé; de défauts simples qui nie les jours peut s'en sauver avec son serment, 6; — de défauts qui les nie vient à temps d'y répondre s'il reconnoît le jour jugé avant record, 10; — de défauts ne peut se mettre en

passage d'eau ; terme en la cour du souverain ; enterrement d'un proche parent ; doit être confirmée par serment, 118 ; — celui qui l'obtient n'est pas tenu de comparoître à l'assise suivante s'il n'est ajourné ; son adversaire au contraire ; comment on doit procéder en ce cas ; ne peut être débattue que par le serment de l'adversaire, 492 ; — à quelles conditions est recevable, 534 ; — pour cause d'ajournement personnel et péremptoire, 539 ; — ne peut être demandée plus de deux fois dans la même affaire, 551 ; — n'est pas admise d'ajournement devant le juge d'église, 573 ; — de femme qui allaite son enfant et ne peut le quitter, 633 ; — en cas de monstrée ; si on doit s'appléger devant le sergent qui la fait, 636 ; — pour cause de pélcrinage ; ne peut être présentée sans le commandement de l'exonié ; sauf par sa femme ou son fils, 652 ; — pour cause d'arrestation ; comment doit être proposée, 669 ; — à Angoulême, 881 ; — celui qui l'apporte peut recevoir l'ajournement ; excepté pour maladie, 985.

Exonié ne s'en va pas ajourné mais doit l'être de nouveau ; son adversaire s'en va ajourné, 632.

Explecteurs, qui les trait doit les avoir ; doivent voir les choses s'il y a lieu, 79.

Exploitation d'une chose n'est pas preuve de possession ; si c'est une présomption ; on peut exploiter une chose sans la posséder, 630.

F

Fait ; nouveau. Voy. Procès sur fait nouveau ; — vilain , cas où la femme a réponse en cour sans le consentement de son mari, 122 ; — nouveau ne peut être produit en procès sur demande à répondre à la saisine, 523 ; — proposé avant aveu ne tourne point au préjudice de la partie, 533 ; — ou néance proposé au cours d'une demande et qui ne touche pas' ladite demande ne peut être reçu, 666 ; — impertinent, comment on doit y répondre, 933.

Famille ; qui chet en sentence remplacée en l'hôtel par celui qui vient demeurer avec l'homme, 782 ; — ses membres ne sont pas identifiés absolument quant a leurs faits et choses, 758.

Farine de l'homme estagier qui va moudre à autre moulin que de son seigneur confisquée, 460.

Faute ; d'homme. Voy. Fruits ; — très-légère, l'emprunteur en est tenu, 216 ; — d'homme, permet de saisir le fief, 235 ; — du justicier, quand elle est punissable 912.

Fausse advouerie porte dommage à celui qui la fait, 325 ; — entraîne perte du fief, 387.

Fausses denrées ou marchandises doivent être brûlées ; le porteur doit amende de LX sous, 69.

— mesures ; quelle amende en est due, 427 ; — mises sur la terre au seigneur punies de la perte des meubles, 437.

Fausse monnoie, punie en Poitou de la perte des yeux, 347.

Fausseté ; ce que c'est, 101 ; — de lettres, motif d'opposition à l'entérinement de jugé, 239.

Faux ; latin peut fausser les lettres du Pape, 181 ; — draps doivent être brûlés ; draps et marchandises, 260 ; — écrits ne doivent pas être exécutés ; celui qui les présente doit être arrêté, 285 ; — commis par un clerc, 819.

Féage. Voy. Fief ; — tenu en hommage quand le seigneur a arrière-fief dessus, 465.

Féanté ; de bâtard ne peut être faite

au préjudice du prince, 377; — d'homme de foi, quelles conséquences elle entraine, 904.

Femme noble. Voy. Gentilfemme; — peut recevoir les ajournements pour son mari, 16, 17; — épousée pucelle, l'usufruit de ce qu'elle a eu en mariage à son mari, si elle prédécède, 56; — ne peut plaider du douaire de son premier mari sans le consentement du second, 76; — du bâtard a son douaire, 92; — ne peut plaider sans son mari, 104; n'a pas de douaire sur le don fait à son mari et à ses hoirs par Roy, baron ou autre pour son service, 115; — ne peut faire a son mari de donation entre-vifs; ne peut donner qu'avant le mariage ou à cause de mort, 116; — mariée, n'a pas réponse sans le consentement de son mari; exceptions, 122; — adultère, n'a pas part aux biens conquis pendant le mariage, 185; — ne peut perdre son douaire par les faits ou engagements de son mari, 192; — séparée pour cause de fornication, ne peut demander son douaire, 199; — mariée, peut faire testament et léguer, 219; — séparée de son mari, doit être remise en possession de tous ses droits, 223; — comment doit réclamer son douaire; a jour à l'assise, chose en main de cour, en cas de contestation, 234; — ne peut s'obliger; qui paye pour un autre ne peut réclamer ses deniers à celui à qui elle les a payés, 307; — se peut obliger principalement pour soi; dans ce cas, se peut obliger pour celui à qui elle est obligée; ne peut recouvrer ce qu'elle a vendu volontairement pour payer les dettes de son mari, 308; — qui appelle homme de forsage, 335 : Voy Forcement; — condamnées à mort doivent être brûlées; meurtrières ou qui le

consentent doivent être brûlées, 347; — qui tue son enfant n'est punie qu'en cas de récidive; rendue à sainte eglise pour la première fois, 349; — franche, son enfant suit sa condition, 367; — ne doit pas sur son douaire l'année du rachat, 411; — coutumière ne doit pas ost et chevauchée, 443; — n'anoblit pas homme, 470; — peut vendre son héritage avec l'autorisation de son mari, 484; — ne peut actionner pour injure ou villenie faite à son mari, 500; — quand peut refuser les fiançailles faites, 509; — si les gésines sont à la charge de la communauté, 526; — roturière n'a pas d'habitation; peut donner le tiers de son héritage a son mari; à la moitié des meubles, et des acquêts; n'a de douaire que si elle apporte argent; peut reprendre l'argent apporté par elle; peut faire donation simple ou mutuelle à son mari, 549; — mariée, quand peut avoir réponse sans l'autorité de son mari en demandant ou en défendant, 554; — ne peut revendiquer son héritage vendu par son mari du vivant dudit mari, 570; — ne peut témoigner contre son mari, 589; — autorisée par son mari peut seule demander ses héritages ou défendre à une demande, 581; — mariée, la prescription ne court pas contre elle, 590; — ne perd pas sa vigne pour défaut de culture par son mari; si elle doit perdre les fruits, 591; — doit être autorisée pour répondre de ses délits, 629; — qui allaite enfant peut s'exonier, 633; — doit prouver que son mariage a été payé à son mari; dans quel temps cette preuve doit être faite; reprend l'argent qu'elle a apporté en mariage; a un douaire égal au tiers de cet argent, 663;

gentilhomme a l'aisné ou ses enfants pour héritiers en Anjou, 399; — ne doivent pas de rachat pour acquisition faite entre eux, 401; — nobles, partagent également les droites avenues; l'aîné seul a les autres écheoites, 423; — ne peuvent témoigner l'un contre l'autre, 589; — et sœurs en communauté après la mort du père, 749; — communs. Voy. Communs en biens.

Freresche, fraresche; ne peut être demandée que par frères ou cousins germains, 83, 108; — de choses situées en divers fiefs ne peut être demandée devant tous les seigneurs dont les choses meuvent, 95; — ne peut être demandée par fille de gentilhomme qui a reçu un mariage; ni par sa sœur qu'après la mort de son mari, 413.

Fruits. Voy. Revenus; — au seigneur quand on n'a pas fait hommage dans les quatre-vingts dix jours, 390; — appartiennent a celui qui a le bail, 400; — levés induement, comment l'action doit être formée, 515; — de la chose vendue au seigneur de fief entre le dévestissement et l'investissement, 564; — ne peuvent être demandés quand on a transigé sur le principal sans en faire mention, 601; — ne peuvent être récoltés avant maturité à peine de punition, 656; — doivent être compris dans la demande en revendication, 658; — perçus d'héritages communs, s'ils sont compris dans le partage, 721; — comment sont délivrés par le seigneur qui a saisi pour cens ou devoirs non payés, 728; — peuvent être repris par le possesseur à celui qui veut les lui enlever, 738; — d'un immeuble peuvent être vendus pour un certain temps; si cette vente oblige l'acheteur de l'immeuble,

757; — quels peuvent être pris par faute d'homme par le seigneur, 915.

Furt; commis par celui qui s'approprie une chose perdue qu'il trouve, 735; — par celui qui s'immisce dans les biens du mineur sans faire inventaire, 922, 940; — n'est pas commis par qui prend des choses communes, 987.

G

Gage; ne peut être donné pour garantie d'usures, 205; — d'immeubles doit être restitué quand le créancier a reçu sa créance, 206; — doit être réclamé en justice par le débiteur après payement de sa dette, 305.
— de bataille; appelé *duellum*, 758; — en cas de bornes brisées est sur la cause principale, 333; — a lieu quand on appelle pour touste faite, 337; — peut ne pas avoir lieu en cas d'appel de crime sauf les raisons au défendeur, 344.
— de loi; est de v sous, 261, 434; — dû par celui qui refuse serment pour ses défauts en cause d'héritage, 34; — pour service dû au seigneur non fait de plusieurs années, 459; — n'est pas dû pour blé de rente non payé à terme; peut être dû pour rente tenue gentilment, 713.

Garant; qui les trait doit les avoir; doivent voir les choses s'il y a lieu, 79; — jurés pour prouver le commandement d'un preudhomme mort ou absent, 87; — en cas de chose suivie comme emblée; doit demander à voir la chose; on peut aller jusqu'a sept; il y a lieu à bataille, si le dernier pretend que la chose est à lui, 109; — ne peut plus être huché après qu'on a défendu la chose contre le vendeur, ou qu'on s'est défailli par contumace, 217; — fourni par celui sur lequel on a saisi faute d'homme 235; — la preuve faite par un seul n'est pas suffisante, 321; — nécessaires pour motiver une condamnation à mort, 644; — en cas de bestiaux vendus et revendiqués par un tiers, devant quel juge peut être ajourné, 776.

Garantie; celui qui trait garant et est présent ne doit avoir autre jour, 21; —d'héritage dispense le vendeur pour cause de la garantie, 123; — par le gentilhomme vavasseur à son sergent qui est son prévôt, 442; — quand est due pour une donation entre-vifs, 479; — n'est pas due pour empêchement à la vente qui ne vient pas du fait du vendeur, 673.

Garde, doit être faite par le vassal quand il est en semons; comment elle doit être faite; perte de meubles si elle n'est faite comme elle doit l'être, 439.

Garde d'enfants orphelins, à ceux du lignage du côté des père et mère; a quelles charges, 466.

Gardiens de fours et moulins ne doivent ost ni chevauchée, 443.

Garenne; ne peut être augmentée; qui peut s'opposer à son augmentation; si l'on peut chasser hors de ses bornes, 917; — amende due pour dommage, 977

Garieur; qui prend le gariment sans demander à voir la chose déchet de son gariment, 54; — qui a son gariment pris ne va plus avant cette journée; tournera à jour certain, 65; — qui a pris gariment, s'il peut défendre par néance sans faire protestation expresse; qui prend gariment doit faire protestation d'user de raisons et défenses, 527; — qui chet de son gari-

ment paye les dépens, 537; — huché qui prend le gariment, s'il peut défendre la cause par néance; distinction entre le cas où il s'agit d'un fait personnel et celui où il s'agit d'une action hypothécaire, 661; — comment doit être ajourné quand il défaut après monstrée, 798; — doit les dépens et amende, 799; — représente la personne de l'autre par suite du gariment, 976; — huché, peut demander à voir la chose, et jour d'avis si ce n'est de meuble; n'est pas tenu de prendre gariment s'il demeure hors de la juridiction, encore qu'il ait promis, 1010; — quand peut être huché de suite en jugement, 1025.

Gariment; protestation qu'on doit faire quand on le prend; procédure à suivre, 535; — met hors de cause celui dont le gariment est pris, 537; — d'héritage vendu doit avoir lieu pendant dix ans, 569; — de l'héritage de la femme dû par le mari qui l'a vendu, 570; — pris, le hucheur qui se défaut doit amende, 604; — n'est pas perdu par le défaut du garieur après monstrée, 798; — doit être pris après monstrée quand on a huché garieur; quel droit a garieur quand on ne le prend pas, 854; — n'a pas lieu en demande personnelle simple si fait nouveau n'est survenu, 953; — quels dépens paye celui qui en déchet, 976; — est volontaire, 1010.

Gascogne, 244.

Gasteurs de biens, comment on leur doit donner tuteur, 779.

Gelines. Voy. Bian et gelines.

Gens d'église; peuvent être empêchés d'acquérir en fiefs et arrière-fiefs; pourquoi, 999; — doivent les mettre hors de leur main dans l'an et le jour, 1000; — ne peuvent acquérir rente sur tous les biens, 1002; —

quand ne peuvent faire échange avec le vassal, 1003.

Gens du Roy ; ne se recordent pas en la cour du baron, 36 ; — doivent rendre le larron suivi en chaude suite, 327 ; — ont la saisine de ceux qui s'avouent au Roy, 369 ; — doivent connoître du débat sur la justice de ceux qui sont atermés en la cour le Roy, 371 ; — doivent aller chercher le prisonnier qu'ils réclament au baron ; et statuer sur la réclamation du baron, 381.

Gens ruraux peuvent être excusés de leur ignorance du droit, 537.

Gentilfemme. Voy. Femme noble ; — qui a hoir mâle n'est que bail de son héritage, 116 ; — qui se fait dépuceler ou qui a enfant avant son mariage perd son héritage, 416 ; — qui est hoir de terre ne peut, en Anjou, prendre son douaire sans donner le tiers de sa terre à son fils ainé, 417 ; — a droit à la moitié des acquêts ; peut choisir le tiers des meubles quitte ou la moitié en payant moitié des dettes ; ne paye pas les legs de son mari si elle ne le veut ; en quoi consiste son douaire, 418 ; — peut plaider de son douaire en cour laye ou d'église, 421 ; — qui épouse un vilain, comment le partage se fait entre ses enfants, 425 ; — a habitation, herbergement, le tiers des héritages de son mari en douaire sa vie durant ; moitié des acquêts, moitié des meubles à la charge de payer moitié des dettes ; reprend meubles et argent qu'elle a apportés s'ils ne sont convertis en autres usages, 548 ; — a le bail de ses enfants jusqu'à ses secondes noces, 723 ; — si elle a droit à ouscle, 951.

Gentilhomme ; demandeur en cas criminel contre vilain doit combattre à pied ; à cheval s'il est défendeur, 352 ; — doit amende,

de LX livres pour chevauchées 385 ; — peut donner à sa femme le tiers de son héritage à porte de moustier ; ne peut assigner sur la terre de son père ; peut léguer le tiers de son héritage, 393 ; — doit semondre ses tenants de lui faire aide quand il fait aide à son seigneur, 402 ; — ne peut tenir terre ni se combattre jusqu'à vingt et un ans, 405 ; — ne doit foi ni hommage avant vingt et un ans ; ne doit répondre qu'à la grande assise devant le sénéchal ou le bailli, 410 ; — ne peut en Anjou donner que le tiers de sa terre à ses puisnés ; peut donner ses meubles et acquêts a qui il voudra de ses enfants, 412 ; — qui épouse pucelle a l'usufruit de ce qui a été donné à sa femme ; à quelles conditions, 413 ; — peut plaider de donation faite à la porte de moustier en cour laye ou d'église, 421 ; — qui marie son fils, ou dont le fils est fait chevalier lui doit donner le tiers de sa terre, 422 ; — ne doit pas rachat en parage ; ni pour ce qui lui échet en dedans de cousin germain ; ni des choses qu'il prend en sa femme, 424 ; — quels droits il fait, 434 ; — homme de foi, quand il perd son fief, 435 ; — quelles gardes il doit ; sous quelles peines, 439 ; — ce qu'il conserve après la perte de ses meubles, 440 ; — ne doit vente ni péage de ce qu'il vend ou achète ; ni des bêtes qu'il a tenues an et jour ; les doit de ce qu'il achète pour revendre, 441 ; — ne peut donner que le tiers de son héritage, 446 ; — défendeur en cause d'héritage peut demander an et jour pour être chevalier, 449 ; — à quel âge peut tenir terre, combattre ou avoir répone d'héritage, 450 ; — peut forcer son homme à lui céder sa terre pour faire

estagier pour faire le devoir aux
seigneurs, 395 ; — quand la
fille aînée peut le réclamer, 398 ;
— principal appartient au fils
aîné, 412 ; à la fille aînée s'il
n'y a que filles, 414 ; — du
mari à la femme jusqu'à ce
qu'elle ait herbergement en son
douaire ; doit y être fait par celui qui a le retour de la terre,
419 ; — sur quelles terres peut
être fait, 455, 457 ; — gentilfemme y a droit après la mort
de son mari, 548 ; — s'ils appartiennent tous au fils aîné,
750.
Hérétiques doivent être brûlés ; par
qui jugés, 255.
Héritage. Voy. Cause d'héritage,
Contens sur héritage ; — de la
femme ne peut être demandé
par le mari sans elle, s'ils n'ont
enfants, 75 ; — défense à la demande par tènement d'an et
jour, 102 ; — ne peut être aliéné
en fraude du patron ; aliéné
pour cause lucrative, le tiers doit
en demeurer au patron, 166 ; —
comment peuvent être vendus
pour payer lettres obligatoires
ou chose jugée, 248 ; — acquis
par le justice en sa baillie appartiennent au seigneur, 266 ; —
de dame noble ne peut être
aliéné par elle ; on ne peut en
donner que le tiers, 446 ; — la
cause en est jugée par les pairs
quand le défendeur le requiert,
448 ; — donné par le mari à sa
femme en récompense de ses
héritages qu'il a vendus, 485 ;
— tenu à terrage, comment peut
être repris par le seigneur, 560 ;
— de la femme n'est pas commis par la faute du mari, 581 ;
— jacent ou vacant ne peut être
pris par aucun ; sous quelle
peine, 954.
Héritier. Voy. Créancier, Débiteur ;
— est en saisine sans avoir besoin
de la demander, 45 ; — en cas
de vente nécessaire de la chose

léguée tenu de récompenser le
légataire, 135 ; — institué par
testament doit avoir les deux
tiers, 165 ; — du donateur ne
peuvent rappeler pour ingratitude la franchise donnée, 197 ;
— du bourgeois qui tenoit en
foi tient en même foi ; doit requérir le seigneur dans les VII
jours, 403 ; — du mari, tenu
de réparer le tort causé au
douaire, 404 ; — du bail qui prend
le bail doit rachat, 406 ; — tenus
de rendre à la femme les fruits
de l'année du rachat, 411 ; —
du mari ne peuvent attaquer la
récompense qu'il donne à sa
femme pour ses héritages qu'il
a vendus, 485 ; — du donataire
ne peuvent accepter la donation
sous condition faite à leur auteur qui n'a pas accepté, 523 ; —
saisi de tout ce dont son auteur
mourut vestu et saisi, 538 ; —
du donateur ou testateur d'une
rente peuvent demander que le
payement ait lieu en leur présence, 543 ; — saisi des choses
vendues par son auteur s'il n'en
a saisi l'acheteur, 544 ; — cru
sur son serment en cas de retrait
que son auteur étoit saisi d'un
héritage, 559 ; — peut demander pour le tout les choses de
la succession ; exception, 578 ;
— du créancier, comment ils
peuvent agir contre le débiteur
principal ou ses héritiers, 620 ; —
peuvent demander l'obligation
au débiteur ou à ses héritiers ;
du débiteur, tenus d'exécuter les
obligations de leur auteur ; comment doivent être actionnés,
640, 641 ; — ne peut aller contre le fait de son père, 703 ; —
du sang peuvent seuls demander
une succession par voie d'applégement, 855 ; — quand peuvent
faire demande pour injure dite
à leur auteur, 873 ; — on ne le
devient pas pour avoir donné la
sépulture au défunt, 894 ; —

céder terre à son seigneur pour faire son herbergement, étang ou moulin, 455 ; — ne peut être donné en partie qu'au frère ou à la sœur du seigneur, 465 ; — peut requérir la délivrance de ce que son seigneur lui a saisi, et comment ; en cas de refus, peut s'appléger au souverain, 475 ; — est tenu de faire foi hors du fief, 394 ; — doit assister son seigneur contre tous ; exceptés l'Empereur et le Roy, 904.

Homme de métier cru sur son serment jusqu'à v sous ; à quelles conditions, 545.

— du baron ; ne sont pas tenus envers le Roy pour les méfaits du baron ; sauf pour le montant de leurs redevances, 380.

— estagiers, tenus de moudre au moulin du seigneur à peine de perdre leur farine et leur pain ; ne sont pas tenus d'y venir jusqu'à ce qu'on ait amendé leur dommage ; tenus de semblable obligation pour leur pain, 460.

— franc, ne peut pas être tenu pour dette encore qu'il soit insolvable, 218.

— le Roy, n'est pas tenu de répondre aux semonses du baron, à moins qu'il ne soit couchant et levant ; ou qu'il ne tienne de lui, 379.

— lige ; semons d'aller contre le Roy, ce qu'il doit faire ; tenu de suivre son seigneur en cas de déni de justice, 436 ; — sa veuve ne peut marier sa fille sans le consentement de son lignage et du seigneur, 445 ; — perd son fief pour main mise en son seigneur ; guerre ; défaut de défense ; adultère avec sa femme ; viol de sa fille pucelle ou d'une pucelle à lui confiée ; quels devoirs il doit à changement de seigneur ou de vassal ; dans quel délai, dans quelle forme doit faire hommage et bailler le fief par écrit ; ne peut être tenu à faire hommage hors du fief ; son serment ; comment peut être mis en souffrance de son seigneur ; doit faire hommage en personne quand le seigneur vient dans son fief, 960

— plain, ce que c'est ; comment il fait hommage ; différences avec l'homme lige, 960.

Honneurs ; dûs au seigneur pour vente de la chose sans rien retenir, 864 ; — dûs, autorisent la mise en la main du seigneur, 926.

Hôtel ; religieux, ou non marié qui vient y demeurer, 782.

Hôteliers responsables des choses déposées chez eux, 130.

Hucher garieur ; mettre garant ou garieur en cause, 661 ; — pour les bestiaux vendus et revendiqués par un tiers, 776. Voy. Garieur huché.

Hucheur de gariment ; qui se défaut doit amende, 604 ; — doit amende quand il ne veut plus le prendre après monstrée, 854.

Hypothèque. Voy. Action hypothécaire ; — formule de l'action hypothécaire, 520 ; — perdue par la vente de la chose hypothéquée du consentement du créancier, 690 ; — se prescrit par le tiers acquéreur par dix ans, 765.

I

Ignorance ; n'empêche pas de réparer le dommage causé par notre fait ou notre faute, 228 ; — grossière ne peut être reçue, 841.

Immeubles. Voy. Violence, 1021 ; — donnés en gage doivent être rendus quand le créancier a reçu son payement, 206 ; — de celui qui meurt sans hoir au seigneur foncier, 531.

Impertinence (droit d'), quand on

Investiture, peut n'être accordée par le seigneur que sept jours après le dévestissement, 852. Invocation au contraire, 679.

J

Jour; o jugement le sien tenu, 11; — o intimacion; conséquences du défaut, 24; — nié et ensuite connu ne donne pas lieu à amende, 32; — certain donné au garieur qui a pris son gariment, 65; — tourner au jour en cas de crime, 330; — mis hors du fief peut être décliné par l'homme censier, mais non par l'homme de foi, 394.
Judicatum solvi, 489.
Juge. Voy. Record de juge; — record doit s'en faire par garants jurés quand il est mort ou changé, 50; — doit rendre justice bien et loyalement, 231; — ne peut juger en sa propre cause, 232; — refusé peut connoître de la cause quand celui qui l'a refusé y consent; qui n'est pas celui de la partie, ce qu'il fait n'est pas valable; du lieu ou du défendeur peut seul être saisi, 301; — doit suivre la procédure du lieu où il siége; faire droit suivant la coutume du lieu du contrat, ou du fonds de terre, 269; — qui demande conseil au souverain doit en informer les parties, 283; — ne peut rendre de jugement qu'en sa juridiction, 303; — ne doit pas seulement envoyer en possession, mais y maintenir, 293; — qui n'est pas celui des parties ne peut leur donner sentence ni recevoir leur confession, 296; — peut être refusé: s'il est parent de la partie; s'il a été avocat en la cause; s'il est ennemi de la partie; s'il lui est suspect pour cause droiturière; si l'on n'est

pas de sa juridiction, 301, 302; si l'on a appelé de son jugement; s'il est compagnon d'une partie; s'il a procès semblable à celui porté devant lui; si son clerc est avocat de l'une des parties, 303; — nul ne peut être juge et partie, 432; — quand et comment doit se recorder, 476; — désigné par son nom, son successeur ne peut connoître du procès sans un nouvel ajournement, 508; — du défendeur; seul compétent en action personnelle; du lieu, seul compétent en action réelle; du lieu où la convention a été faite peut en connoître, à quelles conditions, 550; — doit faire injonction de comparoître à celui qui s'exoine trois fois dans la même cause, 551; — comment doit juger l'accusé qui confesse, 579; — doit punir d'office celui qui méfait au préjudice du profit commun, comme celui qui récolte ses fruits non mûrs, 656; — comment on doit procéder quand on ne l'approuve pas, 687; — saisi d'action réelle peut connoître de toutes les demandes portées devant lui par action universelle, même quand elles seroient en autres juridictions; sa sentence devra y être exécutée, 719; — non fermier, s'il doit appléger en cas d'appel, 703; — comment doit estimer les dommages éprouvés, 716; — peut demander l'obéissance des hommes son seigneur; requérir tout ce qui appartient à sa juridiction; s'il est tenu d'enseigner, 724; — peut de son office voir le fondement du procureur, 800; — peut être décliné quand il fait convenir pour choses dont il n'a pas la seigneurie ou connoissance, 814, 818; — comment peut condamner aux dépens dans les cas douteux, 826; — doit autoriser à refaire monstrée ou desseurée, 827; —

peut connoître d'action personnelle ou affiage contre un prêtre ou clerc, 826.

— soupçonné ou suspect; ne peut contraindre à plaider devant lui, 291; — comment le soupçon doit être proposé et jugé, 300.

— souverain; doit garder en sa prison le condamné à mort qui a fait appel, 585; — sous le sceau duquel lettres sont passées peut autoriser de les rendre aux parties quand le notaire est mort, 844.

Jugé; doit être entériné sans délai quand le terme est passé; motifs d'opposition à l'entérinement, 239; — comment doit être mis à exécution, 525; — quand et comment on peut faire opposition à son exécution, 680.

Jugement. Voy. Sentence;—advéé, les parties ne doivent pas aller plus avant le jour où leur jugement est advéé, 33; — contendu; doit être donné à la troisième journée quand les mots du plaidoyé sont gardés, 46; quand les mots n'y sont pas gardés, les parties reviennent en l'état où elles étoient lors du plaidoyé, 63; contendu devant le seigneur; contendu en la cité ne peut être remué ailleurs, 105; — doit être fait par justice malgré l'absence de l'une des parties qui s'en va après les mots plaidoyés, 67;— ce qu'on a par jugement, on l'a par droit et non à tort, 134; — d'une chose connexe est le même que pour l'autre, 175; — il doit y avoir trois personnes, 232; — est déclaratif et non attributif de droit, 288; — sur injures, quand n'entraîne pas infamie, 506; — d'une cause suspendue par la proposition d'un fait nouveau, 628; — de mots plaidoyés; la preuve en a lieu par preuve simple, 882; — comment on en peut demander

amendement en la cour le Roy; en autre cour on ne peut qu'appeler, 972.

Julia et Aquilia (Lois); la femme peut y renoncer, 928.

Jurée de pays, entre quelles personnes elle doit venir, 966.

Jurés du pays. Voy. Garant; — trais à serment par choisies doivent avoir jour s'ils ne sont pas présents, 85; — doivent prouver en contens sur héritage, 245.

Juridiction; privilégiée; on y renonce en actionnant devant un autre juge, 160; — aux nobles, 386; — compétente, 550; — du vavasseur, quelle elle est, 714;— le débat sur elle peut être jugé par arbitres; comment, 1029, 1036.

Juste titre, permet de prescrire par dix ans, 483

Justice. Voy. Haut justicier, Haute justice, Voierie; — doit veiller aux défauts en matières pouvant amener perte de la saisine, 24; — doit faire droit sur la plainte délaissée si le défendeur le veut, 100; — peut forcer celui qui est vieux, faible, ou malade à mettre procureur, 111; — doit autoriser le mineur à recevoir un payement, 146; — doit délivrer o plége au propriétaire les choses qu'elle tient en sa main; exception, 246; — doit tenir en sa main chose contentieuse entre deux parties, 247; — doit donner lettres après l'entérinement de lettres obligatoires ou de chose jugée, 249; — défend celui qu'elle a mis en possession, 264; — peut remuer les termes sans la volonté des parties, 267; — les gens du Roy doivent connoître du débat sur la justice de ceux qui sont atermés en la cour le Roy, 371; — perdue par le vavasseur s'il fait forban, ou s'il laisse échapper prisonnier, 426, 428; — du seigneur de fiefs enclavés, 462; — si elle est perdue quand le jugement du juge

est réformé, 585, 644; — doit
faire prêter serment au tuteur
qu'elle donne; doit garder le
mineur en possession des choses
possédées par ses père et mère,
617; — quand peut commander
que l'exonié soit ajourné sur défaut, 632; — est bursa malorum,
662; — doit autoriser le fils au
pouvoir de son père à faire des
legs, 532; — qui dessaisit aucun sans connoissance de cause
doit rendre la chose, 695; —
peut autoriser les constructions
sur le domaine d'autrui, 704; —
n'a pas juridiction sur celui qui
n'est pas son justiciable; si ce
n'est en présent fait; ni en délit, ni en action personnelle; excepté pour convention faite dans
la juridiction; peut réclamer
l'obéissance de son justiciable
devant autre justice, 717; —
doit donner tuteur aux pupilles
qui n'en ont pas, 615; — doit
autoriser la prise des biens du
mineur; celui qui a pris tutelle
ou le bail à les quitter, 768; —
comment doit donner tuteur aux
gasteurs et dissipateurs, 779; —
doit autoriser le partage où le
mineur est intéressé, 790; —
doit autoriser le tuteur à aban-
donner la tutelle, 804; — comment doit donner tuteur au mineur, 807; — doit autoriser la
transaction pour le mineur; doit
s'enquérir si elle lui est profita-
ble, 899; — a la sauvegarde
des veuves et des mineurs; doit
faire faire inventaire des biens
du mineur; en doit avoir copie,
921, 922; — peut ordonner que
les dettes de l'un des communs
seront payées sur sa part, 938; —
comment peut saisir sans jugé
et sans cause; doit forcer celui
qui a demandé la saisie à défendre la cour, 1009; — doit faire
savoir aux parties l'applégement
et contrapplégement et les ajourner, 1012.

Justice; ce qu'elle a à faire en cas
de poursuite de grands crimes,
251, 252; ou de gens suspects,
253; — ce qu'elle doit faire des
clercs ou religieux, 254; — peut
réclamer le malfaiteur arrêté en
chaude suite sur son territoire;
qui arrête malfaiteur sur une
autre justice doit le mener à la
justice du lieu, 262; — qui a
abandonné la chaude suite d'un
malfaiteur ne peut le requérir
s'il est pris en autre justice,
268; — ses pouvoirs en cas
d'hérésie et bougrerie, 255; —
son droit en cas de crime n'est
pas atteint par le compromis
fait entre les parties, 329; —
ne peut arrêter s'il n'y a plainte,
présent méfait ou meurtre, 334;
— ne peut arrêter par soupçon
de meurtre ou par mauvaise renommée, 337; — qui a saisi en
présent fait un homme qui s'a-
voue au Roy doit prouver le présent fait devant les gens du Roy,
369; — qui tient homme le Roy
doit le rendre aux gens du Roy
quand ils le réclament, 372; —
des bannis le Roy appartient au
Roy seul, 382; — ne peut accuser de crime privé sans partie
ou promoteur, 600; — celui qui
n'est pas son justiciable ne doit
pas lui répondre de ses délits,
s'il n'est pris en présent fait,
695; — ne doit pas rendre le
malfaiteur arrêté quand il confesse avant d'avoir été réclamé
par son juge, 727; — qui réclame un individu comme pris
sur son territoire, quelle preuve
doit faire, 901; — doit poursuivre d'office les délinquants;
doit déclarer le fait et offrir de
le prouver en cas de dénégation; doit juger avec plus
de maturité qu'en autres cas,
943.
Justice, haute, moyenne et basse,
726; — au haut justicier dans
sa chastellenie, 1031.

Litige. Voy. Droits litigieux.
Loi. Voy. Aide de loi; — du pays due par celui qui ne peut payer ses dettes, 373; — *Julia et Aquilia*, la femme peut y renoncer, 928.

M

Macédonien (S. C.) est admis, 306.

Madières. Voy. Procès de masures.

Main de cour; la délivrance doit en être demandée avant de prendre jugement sur la querelle; ne saisit que jusqu'a concurrence du montant de la querelle, 25; — les choses qui ont été délivrées à un procureur qui s'est exonié doivent y être remises, 14; — quand choses mises en main de cour peuvent être remises à celui sur qui elles ont été prises, 28; — en cas de contestation quand la femme réclame son douaire, 234; — délivrance des choses qui y sont mises, 474; — comment on doit faire à la justice requête pour avoir les choses qui y sont, 667; — résulte de l'applégement ou contrapplégement devant juge ou sergent, 824; — comment les choses qui y sont peuvent être réclamées par l'applégeant, 946.

Main du Roy doit tenir la chose de ceux qui ont à marcher au Roy pour le debat s'il y a lieu, 370.

Main mise; sur le seigneur punie de la perte du fief, 435; — sur l'aloe du seigneur punie de la perte des meubles, 437.

Main morte. Voy. Religion.

Maison taillable appartenant à gentilhomme ne doit pas la taille s'il l'habite; la doit s'il la loue à coutumier, 456.

Majeur de xiv ans peut ester en jugement, 684.

Malade de maladie incurable ne doit ost ni chevauchée, 967.

Maladie de la partie ou de ses proches, exoine raisonnable, 118.

Mâle du deuxième lit exclut les filles du premier et leur garantit en parage, 464.

Male touste due pour sortie de vin de la chastellenie, 672.

Maléfices; de quelles peines sont punis, 823.

Malfaiteur. Voy. Justice; — pris en autre justice ne peut être réclamé par celui qui a abandonné la chaude suite, 268; — doit être rendu à celui en la chastellenie de qui il a méfait; s'il est arrêté en chaude suite en Poitou; indemnité de ii s. vi d. à celui sur lequel il est arrêté; doit être rendu au vavasseur s'il a méfait en sa terre, 430; — suivi de chaude suite doit être rendu à son juge, 727.

Mancipation. Voy. Émancipation; — peut être reçue par procureur spécial, 574.

Mandant. Voy. Seigneur (*Dominus rei*).

Mandat, actions qui en naissent, 136; — spécial plus puissant que le général, 273; — de prince baron ou justicier prend fin par leur mort avant l'exécution du mandement ou grâce, 1006.

Mandataire. Voy. Procureur.

Mandement; par second annulle ce qui a été fait en vertu du premier quand il n'y a pas sentence définitive, 154; — ne révoque les précédents s'il n'en fait mention, 180; — spécial plus fort que le général, 186; — quand ne meurt pas par la mort du mandant, 295.

Mandement le Roy. Voy. Commandement.

Mandement spécial. Voy. Pouvoir spécial.

Manière de préjudice, ce que c'est, 611.

N

O

exécutée après sa mort; et sur les biens du plége qui l'a garantie, 682 ; — accessoire si elle est valable quand la principale ne l'est pas, 683 ; — personnelle ne suit pas l'immeuble; réelle, de quelles conventions elle résulte, suit l'immeuble dans toutes les mains, 757; — expresse; taisible; l'expresse est préférable, 934; — générale, ne comprend pas les oustillements d'hostel, 1028.

Obligé accessoirement peut agir contre l'obligé principalement qui compromet son recours, 194.

Ocis, ce que c'est, 251.

Octroi d'une chose entraîne l'octroi de ce qui en est l'accessoire, 209.

Office de justice, ce que c'est, § prélim.; — de juge, quel il est, 231.

Officiers des seigneurs, comment on peut appeler de leurs actes, 795.

Offre devant justice, quel profit on a à la faire avant que retrait soit demandé, 978.

Offres en matière de retrait; de quelles sommes elles doivent être faites; ne peuvent être révoquées, 588.

Opposition à exécution; de jugé ou de lettre peut avoir lieu par desrene, 343 ; — de jugé ou mémorial, 525 ; — de jugé ou obligation; quand peut être faite; pour quelles causes; amende due par celui qui en déchet, 680.

Ordre de procéder, comment a lieu, 32 ; — doit être mentionné dans les lettres obtenues du pape, 271.

Ordres, ne peuvent être conférés à un serf sans le consentement de son seigneur, 367.

Osiers, ne doivent pas la dime, 715.

Ost et chevauchée; dus par les hommes coutumiers; doivent y aller sous la conduite des prévôts; sous quelle peine; à quelle personne ne les doivent pas, 443 ; — ne sont pas dus par malade de maladie incurable, 967.

Ouscle, ou oucle, ce que c'est; quel choix a la femme; si les gentilfemmes y ont droit, 934, 951.

Oustillements d'hostel ne tombent pas en obligation générale, 1028.

P

Pain de l'homme estagier cuit ailleurs qu'au four du seigneur confisqué, 460.

Pairs, nul ne peut être jugé que par eux en matière d'héritage s'il le requiert, 448.

Pape; le privilége de sa protection soustrait a la juridiction de son prélat, 41 ; — ses lettres peuvent être faussées par faux latin, 181 ; — lettres qu'on en a obtenues valables, à quelles conditions, 271 ; — peut commettre des juges, 272, 276; — peut commettre des exécuteurs; connoît des difficultés d'exécution, 279 ; — peut interdire l'appel du juge délégué; dans quelles limites, 282, 284; — pouvoirs des conservateurs qu'il donne, 286 ; — commission qu'il a donnée, annulée par sa mort arrivée les choses entières, 303 ; — doit donner dispense pour épouser personne du lignage, 837; — doit donner dispense à l'homme dont le mariage avec une fille sous-âgée a été annulé, 910.

Parage ; la sœur aînée garantit les sœurs puisnées, 414 ; — ne donne pas lieu à rachat, 424; — failli, quand a lieu, 451 ; — en cas de donation en mariage, 464.

court pas contre mineur ou femme mariée, 590; — de servitude a lieu par 10 ans; contre le seigneur pour affranchir les acquêts par 5 ans, 711; — durée des diverses prescriptions, 670, 765; — court contre le mineur quand elle a commencé à courir contre son prédécesseur; *secus* quand elle n'a pas commencé, 720; — interrompue par contestation en cause; quelle prescription recommence à courir après interruption, 766; — ne court pas contre cohéritiers, exception, 753; — en cas de crime a lieu par 20 ans sans poursuites, 822; — sa durée pour acquérir ou se libérer, 998; — contre haut justicier ne commence à courir que du jour de la contradiction, 1032.

Présent fait; nécessaire pour faire condamner à mort, 323; — donne compétence au seigneur du lieu, 332; — permet d'arrêter l'inculpé, 334; — le baron en a la connaissance, 355; — doit être prouvé par la justice qui réclame le malfaiteur en la cour le Roy, 369; — rend compétent le juge où il est commis, 695.

Prêtre; ne peut être avocat, 40; — on peut tester verbalement devant lui, 198; — ou clerc n'est pas tenu de répondre devant le juge séculier, 826; — s'il peut être tuteur, 916.

Preudes hommes. Voy. Procès de masures et gouttières.

Preuve. Voy. Enquête, Témoins; — du larcin, 150. Voy. Larcin; — par record; Voy. Record; — du commandement d'un preudhomme mort ou hors du pays se fait par garants jurés, 87; — de tènement d'an et jour en cas de demande d'héritage; comment doit se faire, 102; — à faire par le mineur qui demande restitution entière, 141;

— à la charge du demandeur, 215; — en matière d'héritage faite par les jurés du pays, 245; — ne peut être faite par un seul témoin ou garant, 321; — d'un larcin, comment doit être faite; peine de celui qui ne peut la faire, 322; — ordinaire, par témoins ou par lettres avant contestation de cause; simple, pour procès de journée présente ou passée, où jugé n'a pas couru; de ressort de cour juré quand jugé a couru dessus. ce que doit dire le juge; inquisitive, dans quel cas elle a lieu, n'a pas lieu de la volonté de celui qui y est soumis, ne peut amener à condamnation, mais seulement à caption et détention de celui qui en est l'objet pour avoir droit, 476; — par lettres et instruments doit être faite avant la publication des témoins et sentence donnée, 505; — de la possession, si elle résulte de l'exploitation, 630; — de dommage a un immeuble comment doit être faite, 713; — en général, 716; — du lignage ou branchage, si elle résulte de ce qu'on porte le même nom ou surnom, 775; — peut être faite que les conventions sont autres qu'elles ne sont écrites, 832; — quand on est sous jugement de mots plaidoiés a lieu par preuve simple, 882; — de coutume, par qui doit être faite, 891; — du fait le plus grave, si elle emporte celle de celui qui l'est le moins, 892; — à faire par celui qui réclame la juridiction d'un homme, 901; — de la propriété n'emporte pas celle de la possession et réciproquement, 1017; — de la possession d'une rente, 1018, — des droits des justiciers peut se faire par enquête, 1029.

Prévot qui laisse aller un larron forbanni et repris depuis, puni de la même peine que le larron, 342.

Q

de bataille se doivent battre au jour indiqué, 340.

Question au sergent qui laisse échapper prisonnier, 986

Quittance; motif d'opposition à l'entérinement de jugé, 239; — donnée par le fils à ses père et mère, si elle est valable, 848.

R

Rachat; doit être garanti au seigneur par l'acheteur avant d'entrer en la foi, 386; — plége en ce cas; le seigneur ne doit pas être forcé de prendre, 394; — n'est pas dû pour terre vendue entre père et fils ou entre frères, 401; — est dû pour bail quand le bail est à autre qu'à la mère; dû encore quand il passe au bail de celui qui l'a eu, 406; — n'est pas dû par la femme sur son douaire, 411; — ni par gentilhomme pour ses acquêts en dedans du degré de cousin germain, ou pour ce qu'il prend en sa femme, ou quand il tient en parage, 428; — dû par femme veuve qui se remarie; est l'année de la terre, 444.

Raisons de fait doivent être prouvées par enquête; de droit sont à garder et à soutenir du juge, 289.

Rap, ce que c'est, 251.

Rappel de franchise. Voy. Franchise.

Rapport doit être offert dans une demande de partage ou de succession, 597.

Rapporter au souverain, 283.

Ratification par la femme après son mariage du contrat fait en fiançailles, 803.

Ravage; ce que c'est; n'a pas lieu en Poitou, 251; — fait par le haut justicier en sa justice s'il le veut, 368.

Ravissement de femme n'a pas lieu quand le ravisseur épouse la femme ravie, 201.

Ravisseur de pucelle condamné à mort ne peut appeler, 762.

Récepteurs de meurtriers qui les reçoivent sciemment doivent être pendus, 348.

Réception formée par le mineur qui a dissipé l'argent qu'on lui a donné, 146.

Receveur; peut être toujours révoqué; quand sa révocation doit être notifiée aux débiteurs; s'il peut recevoir malgré sa révocation; puni comme de délit s'il a reçu, 831; — ne peut recevoir d'ajournement pour son seigneur en cas d'appel, 858.

Récompense; due au légataire quand la chose léguée a été vendue forcément par le testateur, 135; — à celui à qui on a légué la chose d'autrui, 139; — au seigneur dont les arrière-fiefs ont été vendus au baron qui en fait son fief, 463; — donnée par le mari à sa femme pour ses héritages qu'il a vendus, 485.

Reconvention. Voy. Demande reconventionnelle.

Record; des gens du Roy ne peut se faire en la cour du baron, 36; — de sergent pour ajournement donné n'a pas lieu quand ce fut fait au vu et su du demandeur, 37; — de juge se fait par garants jurés quand le juge est mort ou changé, 50; — de sergent en cas de débat sur monstrée non faite, 61; — n'a pas lieu pour choses du plaidoyé niées, 66; — de bailli et d'assesseur comment doit avoir lieu, 236; — de moz doit être prouvé à peine de perte de cause, 341; — de baron ne se fait pas en la cour au vavasseur, 429; — de juge quand et comment doit avoir lieu, 476; — de juge en cas de commandement de cour, 490; — de juge n'a pas lieu en

être acquise par gens d'église, 1002; — comment on en prouve la possession, 1018; — la demande est réelle, 1022; — comment la propriété ou possession doit en être demandée en justice, 1026; — quand la demande donne lieu à monstrée, 1027.

Réparations à maison commune par qui peuvent être faites, 639.

Répondre; semonse à lui répondre exclut l'action criminelle pour fait antérieur, 365.

Réponse. Voy. Dessaisi; — à la demande entraîne renonciation à l'exception de juge ordinaire, 44; — ne doit pas être faite à un excommunié, 72; — ne doit pas être faite par le prisonnier s'il n'est délivré, 84; — de femme mariée peut avoir lieu pour délivrance de son corps, paroles vilaines ou marchandise, 122; — d'être hoir, neuf mois de délai devant le juge ordinaire, un an devant l'Empereur, 171; — a semonse par secondes lettres n'a pas lieu si les premières ne sont pas rappelées, 182; — quand on n'est pas tenu de la faire devant un juge changé, 508; — contre la matière peut avoir lieu jusqu'à la sentence, 522; — n'est pas due à une demande de fait nouveau en procès pour répondre à saisine, 523; — n'est pas due à l'action du fils au pouvoir de son père, 594; ni au fils demandeur sans l'autorisation de son père; doit être faite par le fils défendeur en cas d'injure ou de délit, 608; — à dit de cour doit être faite sans ajournement, 627; — quand elle a lieu sans autorisation, 629; — d'injure dite en jugement doit avoir lieu de suite, 685; — ne doit pas être faite quand on propose fait impertinent et non responsable; dans quelle forme, 933.

Représentation; a lieu en succession, 778; — ne peut être admise pour l'acquéreur de droits successifs, 855

Reproches contre les témoins, 555; — ne peuvent être adressés à témoin cité par les deux parties, 494; — doivent être proposés avant de discuter les témoignages, 501; être spécifiés, 675; être jugés avant l'enquête, 1024.

Requête; pour avoir délivrance de meubles arrêtés ou empêchés, 503; — à justice d'avoir la chose étant en main de cour, 667; — faite à la cour, il y faut ajournement formel, 731.

Rerefié. Voy. Arrière-fief.

Rescousse; faite à sergent, on peut s'en défendre par serment, 8. Voy. Vente à rescousse, 888.

Réserves; quelles réserves peut faire un accusé, 325; — doivent être faites pour sauver les exceptions préliminaires, 489.

Restitution; entière au mineur qui a été déçu; doit être prononcée en connaissance de cause, 141; doit être demandée dans l'an et le jour après qu'il a atteint sa quatorzième année, 62; — pour barat ou crainte a lieu, excepté quand la déception est petite, 143, 144; — n'a pas lieu de la part de celui qui s'est remis par violence en possession de chose enlevée par violence, 159; — contre les engagements du tuteur ne peut être demandée que par le pupille, 788.

Retenue. Voy. Réserves.

Retour; d'erreur ne peut faire considérer comme mescréant, 173; — des acquêts ne peut être reçu par l'un des communs sans l'autre, 607; — de cour; quand obéissance y est rendue, les parties sont ajournées, 706.

Retrait lignager; ne peut être exercé par le bâtard, 92; — n'a pas lieu en cas d'échange, quelle que soit la valeur des choses échangées; ni après an et jour, excepté en

S

justice du Roy son homme qui a été saisi par les gens du Roy ; peut être forcé par la prise de ses biens ; doit prouver qu'il en a la justice, 372 ; — hérite du bâtard ou de l'aubain mort au corps de son chastel, 376 ; — n'ont pas la justice des bannis le Roy, 382 ; — peuvent saisir et prendre seulement sur leurs hommes, et non sur ceux qui avouent tenir du Roy, 385 ; pour défaut d'homme après les quarante jours pour faire la foi, 386 ; — qui saisit pour défaut d'homme ne peut garder la chose plus d'un an sans payer les créanciers, 388 ; — fait les fruits siens quand on ne lui a pas fait hommage dans les quarante jours, 390 ; — peut saisir pour non-payement de rente, 391 ; — peut assigner son homme de foi hors de son fief, mais non son homme censier ; ne peut être forcé de prendre plége de rachat ou de relevage, 394 ; — ne peut se venger pour le méfait de son homme lige ou de foi sur leurs parageurs, 409 ; — ne peut prendre aide sur ses parageurs s'il ne la fait au chef seigneur ; doit les semondre ; ne peut prendre sur eux s'il a fait aide sans les semondre ; ne peut leur mettre jour hors du parage ; a droit à un roncin de service quand le fief est hors de parage, 431 ; — ne peut être juge du procès qu'il a avec son vavasseur, 432 ; — peut semondre son homme de lui montrer son fief ; dans quel terme ; gagne la chose et le fief quand l'homme lui a dissimulé quelque chose, 433 ; — à qui le Roy dénie sa cour peut lui faire la guerre, 436 ; — dans quels cas il perd l'obéissance de son homme, 438 ; — qui gagne les meubles du vassal doit en cas de doute s'en passer par son

serment, 440 ; — peut saisir pour défaute d'homme, peut gagner le fief, 447 ; — peut défendre à la veuve de son homme lige de marier sa fille sans son consentement ; peut exiger pléges, 445 ; — peut prendre à son gagnage terres tenues à terrage ; ne peut les donner à un autre ; exception, 457 ; — quand peut joindre à sa terre les terres tenues à cens, 458 ; — ses droits en cas de service manqué de plusieurs années ; peut prendre en son fief et vendre les choses prises ; doit les rendre si elles ne sont pas vendues ; à quelles conditions, 459 ; — peut forcer ses hommes estagiers de moudre à son moulin ou cuire à son four ; à quelles conditions, 460 ; — de fiefs vendus peut demander à être récompensé de ses devoirs ou obéissance perdus, 463 ; — qui donne son homme de foi doit le donner entièrement et sans réserve ; peut le donner en partie à son frère ou à sa sœur ; quand a son arrière-fief sur les téages, 465 ; — quand peut prendre en main chose léguée à religion, 467 ; — peut contraindre les estagiers demeurant dans la lieue de son moulin à y moudre, 528 ; — foncier a les immeubles de celui qui meurt sans hoir, 531 ; — censier quand et comment peut réclamer les cens dûs par un précedent censitaire, 542 ; — de fief a les fruits de la chose vendue dans l'intervalle entre le dévestissement et l'investissement, 564 ; — quand peut reprendre la chose tenue à terrage, 560 ; — comment peut reprendre les vignes pour défaut de culture ; s'il peut reprendre de plein droit, 566, 591 ; — doit vestir l'acheteur, 588 ; — peut prendre en sa main la chose obligée pour devoir non payé ; a privi-

terre du vavasseur, 454; — de ceux qui portent leur farine à moudre au moulin du seigneur, 460; — déféré par une partie à l'autre vaut preuve ordinaire, 476: — doit être fait de suite, 480; — d'homme de bonne renommée fait preuve dans les contrats'de bonne foi, 482; — de celui qui veut se défendre par titre et possession de 10 ans, 496; — de partie pour combattre l'exoine, 492; — du defendeur, 502; — fait par celui à qui échet distribution de conseil de ne pas révéler les mérites de la cause, 504; — pour valider un compromis, 510; — quand on demande attente d'avocat; de diligences faites pour amener des témoins, 517; — de celui qui demande terme de conseil, 518; — qui fait communauté par mariage en un hôtel, 526; — qui propose une exoine, 534; — qui la propose pour ajournement personnel et péremptoire, 539; — du débiteur de cens qui a payé au seigneur une année sans protestation, 542; — de marchand ou homme de métier cru jusqu'à v s.; à quelles conditions, 547; — de l'héritier au sujet de la saisine de son auteur pour se défendre à une demande de retrait, 559; — en cas d'ajournement fait à la femme ou autre, 568; — ne peut être refusé quand on le donne ou le prend, 593; — déféré, empêche de demander les dépens à moins de protestation avant la prestation de serment, 610; — peut être prêté par celui sur qui on a finé la cause; si celui qui a finé sur lui doit être présent, 612; — en cas de vestizon demandée, que le prédécesseur a été vestu de la chose, 615; — du tuteur nommé par justice, 617; — de la partie qui demande amende de desloy, 653; — à l'appui de demande

d'exoine, 669; — fait contre la partie adverse donne lieu à amende, 677; — de l'avocat pour débattre l'avis du juge, 678; — de la partie qui invoque son titre à l'appui de la prescription de 10 ans, 686; — de femme au pouvoir de son mari qui vend quelque chose, 688; — pour prouver dommage de somme minime, 713; — de celui qui a éprouvé un dommage par violence, 716; — du tuteur, 790, 921, 922; — non valable sur contrat défendu par la loi, 848; — s'il a lieu pour exoine, 881; — par le curateur à succession vacante, 897; — de la mère qui prend la tutelle de son enfant, 939; — de l'homme lige, 960; — de celui qui brise la saisine le Roy, 967; — confirmant la constitution d'arbitres, 1030.

Servage; celui qui est défendeur a la possession des biens jusqu'à ce qu'il soit âgé, 378.

Service; du fief, comment assuré par celui qui a plusieurs herbergements, 395; — tel service, tel aide, 402; — dû au seigneur à jour fixe et non fait; quels sont les droits du seigneur; celui qui ne l'a fait de plusieurs années doit le faire, amende et gage de loi, 459; — de fief en parage comment doit être garanti au seigneur quand le chef parageur vend ou dégaste, 468.

Servitude ou Servitut; formule de l'action pour en avoir le libre exercice, 516; — *medium predium quod non servit impedit servitutem*, 613; — s'acquiert par prescription de 10 ans entre présents, 711; — discontinue ou possession de choses incorporelles; ce que c'est; monnans affranchis envers leur seigneur 40 ans après la requête d'aller moudre; corporel synonyme de possession pouvant conduire a prescription; combien de temps doit durer, 998.

les demander, 601; — peut être faite par le mineur avec autorisation de justice; peut être annulée pour lésion, 899.

Trésor. Voy. Fortune.

Tricherie. Voy. Barat.

Trouvaille appartient au vavasseur qui a avouerie; peut être réclamée par le propriétaire sous serment; doit être rendue au vavasseur quand trouvée par son homme de foi, 454.

Turbanture (applégement en), 949; — peut être fait par le mari pour la chose de sa femme, 840.

Tutelle; jusqu'à quel âge elle dure, 169, 851, 896, 899; — de femme mineure, n'appartient pas à son mari, 791; — appartient à la mère non remariée; n'est pas tenue de la prendre; quand elle se remarie a qui doit être donnée; causes d'excuses de la tutelle, 851, 896, 939; — sa durée réglée par la coutume du principal herbergement, 990.

Tuteur; créancier ou débiteur du pupille ne peuvent l'être s'ils n'ont été nommés par le père, 140; — doit autoriser le mineur à recevoir un payement, 146;— ne peut laisser sans cause la tutelle d'un mineur, 147; — doit être donné par justice aux mineurs qui n'en ont pas, serment qu'il doit prêter, 617; — ce que c'est; différence avec le curateur, 718; — ne peut abandoner sans cause la tutelle; tenu de donner provision au mineur, 768; — doit être donné par justice aux gasteurs et dissipateurs, 779; — ne peut rien faire au préjudice du mineur, 781; — ne peut demander restitution contre les engagements qu'il a pris au nom de son pupille, 788; — comment peut demander et faire partage où le mineur est intéressé; par qui doit être nommé; doit être présent; quand et comment peut faire procureurs;

exerce les actions du mineur, 790; — ne peut se décharger de la tutelle sans autorisation de justice, 804; — comment doit être donné par justice au mineur, 807; — doit faire inventaire des biens du mineur; sous quelle peine; comment; dans quel délai, 830, 896, 921, 922; — si la mère qui convole peut rester tutrice, 830; — jusqu'à quel âge doit être donné, 833; — datif, ce que c'est; tenu d'accepter la tutelle s'il n'a juste cause, 851, 896; — s'il peut ester seul en jugement pour pupille de plus de sept ans, 872, 879; — doit avoir 25 ans, 876; — qui agit au nom du mineur doit prouver sa qualité, 890; — à qui doit rendre compte quand il est nommé par le père, 896; — donné pour toutes les affaires du mineur; peut transiger avec l'autorisation de justice, 899, 900; — légitime le plus prochain du lignage; prêtre, diacre, sous-diacre, religieux, moine, ne peuvent l'être que de leurs proches, 916; — doit rendre compte en justice de son administration, 925; — s'il peut faire un partage pour son mineur, 952; — peut obliger les biens du pupille, 1005; — datif doit donner plége, 1008.

U

Usage de bois ou forêt appartient à l'aîné de l'hôtel, 860.

Usucapion de meubles par 3 ans; 30, en cas de larcin, 697.

Usufruit; des biens de la femme prédécédée quand appartient au mari, 56; — de la dot de le femme comment peut appartenir au mari, 415.

Usures; promises ne peuvent êtr demandées par le créancier;

FIN DE LA TABLE.

7862 — IMPRIMERIE GÉNÉRALE DE CH. LAHURE

Rue de Fleurus, 9, à Paris

www.ingramcontent.com/pod-product-compliance
Lightning Source LLC
Chambersburg PA
CBHW052105230326
41599CB00054B/3762